一本书读懂股权融资

贾锐 荣跃 ◎ 著

UNDERSTAND
EQUITY FINANCING
WITH ONE BOOK

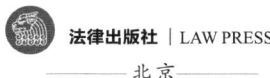

图书在版编目(CIP)数据

一本书读懂股权融资/贾锐,荣跃著. -- 北京：法律出版社,2024
ISBN 978-7-5197-8952-7

Ⅰ.①一… Ⅱ.①贾…②荣… Ⅲ.①企业融资-研究 Ⅳ.①F275.1

中国国家版本馆CIP数据核字(2024)第059373号

一本书读懂股权融资
YIBENSHU DUDONG GUQUAN RONGZI

贾 锐 荣 跃 著

责任编辑 赵明霞 魏艳丽
装帧设计 汪奇峰

出版发行	法律出版社	开本	710毫米×1000毫米 1/16
编辑统筹	法商出版分社	印张	18.75 字数 278千
责任校对	晃明慧	版本	2024年6月第1版
责任印制	胡晓雅	印次	2024年6月第1次印刷
经 销	新华书店	印刷	北京中科印刷有限公司

地址：北京市丰台区莲花池西里7号(100073)
网址：www.lawpress.com.cn   销售电话：010-83938349
投稿邮箱：info@lawpress.com.cn   客服电话：010-83938350
举报盗版邮箱：jbwq@lawpress.com.cn   咨询电话：010-63939796
版权所有·侵权必究

书号：ISBN 978-7-5197-8952-7   定价：88.00元

凡购买本社图书,如有印装错误,我社负责退换。电话：010-83938349

序 一

贾锐博士请我为他的新书《一本书读懂股权融资》作序,理由是这本书是根据贾锐博士团队在智合旗下智拾网的股权融资课程讲义整理的。

律师的理由总是如此强大。

贾锐博士在2019—2023年连续五年蝉联智拾网十大导师。这个奖项是根据智拾的大数据评出来的。贾锐博士能够以较为小众的股权网课及训练营课程长期跻身于十大导师之列,充分说明了他的实力。

本书的写作时间长达三年多,相关网课内容也经过了众多律师听友三年多的检验并广受欢迎,其专业度和可读性无疑是可靠的。

除专业性和可读性外,让我印象更深的是贾锐博士的情怀。

贾锐博士说,这本书不但要写给新兴产业项目和大项目的创业者,也要写给传统项目和中小项目的创业者,因为后者虽不耀眼,但数量更为庞大。

贾锐博士说,这本书站在融资方角度,回答了融资方关心的五大问题:

我需要吗?

我能行吗?

谁来投我?

怎么跟投资人谈?

如何防骗避坑?

为什么要站在融资方的角度来写呢?因为"融的不如投的精""金主爸爸是甲方",在大多数情况下融资方在专业程度和谈判地位上处于弱势。

这正是我心目中"铁肩担道义"的律师形象。对一名律师来讲,最重要的不是名动四方,日进斗金,而是始终保持这种关注大众、关注弱者的赤子之心。

贾锐博士的情怀还让我意识到,并不是只有做工伤赔偿、环境污染损害赔偿等业务才能够为弱者发声；只要心中有"义"，做任何业务都可以为弱者发声。

在我写作本序言期间，适逢贾锐博士来智合上海总部主持线下股权训练营。在交谈中，我得知了贾锐博士曾有一段"失败"的互联网创业经历。在拿到了一轮天使轮融资之后，贾锐博士的法律电商项目坚持了将近三年。贾锐博士说，原来当股权顾问是站在岸上看客户游泳并给予指导，现在是自己游过泳了。从硅谷文化看，创业不存在失败，只有试错和成长。本书从头到尾都弥漫着对创业者温暖的关怀而非冰冷的说教，正是贾锐博士的创业经历让他对创业者有了更多的理解。

贾锐博士还给我分享了他2002—2004年在上海工作的经历，说在上海的三年所学到的"海派"作业习惯（如对着装、文书、办案流程细节的苛刻要求），奠定了他之后事业成功的基础。对此，我也深以为然。

专业机构的风险投资（VC）本是源自美国的舶来品。我在美国斯坦福大学法学院读书期间，就曾担任 Marcus Cole 教授"风险投资法"这门课程的助教。可以说，是VC缔造了美国信息产业的繁荣，从最初支持半导体产业，到微型计算机，到软件业，再到互联网，一步一步地推动着新兴高科技产业的发展。没有VC就没有硅谷，也就没有微软、苹果、谷歌、脸书这些伟大的科技公司。

与美国相对成熟的业态相比，中国的VC还是比较年轻的，但作为拥有全球最大人口数量又具备统一性的中国市场，随着技术进步、商业模式的更迭、产业和产品的多样化、企业组织的演进，必然会催生一个无比庞大的创业投资市场，也必将有大量的中、小企业可以从VC那里获得股权融资。因此，贾锐博士的这本写给融资"乙方"的股权融资实务指南，可谓正逢其时。

我很认同把讲义（讲课语音转文字形成的初稿）整理成书的写书模式。这样的书，其内容已经经过市场检验，语言也很通俗易懂，能够真正帮到读者。未来，希望与贾锐博士以这种方式合作出版更多的好书。

洪祖运
智合创始人、董事会主席、CEO
2024年4月13日于上海

序　二

很高兴接到贾锐博士的邀请，让我为他的新书《一本书读懂股权融资》作序。贾锐博士多年深耕股权融资领域，不仅在公司股权架构、股权投资并购等领域作为优秀律师积累了丰富的法律实务经验，同时曾经就职于金融机构以及创办互联网公司的工作经历也使贾锐博士具有卓越的商业思维，故本书从法商融合的视角出发，将融资理论与实务案例相结合，抛弃了传统实务类著作"干涩的"术语堆砌式论述，在不失严谨学术态度的同时以通俗易懂的语言对股权融资实务的内涵、操作步骤、常见的商业问题以及融资协议中的常规条款事项在写作中逐一娓娓道来，提供了在股权融资实务应用中可借鉴的宝贵经验。

自2021年9月2日，习近平总书记在中国国际服务贸易交易会全球服务贸易峰会上宣布"继续支持中小企业创新发展、深化新三板改革"以来，北交所的成立为诸多中小企业融资提供了便利，同时标志着我国资本市场多层次体系的初步形成。与此同时，由于中小企业自身基础相对薄弱，我国资本市场也依旧存在结构上的诸多不足，故股权融资欲真正"飞入百姓家"，依旧需要企业通过自身明确其实施意义并掌握基本的操作方法加以落实。本书即侧重详细介绍股权融资的具体操作步骤，以及在第四章将协议条款涉及事项进行细致拆解，为作为"乙方"的融资企业提供了切实可行的工具指南。

贾锐博士在整本书中贯彻法商结合的思维，既涉及股权融资协议中鉴于条款、违约责任条款、保密条款、不可抗力条款、法律适用及争议解决条款等法律专业术语的运用，也讨论了估值、财务与税收、融资退出等商业问题，并通过系列公式、真实数据的计算为上述问题提供了可行之解决方案。

笔者认为，本书最大亮点在于第四章中对股权融资协议中涉及的常规条款、十大保护投资人利益的特殊条款以及对赌条款的详细论述。贾锐博士通过对各个条款的含义、背景和目的、撰写方式、实务运用等事项展开论述，并结合实际案情的评述，既为融资企业提供了得以借鉴的常规条款模板，也指出了在适用具体条款时应当特别注意确认的事项以及审查的范围，具有较强的实务参考价值。如在第四章第二节中对十大投资人特权条款中的"股东优先购买权条款"进行论述时，该标题后首先使用破折号对该专业术语进行通俗性解释——"老股转让我先买"，对于初学者而言通俗易懂；其后贾锐博士进一步引用案例明确了实务中可能出现的股东之间相互转让股权与向股东之外的人转让股权可能分别面临的不同问题，并提供了《公司法》的法律依据指引，以及融资方可采取的限制对方优先购买权的具体方式。特别是针对颇受争议的继承是否影响优先购买权的问题，贾锐博士将法律规定与实际情况相结合，既给出了可行的解决方案，也对于法律体系的进一步完善提出了立法建议，可谓兼具法商结合与理论与实务相结合的双重特色。

最后，本书在写作立场方面的一大特色在于能够从融资企业出发，切身地从"乙方"视角思考问题，将其从固有认知中的被投资客体转化为主体，突出了融资方的地位和作用，也正是由此带来了语言表述的平易之感，使本书兼具内容之专业、内涵之深奥与表达之质朴的特点，是我非常认同与赞赏的。

贾锐博士出版的《投资并购法律实务》一书曾受到了实务领域的诸多赞赏，我也足以预见到本书对于股权融资实务之重大价值及影响，也很期待在未来能够拜读贾锐博士理论与实务方面的更多优秀作品。

北京市隆安律师事务所主任　刘晓明

2024 年 5 月 10 日于北京

王谢堂前燕,也飞百姓家

——作者序

1986年,国家科学技术委员会和财政部牵头设立中国创业风险投资公司。该公司被视为中国本土风险投资的先驱,但并未被广泛关注。

2000年,中国三大门户网站——搜狐、新浪、网易成功在美国纳斯达克上市,背后都有外国风险投资机构的身影。这些创富神话激发了众多中国创业者对股权融资的兴趣。

2006年,新《合伙企业法》确认了国际PE基金通用的有限合伙组织形式,使本土风投机构迅猛增长。同年,同洲电子上市。这是本土PE成功投资的首个案例,标志着本土风投机构的崛起。

过去十多年,以互联网、高科技赛道为主力的众多创业企业不断传出高估值巨额融资的消息,让投资圈内外万众瞩目。

股权融资的以上发展历程给人们一种错觉:股权融资是高大上的"王谢堂前燕",与一般的传统企业、中小企业无缘。对这个观点,要一分为二地看。

首先,互联网、高科技等新兴产业的确是股权融资领域的主角,见诸报道的也大都是知名投资机构和明星创业项目的结合,且这些创业项目大多有着上市的远大目标。2023年2月1日,中国证券监督管理委员会(以下简称证监会)发布《关于全面实行股票发行注册制前后相关行政许可事项过渡期安排的通知》,正式启动全面实行股票发行注册制的改革。可以预见,未来寻求IPO上市的创业项目会大幅增加;相应地,作为上市之路上重要节点的股权融资必然大幅增长。这些股权融资项目的特点是投资人强大、目标远大,可谓"王谢堂前燕"。

其次，多年来，众多餐饮、美容、大健康项目乃至传统制造业项目，众多没有新概念的中小企业，也一直在努力争取不知名的或非专业的投资人的投资。他们的股权融资，项目估值没那么高，融资金额没那么大，操作没那么规范，甚至不太关注上市或并购退出，却像毛细血管一样深入到各行各业的基层。这些股权融资项目的特点是投资人不算强大、目标也不一定远大，是股权融资一般中小企业解决资金及资源问题的一条重要通道，可谓"寻常百姓家"。

无论股权融资发生在"王谢堂前"还是"百姓家中"，都对中国企业、中国经济的发展意义重大，更没有高低贵贱之分。因此，本书对这两种类型的股权融资给予同等重视。

除上述定位之外，本书还有如下特点：

1. 写给"乙方"

本书的主要视角是融资方视角而非投资方视角。

需要钱的一方通常被动一些，这时候融资方也是一种"乙方"。融资方通常被称为"目标公司"，主体性丧失殆尽。实际上，融资方是股权融资工作的主要推动者，也是股权融资行动的重要受益者和融资成果的主要转化者。

当然，投资方如果希望更好地了解融资方的思路，本书也可作为他山之石。

2. 法商结合

两位作者专注提供股权相关法律服务数十年，其中贾锐博士有在金融机构工作和创办互联网公司的经历，深知法律与商业的结合对于做好股权融资项目至关重要。

本书全程贯彻商业思维，有很多"算账"的例子，且单设一章讨论估值、投后管理、融资退出等商业问题。

本书和贾锐博士的畅销书《投资并购法律实务》一样，是法律人、企业人士及会计师等其他专业人士都能读的股权书。

3. 实用主义

本书侧重于详细解说股权融资的操作步骤和协议条款，辅以大量案例解说，力图让初学者看了就能上手操作简单的股权融资项目。

为方便大家使用，本书还为读者提供股权融资相关协议等各类法律文件的电子版本。

《投资并购法律实务》的一位读者曾发邮件给贾锐博士说："我是看着您的书做完我职业生涯中的第一个并购项目的。"我们希望本书也能为股权融资领域的初学者提供同样的参考。

笔者对股权融资中比较重要的理论问题和实践中的疑难杂症也进行了深入探讨。其中，本书对于股权融资协议审批和签署的先后顺序、投前估值和投后估值的运用、融资方注册资本过大的损失、股份公司"同股不同权"法律依据的缺失等问题的探讨，特别是第四章关于股权融资协议核心条款的拆解分析，均具有一定的深度。

4. 好懂好读

本书主要内容来自两位作者2020年年底的股权融资直播对话和2022年7月在智拾App发布的股权融资系列双人合作网课。该直播和网课用时合计约50小时。本书在这50小时语音转文字的基础上，先删掉"口水话"，又补充了相关资料和案例。

在保持专业水准和理论深度的前提下，本书不以专业术语"炫技"，用语通俗易懂，努力带给读者身临其境的画面感。

本书尝试学习柏杨先生写历史的大白话杂文风格(如《中国人史纲》)和许倬云先生写历史的散文之美(如《万古江河》)。这两位的史观如何暂且不论，他们能够在保持严谨学术态度的同时把历史写得或通俗或优美，令人钦佩。本书虽然无法完全避免大段的专业知识介绍，但也努力呈现趣味或情怀。我们希望读者感受到：股权融资也不过是人间烟火。

本书希望为融资方解决以下问题：

第一，我需要吗？

很多企业不知道自己是否需要做股权融资。本书通过对股权融资利益的分析以及对实践中具体融资场景的介绍，帮助融资方分析自己在当前阶段是否需要启动股权融资。

第二，我能行吗？

本书通过对股权融资基础知识的介绍和对股权融资障碍的分析，帮助融资方消除对股权融资的陌生感，并理性评估自己获得股权投资的可能性。

第三，找谁来投我？

本书介绍了寻找投资人的渠道和方法。

第四，找到了投资人谈不成怎么办？

本书介绍了股权融资的四个阶段与十二个步骤，详细拆解了股权融资协议的条款，包括条款示例、意图解说，帮助融资方做到胸有成竹，并站在融资方角度对重要条款的谈判技巧进行了探讨。

第五，被骗或搞砸了怎么办？

本书介绍了股权融资的常见误区与难点，并就相关风险的防控提出了建议。

在写作体例上，本书部分借鉴《投资并购法律实务》，将每个知识点分为"知识简介"和"实务操作"两个模块，并根据说理需要随机插入"案例链接"。另外，对于一些初学者暂不需要了解但比较重要的内容，列为"进阶阅读"，以备将来进阶学习或查阅之用。

让我们隔着纸张与墨香，开始对话。

目录

第一章　揭开股权融资的面纱　001

第一节　什么是股权融资　002
一、股权融资的定义　002
二、关于股权融资定义的辩证　004
三、股权融资和债权融资的区别　007

第二节　股权融资的分类　012
一、按融资渠道分　012
二、按投资目的分　023
三、按融资轮次分　026
四、按资金注入路径分　027
五、按支付手段分　029
六、按融资结构分　031
七、按投资人的所有制性质分　035

第三节　股权融资的投资人画像　039

一、私募股权投资基金　　039

　　二、私募股权投资基金之外的其他投资人　　048

第四节　股权融资的利益与障碍　　053

　　一、股权融资的利益　　053

　　二、股权融资的障碍　　061

第二章　股权融资的操作步骤　　065

第一节　股权融资的准备阶段　　067

　　第一步：常识学习与内部沟通　　067

　　第二步：组建工作团队　　068

　　第三步：制订股权融资工作计划　　069

　　第四步：撰写 BP　　076

　　第五步："包装"自己的公司　　081

第二节　股权融资的接触阶段　　084

　　第六步：寻找投资人　　084

　　第七步：初步接洽及接受初步调查　　090

第三节　股权融资的落地阶段　　092

　　第八步：洽谈签署投资意向书　　092

　　第九步：配合投资方开展尽调及进行反向调查　　098

　　第十步：股权融资协议及其他法律文件的谈判及签署　　108

第四节　股权融资的收官阶段　　112

　　第十一步：内、外部审批及签署　　112

　　第十二步：交割　　117

第三章　股权融资中的商业问题　121

第一节　估值常识　122

一、什么是估值？　122

二、估值有什么用？　122

三、估值的考量因素　123

四、估值的方法　124

第二节　投后管理的配合与应对　136

一、投资人的投后管理诉求　136

二、融资方的配合及应对策略　138

三、投后管理中的律师服务　139

第三节　融资退出　139

一、IPO 退出　140

二、并购退出　140

三、回购退出　141

四、清算退出　143

第四章　股权融资协议的主要条款　145

第一节　股权融资协议的常规条款　146

一、鉴于条款　147

二、定义条款　149

三、交易标的条款　151

四、陈述与保证条款　152

五、先决条件条款　159

六、交易对价条款　162

七、支付条款　163

八、过渡期条款 165

　　九、交割条款 166

　　十、交割后义务条款 167

　　十一、公司治理条款 168

　　十二、限制竞争条款 170

　　十三、最惠国待遇条款 172

　　十四、税费条款 173

　　十五、违约责任条款 176

　　十六、保密条款 177

　　十七、不可抗力条款 179

　　十八、法律适用及争议解决条款 180

　　十九、其他条款 181

　第二节　十大投资人特权条款 186

　　一、投资人特权条款的合理性与合法性 187

　　二、十大投资人特权条款详解 190

　第三节　对赌条款 232

　　一、什么是对赌？赌什么？ 232

　　二、对赌的三种"赌法" 234

　　三、对赌的起源 237

　　四、投、融资双方关于对赌的错误倾向 238

　　五、对赌条款的合理与不合理 239

　　六、对赌条款的效力 240

　　七、对赌条款纠纷案件观察 246

　　八、关于对赌条款的五大引申问题 249

第五章　股权融资的五大误区　　　　　　　　　　　263
　　一、临渴掘井　　　　　　　　　　　　　　　　264
　　二、非法集资　　　　　　　　　　　　　　　　265
　　三、卖国条约　　　　　　　　　　　　　　　　268
　　四、遇人不淑　　　　　　　　　　　　　　　　271
　　五、后院起火　　　　　　　　　　　　　　　　279

后　记　　　　　　　　　　　　　　　　　　　　　283

第一章 揭开股权融资的面纱

本章导读

本章内容包括四个部分：

1. 什么是股权融资？
2. 股权融资的分类。
3. 股权融资的投资人画像。
4. 股权融资的利益与障碍。

第一节　什么是股权融资

知识简介

一、股权融资的定义

顾名思义，股权融资就是用股权换资金。

上升到理论高度，股权融资是指公司股东通过增资等方式向投资人让渡部分股权，为公司引进新的股东，同时使总股本增加的融资方式。该定义包含三个要素：

1. 原股东让渡股权。这说明股权融资行为会使得原股东的持股比例降低。
2. 原则上采用增资方式。
3. 增资必然带来总股本的增加。

• 案例链接

　　某公司只有一个股东张某，注册资本100万元（如无特别说明，本书提及资金金额时均默认为人民币）；该公司增资25万元，李某以25万元认购了该增资份额，公司注册资本增加为125万元，李某的持股比例为25/125即20%，相应地，原股东张某的持股比例从100%降低到80%。

　　点评：上述增资过程符合股权融资三要素：原股东持股比例降低了，投资人通过增资成为新股东，总股本增加了。

　　没有高估值？没有溢价？对的！按照前面的定义，原价增资也属于股权融资。如果有溢价，财务处理会复杂一些，增资款的一部分会进入注册资本，另一部分会进入资本公积。

• **案例链接**：溢价增资的财务处理与税收负担

　　某公司注册资本为900万元，某投资人按投后估值1亿元向该公司投资

1000万元,获得该公司10%的股权,则该公司的财务处理如下:

1000万元投资款的一部分进入注册资本(表示为X),计算公式为:

X/(X+900万元)=10%

由此可得:X的值为100万元。

该公司的账务处理如下:

借:银行存款100万元

贷:实收资本100万元

资本公积:900万元

该财务处理对该公司股东的税收负担会产生如下影响:

假如该公司引入投资前的净资产刚好也是900万元(方便计算),则引入投资之后,公司净资产增加为1900万元(900万元+1000万元)。

其中,归属于原股东的资本权益为:1900万元×90%=1710万元。

假如原股东为自然人且立即转让其持有的90%的股权,则应纳税所得额为:1710万元-900万元(历史取得成本)=810万元。

如果原股东是企业就交企业所得税(税率为25%,另根据地区、是否为高新技术企业等有所不同),是个人就按"转让财产所得"交个人所得税(税率为20%)。

点评:原股东表示,做业务还没挣到钱,融个资就挣了810万元。其实,用900万元注册资本赚到810万元算什么?只要企业有成长性,又积极并善于做股权融资,用100万元注册资本起家赚到1000万元、1亿元甚至更多的案例比比皆是。

本次融资虽然使得原股东"赚"了810万元,但由于股权转让价格是以后发生股权转让时点的公允价,转让有获利就要缴税,不会发生国家税收流失问题,故在增资环节原股东不缴纳所得税。这是合理的。如果未来公司经营不善导致股权贬值,原股东这90%股权的转让价格甚至可能低于900万元,那时候自然不缴税。

二、关于股权融资定义的辩证

（一）关于股权融资的特点

基于上述定义，股权融资在理论上有三个特点：

1. 不可逆性。股权投资通常不可收回（对赌、回购等特殊情况下，投资可能可逆，详见后文）。

2. 长期性。跟借钱（债权融资）不一样，股权融资的资金没有归还期限。

3. 无负担性。债权融资会使得企业负债率变高而且通常要支付利息，但股权融资的融资企业不会因股权融资而增加负担，且负债率会因此降低。

但从实践角度上看，上述"三性"都受到了挑战：

1. 不可逆性与长期性会因为对赌条款或定期回购条款而受到挑战。

● 案例链接

> 某国有产业基金向一家民营互联网企业投资 3000 万元。为确保国有资产安全，该基金要求在协议中约定："在投资款到位满 3 年后的任意时间内，投资人有权要求目标公司的创始人团队收购其持有的目标公司股权，收购价格按照投资金额加年回报 12% 确定。"
>
> **点评**：因该回购条款未约定业绩条件，故不属于对赌，而就是一个单纯的预约股权转让协议条款，且买方（投资人）拥有选择权。该条款可能构成明股实债（亦称"名股实债"，后文不加区分），但该基金也有可能不行使这个权利，故判断其属于明股实债至少在协议签订时依据不足；且即便是明股实债，司法实践中也并未一律判定无效。总之，这个条款及类似条款给了投资人更多的主动权，让投资人的投资可以被收回，从而事实上具备了非长期性和可逆性。
>
> 需要注意的是，上述转让的预约买方是创始人团队而不是目标公司，故对目标公司而言，该约定并未破坏本次股权投资的不可逆性和长期性。

2.同理,股权融资的无负担性实践中也会受到分红补偿(业绩补差)型对赌条款等安排的挑战。这类条款让创始人团队或目标公司对投资人作出保证一定收益的承诺(如保证投资人的投资年收益不低于10%),属于一种负担。

(二)关于股权融资的方式

除通过增资获得股权融资外,广义的股权融资还包括目标公司原股东通过股权转让和股权质押获得可用于公司发展的资金。

- **案例链接:股东通过股权转让获得融资**

  A公司大股东王二持有公司90%的股权,因公司资金周转出现问题,王二将其持有的股权转让了10%给张三,获得股权转让款1000万元;王二再将这1000万元无息借给公司,从而解决了公司的资金问题。

  请问上述融资行为是否属于股权融资?

  点评:且公司引进了新股东张三,而且没有给公司造成利息负担。但按照前述定义,这对公司来说还是一种借贷行为,增加了公司负债率,不属于引进投资人的行为,公司总股本也并未增加。至于没有利息负担的问题,是王二作为大股东给公司的一种特殊支持,属于特例。另外,财务人员通常是不建议借款不收利息的。当然,王二不会去管这些,他只知道他通过股权手段解决了公司的资金问题。

- **案例链接:股东通过股权质押获得银行贷款**

  某新三板挂牌公司向银行借款,银行接受了其大股东李四提供的股权质押担保,在无抵押物的情况下向该公司发放贷款3000万元。

  请问上述融资行为是否是股权融资?

  点评:公司只是与银行签订了借款合同,故其融资行为还是一种借贷行为,增加了公司负债率,无法转化为投资行为,公司总股本也并未增加。同样,李四也不会管这些,他只知道他通过股权手段解决了公司的资金问题。

所以,企业人士对于股权融资的理解更为宽泛,与股权融资的"学院派"定义并不完全符合;但从企业人士朴素的眼光来看,这些宽泛的理解也不能说是错的。作为专业人士无须刻意纠正企业人士的这些说法。

(三)关于股权融资的目的

股权融资通常是为了解决目标公司的资金问题,但有时也有例外。具体又分为两种情况:

1. 搂草打兔子——融资套现两不误

● **案例链接**:部分增资,部分转让

某公司 B 轮融资时投后估值 10 亿元,投资人某基金拟投 1 亿元获得目标公司 10% 的股权。创始人、大股东王二提出,可否在前述投资之外,另行以 2000 万元购买其所控制的有限合伙企业持有的 2% 的股权,从而让自己有钱安排好家人的生活,没有后顾之忧?该投资人经研究,决定以 8000 万元投资到该公司获得 8% 的股权,另安排关联方向王二控制的有限合伙企业以 2000 万元购买该公司 2% 的股权。双方最终达成了协议。

点评:王二知道估值再高也是纸上富贵,所以趁自己有谈判砝码时提出了个人套现的要求。这也是符合商业逻辑的。

2. 醉翁之意不在酒——股权融资促套现

● **案例链接**:以股权融资为股权转让定价

某公司注册资本 500 万元,净资产 1000 万元,大股东王二持股 80%,拟转让其持有的 10% 的股权以套现部分资金,定价 200 万元(对应净资产为 100 万元),但无人购买。

之后,该公司启动股权融资,以接受业绩对赌为条件,以 5000 万元的投后

估值通过增资方式获得某投资机构500万元投资,投资机构持股比例为10%。按原股东等比例稀释的原则,王二的持股比例被稀释为72%。

之后,王二跟多位朋友沟通,称其公司估值5000万元已被投资机构认可,公司10%股权的价值为500万元,有意者可优惠按300万元定价。一位朋友在确认王二的公司确实以5000万元估值获得了投资机构的投资,遂接受了这个价格,王二顺利套现300万元。

点评:本案中,创始股东一开始就有以股权融资为套现创造条件的意图。实践中,在公司成功实现股权融资之后,创始股东通过持股平台转让部分间接持股的股权从而成功套现的情形并不少见。

(四)股权融资的其他特点

1. 以上市为目的的股权融资往往要分轮次。

从开始创业到上市,通常是个较长的过程。其间,公司的股权融资往往要分为多个轮次,估值不断提高,融资金额也不断变大。

2. 创始人通常要保留控制权。

一般认为,股权融资过程中创始人团队应始终保持对公司的实际控制权。即使到了C轮以后创始人团队的持股比例可能降到51%以下,也可以通过特殊的表决权安排让自己保持对公司的控制权。实践中也有到最后创始人团队虽是第一大股东但并无超过51%表决权的情况,这种情况相对比较少,也不推荐。

另外,这也是股权融资与并购的最大区别。如果投资人的持股比例或表决权比例大到足以控制目标公司,无论是通过受让股权还是增资的方式,一般认为已经构成了并购。

换言之,股权融资是融资方及其创始股东"以我为主"的一种股权操作。

三、股权融资和债权融资的区别

债权融资和股权融资的主要区别有:

第一，社会认知程度不同。

对借钱大家都熟悉，对股权融资大多数人都不熟悉，对估值、溢价等概念大家更是陌生。所以，做股权融资，大多数企业主和非专业投资人的认知不足是最大的障碍。

第二，操作难度不同。

借钱的流程大家都懂，风险控制措施主要是资信调查加各类担保。股权融资的流程更复杂，要考虑的点更多。

第三，融资金额与企业资产的关联度不同。

企业借钱，对方通常希望提供抵押；即使不要抵押，对方也很难借出超过借款方净资产的金额。也就是说，借款金额在很大程度上受制于融资方的资产，特别是净资产。股权融资的金额则不太受制于企业的净资产，而是主要受制于企业的发展潜力。

第四，融资的成本与收益不同。

融资企业借款的成本是利息，利息有法定的上限，即合同成立时 1 年期贷款市场报价利率（Loan Prime Rate，LPR）的 4 倍；借款的回报来自企业的经营收入，一般来讲，这种收入很难达到借款金额的几十倍甚至更高。

股权融资的成本是原股东让渡的股权。目标公司的估值越高则获得同样资金需要让渡的股权越少，融资成本也就越低；股权融资的回报是：随着公司估值的提升乃至最终上市，融资企业股东持有的股权也不断增值。这个增值幅度可能高达几十倍甚至更高。

如果融资方企业在获得股权融资后发展迅猛，企业估值大幅度提升，则股权融资的成本显然高于债权融资，因为这些增值的一部分会归投资方享有，这对融资方而言可以视为股权融资的额外"成本"。当然，这也是一种"甜蜜的痛苦"。反之，如果融资方企业在获得股权融资后发展不如预期，甚至出现估值降低甚至企业崩盘，则股权融资的成本显然低于债权融资，因为投资方需要与融资方共担风险，通常情况下无权要求返还投资款。

第五,融资方的风险程度不同。

对融资方而言,股权融资的偿债风险通常小于债权融资的风险。如前所述,在一般情况下,股权融资具有长期性和不可逆性,一旦企业经营不善,投资人就难以获得预期回报,但融资企业无须偿还其投资。

债权融资意味着融资方必须按照约定承担按期付息和到期还本的义务,此种义务与融资方的经营状况和盈利水平无关,当融资方经营不善时,将面临巨大的付息和还债压力。

第六,对控制权的影响不同。

股权融资需要降低融资方企业原股东的持股比例,让投资人成为公司的新股东,这对创始股东对企业的控制权构成了如下威胁:

(1)哪怕新股东是小股东,也是有话语权的,包括知情、发表意见、提起诉讼、提议召开股东会等各种权利。

(2)有些时候,股权投资人虽然是小股东,但也可能要求更多的特权,如超过自身持股比例的表决权、重大事项的一票否决权、董事席位及财务等关键岗位的提名权等,这通常是因为投资人给出的估值高,投入的资金多。

(3)在银行贷款、增资及继承变更登记等场景下,银行或登记机关希望看到全体股东和谐一致地签署决议等文件。登记机关要求提供全体股东签字的股东会决议,有时候缺乏法律依据,但有些登记机关确有要求提供的情况。这也会给目标公司及创始股东带来困扰。

(4)有些小股东甚至以采取或威胁采取举报、恶意诉讼,在公司吵闹、泄密、抢夺公章及文件资料等方式逼大股东就范。需要注意的是,由于其股东身份,公安机关在立案方面通常很谨慎。

总之,引进新股东可能会引狼入室,导致老股东的权利弱化,甚至可能导致老股东失去公司控制权。更重要的是,除极其特殊的情况外,股东身份是不可剥夺的。结了婚可以离婚,但结成了股东关系,在法律上很难有拆开的手段。很多创始股东看到这个风险，就不想做股权融资了。其实这个风险是可以防控的。

在债权融资的情况下，债权人不持有公司股权，不直接参与公司运营，通常不会威胁到融资方股东对公司的控制权。有些银行及其他强势的债权人可能会对融资方企业股权变动、改制重组等重大事项提出进行限制性约定，这也在情理之中，但一般来说对企业日常经营的影响不大。

第七，对企业的作用不同。

债权融资主要是解决企业缺钱的问题，而股权融资还可能为企业带来营销、人才等各方面的资源，能够帮助企业优化基因和提高内部治理水平，有很多其他的好处。

实务操作

请特别注意以下概念的区分：

1. 以注册股股权融资 vs 以干股或其他股权收益权融资

- **案例链接**

  某医美公司向王二承诺，"投资"100万元即可获得该公司5%的"干股"，可分得公司每年利润的5%，但不持有该公司股权。王二因与该公司老板是朋友，故实施了该项投资。

  点评："干股"并非严谨的法律概念，其形式多样，外延模糊。我们认为不宜以"干股"这个模糊概念来对一个具体的行为进行定性，而应该基于具体情况对具体行为进行定性。本项目公司股本没有增加、没有新的股东加入，显然不属于严格意义上的股权融资。另外，也有观点认为这就是一个浮动利息的借款协议。此外，如果该公司大规模地吸纳此类投资人，又可能涉嫌非法集资。

- **案例链接**

  王二持有A公司60%的股权。某资产管理公司受让A公司股东王二转让的股权收益权，资管产品到期后，王二再以相应价格回购该股权收益权。为保障资产管理公司的资金安全,王二将其持有的60%股权质押给该资产管理公司。

点评:这是一个典型的"股权收益权转让及远期回购"资管产品。王二以股权的收益权实现了融资目的,但融资方不是A公司而是王二。另外,这里有一个比较深的专业问题,即有时候融资方(王二)为了不履行质押担保义务,会提出:在质押登记时王二已经不拥有股权的收益权,该质押物没有实际价值故质押无效。目前主流的判例都不认可这种异议,而是判定质押有效。个人认为这不仅仅是因为判定无效缺乏法律依据,也是为了尊重诚信原则和当事人意思自治。

上述两种情况也可以认为是广义上的股权融资,但比较偏门。本书后文仍专注讨论通过"注册股"来进行融资的活动。

2. 上市公司的股权融资 vs 非上市公司的股权融资

上市公司也会进行股权融资,但其路径与非上市公司的股权融资区别很大。本书仅讨论非上市公司的股权融资。

3. 股份有限公司 vs 有限责任公司

在未上市的公司里面,有限责任公司占绝大多数。这跟民国时期的公司不一样。民国时期股份有限公司才是大家心目中真正的公司,占绝大多数。为什么现在的人不愿意设股份有限公司呢?因为股份有限公司设立和运行的限制多一些、成本高一些、麻烦也多一些。例如,股份有限公司其他股东要转让股份,创始人没有优先购买权,也不会被提前通知,创始人睡一觉醒来发现公司的一个或多个其他股东已经换了的情况时有发生。另外,有些地区存在股份有限公司股份的托管费、转让的手续费,相对于有限责任公司来说,这些都是额外费用。

4. 股权 vs 股份

按照《公司法》的提法,有限责任公司的股权叫股权,股份有限公司的股权叫股份。理论上讲,股权是个大概念,股份是股权的一种,是划分为等额份数的股权;股权讲比例，股份讲份数。同时，民间也常常把有限责任公司的股权叫作股份。为叙述方便，本书有时候会将二者混用。

第二节　股权融资的分类

知识简介

以下我们从融资渠道、投资目的、融资轮次、资金注入路径等多个维度对股权融资进行分类讲解。

一、按融资渠道分

1. 通过 IPO 融资

首次公开募股（Initial Public Offering, IPO）是指拟上市企业依法经审核同意或登记注册后，首次在交易所公开向投资者出售自己公司增发的股份，由此获得融资。境外上市的地点主要有纽约证券交易所、香港交易所等，境内上市的板块则包括主板、中小板、创业板、科创板等。

IPO 的股权融资效率最高。根据上市公司协会的数据，2023 年 A 股市场共有 313 家企业首发上市，同比减少 26.87%，共募集资金 3565.39 亿元，同比下降 39.25%。尽管上市企业数量和募资金额都在下降，但 IPO 的融资效率仍远高于其他融资方式。

IPO 更适合于较为成熟的企业，尤其是财务数据不错的企业。

- **案例链接**：富士康工业互联网股份有限公司境内上市融资

  2018 年 5 月，作为首只科技股"独角兽"，富士康工业互联网股份有限公司（以下简称工业富联）创下 A 股市场 IPO 过会最快、近 3 年来募资最多等多个纪录；其中募集资金总额约 271.2 亿元，创下 2015 年 6 月以来 A 股 IPO 募资规模纪录。同时，也成为 2015 年以来全球 TMT 行业规模最大的 IPO。

第一章 揭开股权融资的面纱

- **案例链接：蔚来汽车美国上市融资**

  中国电动汽车创业公司蔚来汽车 2018 年 9 月成功在美国纽约交易所实现 IPO 上市，融资金额约 10 亿美元，尽管该融资金额低于预期，但从当时仅仅成立 3 年多的时间及连年亏损的情况来看，蔚来汽车实现 IPO 本身就是一种阶段性胜利。

  点评：这两个"旧闻"都很有代表性。工业富联的背景比较特殊，但仍成功在境内上市，一方面是因为工业富联这块招牌比较可信，另一方面也表明了某种开放包容的态度。蔚来则是近年来中概股在美上市的典型代表。按照蔚来在美上市前的业绩表现，蔚来不可能在境内上市，但在美股就可以。美股投资人偏好具有高成长性的新经济业态，美国市场未将盈利作为企业上市的硬性指标，而更注重企业商业模式与未来发展潜力，故亏损企业上市很正常。

2. 通过新三板和区域性场外交易市场融资

相对于 IPO 而言，新三板以及区域性场外市场（Over-the-counter Markets，OTC 市场）属于低层次的替代资本市场。

挂牌与 IPO 最核心的区别是挂牌企业仍不能公开募集投资，融资对象的人数仍不能突破《公司法》对公司股东人数的限制。挂牌企业股权融资的对象仍有限制，这意味着挂牌企业只能寻找高净值的投资者及风险投资机构。

从实际情况看，新三板以及区域性 OTC 挂牌的企业融资交易并不活跃，实际募资效果很有限，但挂牌的企业都经历了相应的"整改"，其合规性得到了明显提升。成功实现挂牌虽然不能像 IPO 一样直接产生巨额募资的效果，但也可以作为对企业经营管理能力以及企业信用的一种背书，总体上有利于企业向上实现 IPO，也有利于企业自行进行股权融资。

据统计，截至 2023 年 9 月底，全国区域性股权市场共有挂牌公司 4.31 万家，累计实现各类融资 2.23 万亿元。

一些企业在新三板或区域性 OTC 挂牌后，宣称自己"上市"了，其原因可能是：

（1）自己真的不懂上市和挂牌的区别，只是单纯地觉得"上市"听起来更高级。

（2）其被中介机构蒙骗了，特别是前几年补贴较多的时候，中介机构为了劝企业上新三板或 OTC 挂牌，有意混淆二者的区别。

（3）明知二者区别很大，但为了虚荣心或欺骗投资者，声称自己上市了。有段时间这种投资骗局很多，有人发一张"敲钟"的图片，在朋友圈声称自己上市了，诱导别人买所谓的"原始股"。

（4）部分人有意误导。部分专业人士声称新三板和 OTC 是挂牌和上市的模糊地带，可以叫作"挂牌上市"。其实，挂牌就是挂牌，上市就是上市，界限很清晰。

新三板希望跟各地的 OTC 区分开，想成为中国的纳斯达克，但经多年努力仍希望渺茫。回想起当年某些券商大力推新三板、各地政府大力补贴新三板、一批中介大力做新三板业务，再看看这十多年来新三板多舛的命运，笔者不禁唏嘘。无奈之下，新三板将精选层平移至北京证券交易所（2021 年 9 月成立），也算是一种突围。

- 案例链接

    某高科技企业，主营业务是新材料，产品出口多国。因直接寻求 IPO 难度较大，于是谋求新三板挂牌。挂牌成功后，该企业从封闭走向公开，运营规范程度大幅提高，基于其业绩上的良好表现，该企业进行了多轮定增，成功募资数千万元人民币。

    点评：新三板挂牌有时候也能够提高公司股权融资的能力。

3. 通过私募股权基金融资

私募股权投资具有不公开和不进场两个特点。专业的私募投资者是指证监会发布的《证券期货投资者适当性管理办法》所称的专业投资者，即私募股权基金及其管理人。私募股权基金的基本运作方式是把合格投资人的钱募集凑成大笔基金，再投进具体项目。基金的收入来源主要是管理费和投资回报分成（Carry）。

顺便说一下，如果想了解经常飞在"王谢堂前"的那些专业投资机构，可以关注清科发布的中国股权投资年度排名榜单。清科的榜单包括 VC/PE 综合类、行业类、优秀案例、中介机构四大类,共有数十个榜单。清科的榜单胜在开始得早(自2001年起),每年都坚持评,而且也比较有章法;其中比较重要的综合类榜单有:早期投资机构30强、创业投资机构100强、私募股权投资机构100强、国资投资机构50强、战略投资者/CVC10强等。看了清科的榜单,就知道主要都是谁在搅动中国股权投资江湖的风云。

PE曾经很火,但自2018年以来,特别是疫情暴发以来,资本寒冬的幽灵一直在私募领域徘徊,总体来说私募股权基金变得更内敛、更谨慎。一般中小企业通常很难获得这些榜上有名的专业投资机构的投资,但也无须灰心气馁,其原因有三:

一是专业投资机构的投资也有其缺点,如往往会提出苛刻的投资条件(特别是对赌),对融资方束缚较大。

二是非专业投资人也有其优点,来自上下游、朋友圈等渠道的非专业投资人的数量远远多于这些专业投资机构,而且投融资双方有一定的信任基础。

三是引进股权投资不一定是奔着在一定期限内上市而去的,也可以是为了扎扎实实地提升企业竞争力和盈利能力。相对而言,非专业投资人对"走资本市场"没有那么深的执念。

4. 从其他专业投资人处获得投资

除私募股权基金之外,还有一些个人和机构以股权投资为主营业务。这些个人或机构拥有可供投资的资金,同时有着一定程度的投资经验,从而可以"绕过"专业的私募股权基金独立进行股权投资。这类投资人有些拥有专业的投资研究、考察和决策团队,有些则更依赖投资人的投资眼光。这里讲的"专业",并不是说这些投资人水平高,而是说其主营业务是股权投资或经常进行股权投资。

- 案例链接:薛蛮子投资265网站

  2004年,薛蛮子投资25万美元购买了265网站25%的股份,美国国际数据集团(International Data Group,IDG)天使投资和谷歌也投资了265网站;6个月后谷歌以上千万美元收购了其持有的265网站的股权,薛蛮子成功实现高额投资回报。

点评：薛蛮子现已在网民的骂声中消失于江湖。他虽然不是专业投资机构，但从股权投资业绩看，也算一个专业投资人。

5. 从非专业投资人处获得投资

这里的"非专业投资人"指不以股权投资为主业或不经常做股权投资的投资人。

本书所称非专业投资人主要有三种：

（1）高净值自然人。例如，一些在地产、矿业、制造业等传统产业赚了钱的老板不相信专业投资机构，对自己的眼光比较自信，就会选择自己进行股权投资。笔者曾戏称这些投资人为"土豪投资人"，意思是说他们有钱但不具备股权投资的专业知识和经验。

- **案例链接：猪八戒网的融资路**

猪八戒网成立于2006年，在2007年拿到天使投资人500万元首轮融资，网站获得宝贵的发展期。

2011年，IDG基金宣布对猪八戒网进行千万级的注资。

2014年，IDG基金与文投集团再度对猪八戒网进行数千万美元级的投资。

2015年6月，猪八戒网获得总计26亿元融资，投资方包括赛伯乐基金和重庆市某国企。

点评：猪八戒网的融资过程中既有天使投资人的融资，也有专业投资机构的融资。由于专业机构的要求较高，企业初创阶段往往很难获得其投资，这时候就不应把融资对象局限于专业投资人。

（2）公司员工。员工参与了公司的股权激励计划，在获得股权时支付了相应对价，也可以视为一种对公司的股权投资。还有华为等一些公司的全员持股计划，初衷不仅是激励员工，同时也是为了解决公司的资金问题。

- **案例链接:《那年花开月正圆》中的股权激励**

　　电视剧《那年花开月正圆》中,主角周莹将吴家东院的部分产业(茶庄、布庄、棉花行、药材行)分成了若干"银股",拿出50%让东院的丫鬟、小厮、掌柜、伙计来认购,10两银子一股。只要认了银股的人,就把东院价值相当的某一样东西抵押给她,若赔钱了,就可拿走这件东西。大伙儿踊跃认购了所有银股,最后成功筹到了重建机器织布局的款项。

　　点评:这是典型的股权激励与股权融资的竞合。华为启动员工持股计划的初衷也是筹钱,只是筹钱、激励两不误。

(3)其他偶然进行股权投资的机构和个人。

6.通过股权众筹获得投资

(1)什么是股权众筹?什么是互联网股权众筹?什么是朋友圈股权众筹?

股权众筹是指公司面向多个投资者筹集一定比例的股份。

股权众筹是新生事物。美国于2012年4月颁布《初创期企业推动法案》,允许中小企业通过众筹发行股权筹集资金,之后我国企业界才慢慢跟进,股权众筹逐渐成为热点话题。

互联网股权众筹,是指通过互联网渠道筹集股权投资。这个概念很酷也很火,但笔者认为这种方式很容易踩到非法集资红线。

朋友圈股权众筹,是贾锐博士首创的概念,强调为避免踩到非法集资的红线,筹集股东的对象最好局限于公司原有股东的朋友圈。

- **案例链接:股权众筹股东数量超限额**

　　5个人牵头成立了有限责任公司做一个项目,另外找了100多个朋友(包括朋友的朋友),每人出资10万元,募集资金1000多万元。因为有限责任公司股东数量不能超过50人,这100多个投资人各自把钱打给这5个人,由这5个人代持,但没有和投资人签订委托持股协议,只有一张投资确认表。后因公司经营不善,有1位投资人起诉要求显名登记,法院一审判决驳回了其诉讼请求,本书写作时该案尚在二审中。一审法院认为,如果其他投资人都来要求显名登记,会导致该有限责任公司人数突破50人上限。

点评:这是笔者的学员贡献的一个案例(内容做了一定的技术处理),说明民间基于朋友信任的股权融资从来没有停止过,生命力十分顽强。同时,不规范的委托持股导致投资人利益缺乏保护,也说明这类股权融资亟需专业的法律服务。

顺便说说笔者对这个案件的看法:

第一,本案属于股东资格确认之诉,公司为被告,代持人为第三人,实际出资人为原告。根据"不告不理"的原则,本案审理中不应考虑其他实际出资人的诉求。

第二,认为支持1位投资人的显名请求权,会损害其他投资人的显名请求权,只是一种主观臆断。其他投资人未必会希望显名,因为显名或不显名是投资人的选择而非利益。对有的投资人来说,不显名更好。

第三,即便要考虑公司股东人数上限的问题,法院也可以在支持45位投资人的显名请求之后(加上5位发起人共50人),驳回第46名投资人的显名登记请求。从法律上讲,仍然可以不突破公司股东人数上限;从公平角度看,第46位及之后的股东不积极行使权利,应当承担"排不上号"的后果。

在本案的价值取向上,一审法院选择了优先保护公司登记秩序,而放弃了对投资人权益的保护,也是一种思路。一审原告如决定上诉,笔者建议可征集其他投资人的"放弃显名确认书",在二审中作为新证据使用。

(2)众筹咖啡馆属于股权众筹吗?

这种方式属于"无核"股权众筹,已经被实践证明是失败的。贾锐博士主张做"有核"股权众筹,即项目公司应当有实控人。

- **案例链接:"最性感咖啡馆"的倒闭**

   2013年8月,66位海归"白富美"每人投资2万元,共筹集132万元,在北京建外SOHO开了HER COFFEE。开业当天,李亚鹏、暴风影音首席执行官(Chief Executive Officer,CEO)冯鑫等众多明星、企业家到场祝贺,然而,开业不到1年,该咖啡馆就倒闭了。

   点评: 因为一张美女股东合影,该咖啡馆被称为"最性感咖啡馆"。显然,HER COFFEE倒闭应主要归咎于没有大股东/实控人。没有大股东/实控人,股东们就会议而不决,就会只想"搭便车",导致公司陷入僵局。

(3)股权众筹对公司有什么好处?

融资:获取无须归还的资金(股本)。

融市:每一个小股东都会成为公司的推销员。

融智:股东众多,集思广益。

(4)股权众筹如何避免变成非法集资?

非法集资具有公开宣传、承诺还本付息、面向社会不特定多数对象等特点。实施股权众筹时,应特别注意避免"踩线"。笔者归纳了"四不"原则:

人不要太多(不通过委托持股、平台公司等方式规避股东人数上限);

钱不要太多(几百万元就可以了,可以分几轮);

阵仗不要太大(不打广告,主要通过朋友关系引荐);

公司不要承诺退股和保障固定回报(原股东原则上可以通过对赌等方式作出这些承诺)。

(5)相比其他股权融资方式,朋友圈股权众筹有何优缺点?

其他股权融资方式是融资方与投资方"一对一",股权众筹是融资方与投资方"一对多"。股权众筹的缺点是要对接多个投资方,比较麻烦,融资额度往往不大;优点是通常无须接受尽职调查(以下简称尽调)、面向朋友好沟通、投资人对公司控制权一般没有诉求、融资方统一定规则无须就投资条件一对一谈判等。

(6) 国家对股权众筹是什么态度？

党的十八届三中全会发布的《中共中央关于全面深化改革若干重大问题的决定》明确指出要提高股权融资的比例，大方向是鼓励的，但是又害怕股权众筹导致金融秩序混乱，非法集资盛行，所以态度比较含糊。

2014—2019年，中国证券监督管理委员会曾先后起草《对股权众筹平台指导意见》《股权众筹试点管理办法》《股权众筹融资管理办法（试行）》，有些还公开征求意见，但每次总是不了了之，充分表露了监管机关对股权融资的矛盾心理。

笔者认为，如有专业人士指导，当前可为；从长远看，未来可期。

(7) 哪些行业适合股权众筹？

客户群较广泛的公司，做股权众筹的边际效益最大，典型的如咖啡店、餐馆、美容院等，可以以客户、供应商、员工为众筹对象。如以员工为对象，则与股权激励有竞合。

- **案例链接：会籍式咖啡馆股权众筹**

  3W咖啡馆采用的众筹模式是每人投6万元，投资人包括沈南鹏、徐小平等知名投资人，以资产作为投资人资格审查的标准。3W咖啡馆会定期组织深度沙龙和聚会，促成项目与资金的对接。之后，3W咖啡馆运营了"拉勾网"，2014—2016年获得三轮融资（分别为500万美元、2500万美元、2.2亿元），冲到行业头部，后被BOSS直聘等竞争对手打败。

  点评：3W咖啡馆本质上是个商会，投资款相当于会费，投资的目的是建立人脉。拉勾网的失败是互联网行业的正常现象，不能证明3W咖啡馆项目的失败。其实，正宗的咖啡馆是很适合做股权众筹的，不能因为无核心的咖啡馆和不务正业的咖啡馆失败，就认为咖啡馆不适合股权众筹。

(8) 如何吸引投资人参与股权众筹？

一是项目盈利模式清晰、成长性好；

二是公司财务透明、管理规范；

三是控制单个投资人投资金额,让投资人感觉到"亏得起";

四是按承诺分红,树立口碑,二轮三轮融资就容易了;

五是灵活运用保障机制,如可由公司原股东承诺以一定价格收购投资人的股权,这样投资人就没有后顾之忧。

(9)有没有极简的股权众筹操作指引?

股权众筹的投资人通常是非专业投资人,投资金额也比较小,操作中并不需要走完本书第二章所列的十二个步骤(那些步骤试图涵盖所有股权融资项目,实践中每个项目都会根据实际情况做取舍)。

以下结合一个具体项目介绍股权众筹的极简操作,并提供一份极简的股权众筹投资认购书范本:

第一步:准备商业计划书(Business Plan,BP),找朋友沟通该项目(都是基于信任关系);如能一次与多人沟通更好,但不要公开宣传。

第二步:沟通好后请投资人签认购书,认购书条款是统一的,不允许谈判修改,理由是对所有投资人一视同仁。

- 案例链接:一份股权众筹认购函

致:×××先生/女士

感谢您关注"AAA"项目!

就您投资本项目事宜,我公司及相关方现向您作出如下说明与承诺:

一、公司基本情况(略)

二、增资认购安排

公司此次拟为您释放×%的股权,以增资方式供您认购,认购价格为××万元。

您的投资金额中的××万元将计入注册资本,其余部分(溢价部分),将按规定进入公司资本公积金。

注:本项目实际上是让投资人将钱打到有限合伙持股平台,投资人认购的

是合伙份额进而对项目公司间接持股。为表述方便,我们把持股平台结构简化了。实际操作时补上这部分结构并调整措辞即可。

三、投资权益保障

(一)业绩承诺

投资人投资1年期满,公司保证达到如下业绩指标之一:

1. 公司总营业额达到1500万元;

2. 实现现金流为正(按期满前3个月的平均值计算)。

如届时未达到上述指标之一,则公司创始人×××将按照年回报10%的价格回购您持有的公司股权。

注:本项目中创始人有信心达标,遂主动提出了对赌条件。创始人当然也可以不提对赌,但这样估值比较难提高,融资成功率相对低一些。也有的创始人承诺投资人可在一定期限届满后要求回购,如投资满1年可要求创始人按投资金额的80%回购,满2年90%,满3年100%。这样也可以让投资人觉得损失可控。

(二)财务监督

公司将每月向投资人报告支出情况,投资人随时可检查公司财务状况。

(三)消费权益

此处可列举投资人可在公司门店打折消费等权利,餐饮、美容等行业常用。

如您接受上述投资条件,请于2021年9月××日前将认购的投资金额汇入公司指定账户,即视为完成投资,享有本函所列明的各项权利。

(以下为签署栏;除签署栏外本函内容均为打印,手写及涂改无效)

北京×××××有限公司(盖章)

创始人(签字):

2021年9月　日

点评： 因投资人和创始人有一定的信任关系。实践中有些投资人凭一句话或一句微信聊天就投了，不签任何文件（这种方式不推荐）。

采取以付款代替投资人签署协议的方式，在实践中很有用。个人投资往往是感性甚至冲动的，可能出现签了协议不付款的情况。由于金额小又是朋友关系（或朋友的朋友），去起诉也不合适。设定为以付款代替协议签署，既可以提高融资成功率，又可以避免不必要的纠纷。

二、按投资目的分

按投资目的，投资者可分为战略投资者以及财务投资者。战略投资者是指为了谋求战略发展而进行相应投资行为的投资者；财务投资者是指更注重某一个特定时期财务回报的投资者。举个例子，下文的锅圈融资案例中，三全食品希望通过投资锅圈拓展自己在食品赛道的边界，属于战略投资人，而天图资本想着在基金退出期限内推动锅圈上市从而实现高回报退出，属于财务投资人。

（一）战略投资的特点

跟财务投资者相比，战略投资者的主要特点是：

1. 注重长期目标而非短期财务回报。战略投资者往往思考的是整个投资布局，比如在某个产业链的上下游布局，看重所投资企业的长远发展。财务投资者一般需要在特定期限内获得相应财务回报，因此财务投资人往往很看重投资回报周期。

2. 对所投资企业的话语权更感兴趣。有人说，战略投资就是为了控制及整合。

3. 积极为所投资企业引入各方面的资源。有些财务投资者，特别是专业的私募股权基金，也会为所投资企业引入资源。但相比财务投资者，战略投资者不仅仅是一个资源的"中介"，而有可能自身就拥有某些资源。

4. 投资支付方式更加多元化。在支付方式上，财务投资者大多使用现金；而战略投资者的支付方式往往更加多元，如采用换股安排模式，这种安排往往也符合被投目标公司原股东的诉求,即通过转让目标公司的股权甚至控制权换取战略投资者或其关联公司的股权或股票。

5.战略投资者在投资决策时会更多考虑与其原有业务的整合问题。例如,投资目标公司是否与其现有的其他业务冲突?目标公司业务纳入投资方生态系统后是否会发展得更好?

财务投资者的特点,按上述特点反向理解即可。有时候财务投资者也很关注所投资企业的控制权,但一般不会谋求控股,而是通过争取一票否决权、委派财务人员等方式加强对所投资企业的控制,其主要目的仍然是保障所投资金的安全;除此之外,往往不会过多干涉所投资企业的经营管理。

(二)战略投资者的分类

战略投资者可分为三类:

1.有大型企业集团背景的战略投资者。这类战略投资者背后往往是一个成熟的大型企业集团,设有专业的投资部门或投资公司。

- **案例链接**:互联网头部企业的战略投资

  百度、阿里巴巴、腾讯、今日头条、拼多多等互联网头部企业,为了"垄断"新的赛道和新的项目,纷纷化身投资者。他们经常各自战略扶持某一个细分领域的前几名进行竞争。

  由于互联网头部企业巨大的资金体量、流量"资源"、品牌背书,导致了巨头几乎抢占了互联网涌现的各个新赛道和众多有潜力的新项目,共享单车、共享充电宝、新零售、人工智能、外卖、新能源……占据了中国互联网江湖的大半壁江山。

  点评:国家希望这些互联网巨头投资硬核科技,也开出了不少反垄断罚单,但投资自由且"热钱"难舍,这场"反对巨头赚快钱"的博弈还将长期持续。只是普通人创业门槛变高,已经成为事实。在最需要创新的领域出现了披着市场竞争外衣的阶层固化,值得关注。

2. 政府产业投资基金。其设立的主要目的不是获取投资回报而是招商引资或促进某一具体产业(如某市设立的环保产业基金)的发展。

• **案例链接:以投代补的政府产业基金**

某市政府在招商引资过程中,经常以土地出让金返还、税收返还等方式吸引投资项目,并采用了财政补贴、代建工程等方式进行"包装"。该市法制办公室及外聘法律顾问多次提出:这种操作违反了土地管理、税收相关法律法规及国家政策,风险很大。在法律顾问的建议下,该市设立了政府产业基金,专门投资招商引资项目。

点评:财政补贴与税收返还的路越来越窄,以投代补成为一个新的对策。尽管一些政府产业基金因风控能力不足出了不少问题,但为了招商引资,以投代补还是停不下来。

3. "产业链型"战略投资者。有些战略投资者只是单纯地希望通过投资为主业服务。例如,美发店投资了美发学校,奶粉企业投资了奶牛养殖场,汽车主机厂投资了配套供应商,手机等生产厂家投资了经销商……既能避免被"卡脖子",又能分享投资回报,何乐而不为?

• **案例链接:锅圈,传统产业的融资小明星**

郑州锅圈食汇网络科技有限公司(以下简称锅圈)于2017年在郑州成立,2019年8月A轮就融资4500万元,只过了2个月,2019年10月它又从三全食品获得5000万元的A+轮投资,2020年2月,它又获得5000万美元B轮投资,2020年7月,锅圈获得6000万美元C轮融资,2021年3月,锅圈获得3亿美元D轮融资,2021年8月,锅圈宣布最新获得茅台建信基金、物美投资D+轮投资。

点评:锅圈融资的亮点是新成立的传统产业企业在短短两年内获得了六轮融资。投资人中既有天图资本等专业投资机构,也有茅台、三全食品等实业巨头,呈现财务投资者和战略投资者组合。

三、按融资轮次分

股权融资为什么要有种子轮、天使轮、A轮、B轮、C轮以及Pre-A/A+这些轮次？这与企业生命周期理论有关。1972年《哈佛商业评论》刊登的拉芮·格雷纳（Larry E. Greiner）教授的论文《组织成长的演变与变革》把企业的生命周期分为5个阶段：创业（有了创意，拉起了队伍）、聚合（业务逻辑被验证且有了初步业绩）、规范化（提档升级）、成熟、再发展或衰退。每阶段的组织结构、领导方式、管理体制、员工心态都有其特点。

笔者以树为喻，这5个阶段也可以叫作树苗（对应天使轮）、小树（对应A轮）、长高了的树（对应B轮）、大树（对应C轮）、树林（对应D轮等上市之前的轮次）或枯死的树（企业清算或破产）。

各轮次投资关注的重点：

1. 种子轮，投资主要看创意及创始人。只要创始人合适，创意可以改变。很多项目的第一个创意是错的，企业通过不断试错才找到正确的方向。找到正确方向的前提是有好的带头人。其实每一轮投资都会"看人"，只是在种子轮投资更需要"看人"。种子轮阶段的创业者甚至都不一定设立了项目公司。种子轮融资金额一般在几十万元到一两百万元，一般都是个人和孵化器基金来投。

● **案例链接**：智能护膝项目"等米下锅"

> 有位朋友有个智能护膝产品的创意且已经做出了样品，让笔者帮忙找人投资。笔者建议他先设立一家项目公司。他说："有钱我才设立公司，没人给我投的话，我就不设。"
>
> **点评**：这位创业者很冷静。这时候如果有人给他投资，可以叫作种子轮。

2. 天使轮，投资人主要看业务逻辑。简单说就是项目的产品（含服务）有人买。天使轮融资金额以300万元左右的居多。

3. A轮，企业的发展阶段是商业模式经过验证，业务初具规模，成为行业内有力的竞争者。这时候企业虽然没有做到行业领先,但已经有了一定的行业地位或知名度。A轮融资金额以一两千万元的居多。

4. B轮,企业的发展阶段是商业模式与盈利模式均已得到很好的验证,有的已经开始盈利,大多做到了行业第一梯队。B轮融资金额大多在几千万元到一两亿元之间。

5. C轮及之后企业的项目已经比较成熟,已在行业内领先,准备上市。C轮融资金额多在几亿元。

6. D轮及以后可以理解为扩大版的C轮,往往是因为企业要持续扩张,典型的如滴滴的多轮融资。

一般来说,天使投资人主要投A轮及之前,风险投资基金(Venture Capital, VC)主要投A、B轮,PE基金主要投已经较为成熟、准备上市的企业。

四、按资金注入路径分

1. 增资

该路径最为常见。增资模式下,所融得资金进入增资企业账户,原股东无法套现。

2. 股权转让

原有股东将所持有的项目公司的部分股权转让给新的投资方,再由原股东将股权转让款借入项目公司。这种方式属于广义的股权融资,本章第一节已经介绍过。

3. 增资加转让

该路径属于"混搭"模式,即投资人的一部分股权通过认购增资份额获得,一部分股权通过从原股东处购买"老股"获得。

一般而言,投资者是希望自己的钱都进入项目公司,而不是被原股东套现,这样更有利于项目公司的发展,也有利于"捆绑"原股东。但有的时候,投资人也会接受原股东的套现要求,其原因主要有:

（1）清场。项目公司股东结构比较复杂，小股东较多，故投资人在增资的同时，选择把小股东持有的股权收掉，从而简化股权结构。

（2）酬功。项目公司条件较好，原股东有一定的话语权，明确将部分套现作为投资条件。

（3）安人心。让创始团队部分套现，可以解决其养家糊口的后顾之忧，让他们专心工作。同时，允许部分套现可以让跟随者更加相信项目的前途，通常联合创始人对物质激励的需求大于主创始人。这种情况与前面的"清场"有所不同，允许套现的小股东必须同时是公司骨干，而且只能小比例套现。

- **案例链接：分众传媒旗下公司股权融资案**

分众传媒信息技术股份有限公司（以下简称分众公司）于2017年11月公告了如下交易信息。

分众公司第六届董事会第二十次会议审议通过了《公司关于转让部分子公司股权及子公司增资扩股引入投资者的议案》，同意公司全资子公司上海时众信息技术有限公司（以下简称上海时众）以人民币1.2亿元转让其所持有的上海数禾信息科技有限公司（以下简称数禾科技）12.9167%的股权；同时，同意宁波梅山保税港区红杉智盛股权投资合伙企业（有限合伙）、华建国际实业（深圳）有限公司及芜湖俊振投资中心（有限合伙）以人民币3.5亿元认购数禾科技新增注册资本6,080,734元（超出注册资本的部分计入数禾科技的资本公积金）。

上海时众已就上述事项分别与投资方签署了股权转让协议，与原股东方及投资方签署了增资协议。

点评：从该则公告可以看出，数禾科技通过此次增资获得3.5亿元股权融资；与此同时，数禾科技的原股东上海时众通过转让实现了1.2亿元的"套现"。该案例充分展示了增资加转让的结合。

选择"增资加转让"模式，需要特别注意增资和转让的先后顺序，顺序不同，结果不同。

- 案例链接

　　某公司注册资本200万元,创始人持股80%,联合创始人持股20%,估值人民币1亿元。因创始人希望部分套现,某投资人拟采用"增资加转让"的方式投资2000万元获得20%的股权。该投资人先从该创始人手中以1000万元购买10%的股权,再向该公司增资1000万元以获得另外10%的股权(该1000万元一部分列入注册资本,另一部分列入资本公积,具体计算方法详见本书第三章)。

　　第一步的转让完成后,公司股权结构为创始人持股70%,联合创始人持股20%,投资人持股10%。在增资环节,在等比例稀释的情况下,最终公司股权结构为创始人持股63%,联合创始人持股18%,投资人持股19%。投资人先受让股权成为股东后再增资,相当于把自己的股权稀释了1%。

　　点评:如果把这个顺序倒过来,该投资人先增资1000万元获得该公司10%的股权,在原股东等比例稀释的情况下,创始人的持股比例将从80%变更为72%,联合创始人的持股比例将从20%变更为18%,这时公司的股权结构为创始人持股72%,联合创始人持股18%,投资人持股10%。之后,创始人向投资人转让10%的股权,最终公司股权结构为创始人持股62%,联合创始人持股18%,投资人持股20%。

　　这样看来,先增资后转让更符合双方的真实意思,而先转让后增资让投资人损失了1%的股权。这是因为我们讲估值一般是指投后估值。在先转让的情况下,投资人的钱还没进来,此时"投后估值"还没有实现,但转让的价格已经按投后估值1亿元确定为1000万元。这个时间差就是投资人受到损失的原因。

五、按支付手段分

1. 货币

该支付手段最为普遍。在涉及外币的情况下,需要注意换汇手续以及汇率风险问题,如美元基金所投资的币种是美元,受制于境内外汇政策,其投资大部分通过搭建境外架构的方式实现投资目的,即境内企业搭建境外特殊目的公司(Special Purpose Vehicle,SPV)架构,美元基金直接在境外将美元投资到 SPV,再由 SPV 通过外商直接投资或外资并购等形式投资到境内经营实体。

2019 年《外商投资法》的出台,标志着我国外商投资进入了一个市场准入更为宽松的时代。外商投资法确立了准入前国民待遇加负面清单制度,取消了过去"三资企业法"规定的逐案审批或备案制度,对于私募基金业的外商投资准入也产生了积极影响。

2. 股权、股票

投资方可以以股权或股票作为股权融资的支付对价。新《公司法》进一步明确股权、债权可用于出资,但实践中以债权作为投资支付手段的情况目前还比较少见。

3. 知识产权、房地产、机器设备等非货币资产

私募股权投资基金通常不会用这些资产来支付股权融资对价,但其他类型的投资人是有可能的。这些知识产权或实物资产往往是融资方企业所需的。笔者还遇到过国有股权投资基金以帮助争取优惠政策为由要求降低估值的情况,这也可以理解为投资人变相地以其资源支付了投资款,因为其结果就是该基金以更少的钱拿到了更多股权。

- **案例链接:半导体代工厂项目融资**

  某半导体代工厂项目拟引入美国某知名半导体制造商的投资。

  美方拟以其位于新加坡的某生产线以及相关专有技术作为对价认购项目公司的增资份额。该生产线及技术也是项目公司所需要的,且省去了用资金再次购买的麻烦,因此双方一拍即合,开始进入正式谈判阶段。

  但谈判最终失败,该项融资未能达成,主要原因有两点:

  第一,用于出资的设备位于新加坡,且属于长期放置的设备,评估机构无法确认该设备能否正常使用,因此融资方要求投资方保证该设备能够正常使用,

投资方不同意。

第二,用于出资的专有技术只能非独家授权给融资方。

点评:非货币出资没有货币出资来得那么简单直接,但这不代表非货币不能作为股权融资的支付对价。如果将本项目中的设备换成新设备,或者投资方有诚意提供设备品质担保和专有技术的完整转让,双方还是有可能达成合作的。一些外方投资者的风格就是这样。

4.各类支付手段相结合

支付手段也有混搭模式,比如:一部分货币可以满足融资方"烧钱"的需要,一部分厂房或设备可以满足融资方生产的需要,一部分上市公司股票可以满足上市公司作为投资方节省投资资金的需要。

上市公司投资的案例中有相当大一部分属于混搭模式,支付手段主要包含现金以及上市公司股票。

六、按融资结构分

一般而言,如果融资资金是人民币,未来也没有境外上市计划,就会采用常规的单层的融资结构,最常见的是投资方对融资方公司进行增资。如果融资资金中有外币(实践中主要是美元),未来有境外上市计划,就需要搭建特殊融资结构。

最常见的特殊融资结构是可变利益实体(Variable Interest Entities,VIE),也叫协议控制。迄今为止,80%以上在美上市的中概股公司都搭建了VIE结构,主要集中在外商投资受限制的互联网、媒体、教育培训等行业。

- **案例链接**:新浪模式

中概股首例VIE结构来自新浪。当时的电信法规规定:外商投资不能介入电信运营和电信增值服务,但可以提供技术服务。境外投资者于是通过在开曼投资设立离岸控股公司来控制设在中国境内的技术服务公司,并由该技术公司通过独家服务协议把境内增值电信公司(新浪本体)和境外离岸控股公司连接起来,达到离岸控股公司合并新浪本体报表的目的。2000年,该离岸控股公司成功实现美国上市,之后VIE结构被称为"新浪模式"。

点评: 上面的介绍太晦涩,我们换种通俗的说法。

一家境内本体公司A想要获得境外的投资,按中国的法律不允许其直接获得境外投资,因为该境内本体公司只能是内资企业,不能包含外资成分。突破口在哪里?在于境内本体公司A考虑境外上市。

按照美国标准会计准则,一个公司要把其他公司的业绩统计在自己的名下(并表),并不一定需要自己是被并表方的股东,只需要能够实际控制就行了。事实上VIE本身就是美国标准会计准则第46号解释函(FASB Interpretion No.46,FIN46)中关于(被投资)实体的一个术语,是指投资企业持有具有控制性的利益,但该利益并非来自多数表决权。

既然如此,为什么不在中国境外设立一家公司B,再让这家公司用不占股的方式控制境内本体公司A?这样,境外公司B就能够凭借经并表所得的境内公司A的业绩,在美国上市了。

接下来只需要解决一个技术问题:境外公司B通过不占股的方式控制境内公司A,如何操作?注意,境外公司B必须也要由境内本体公司A的股东控制,上市的利益还是要归于境内公司A的股东。为此,境内本体公司A的股东张三、李四和王五进行了下列操作。

第一步,境外克隆。每个创始人均以跟境内公司同样的股权结构在开曼成立一家离岸公司,即开曼公司B,类似于境内本体公司A的克隆;未来境外的投资人会把投资款注入这个开曼公司B从而成为开曼公司B的股东,因为开曼公司B是上市主体。特别说明,这些创始人通常会先在英属维尔京群岛设立一个持股公司,用于设立开曼公司B。

第二步,入境设点。开曼公司B在中国成立一家外商独资企业C,未来境外的资金可以从开曼公司 B 注入外资企业 C。

第三步,协议控制。外资企业 C 虽不能违规成为境内公司的股东,但可以借钱给境内公司 A 的股东,并跟境内公司 A 及其股东签订一系列协议。这些协议的条款表面看来很苛刻,境内企业 A 向外资企业 C 让渡了大部分的决策权和收益权,很像不平等条约。但是考虑到协议双方的背后都是张三、李四和王五,这种不平等就无所谓了。这些协议一般包括:

(1)境内公司 A 的股东和外资企业 C 签署《借款协议》(借款用于境内公司 A 的经营)、《股权质押协议》(含《配偶声明》)、《授权委托书》(授权外资企业 C 代为行使股东权利)。

(2)境内公司 A 与外资企业 C 签署《独家技术支持与管理咨询服务协议》《知识产权许可协议》等。

这些协议名目繁多,不同的项目还有所区别,但站在境内公司 A 的角度看逻辑很简单:

公司股东借了他人的钱,把股权质押给他人,表决权委托给他人,公司的利润也让渡给他人。外资企业 C 不是股东,胜似股东。

上述第二步和第三步之间通常还有个"夹层结构"。境外公司 B 设立外资企业 C 的时候,可以先在香港设一家公司,再由香港公司在内地设立外资企业 C。因为内地和香港之间存在关于避免双重征税的安排,同时香港的资金进出也更为方便。

以下是 VIE 基础结构(见图 1-1)。

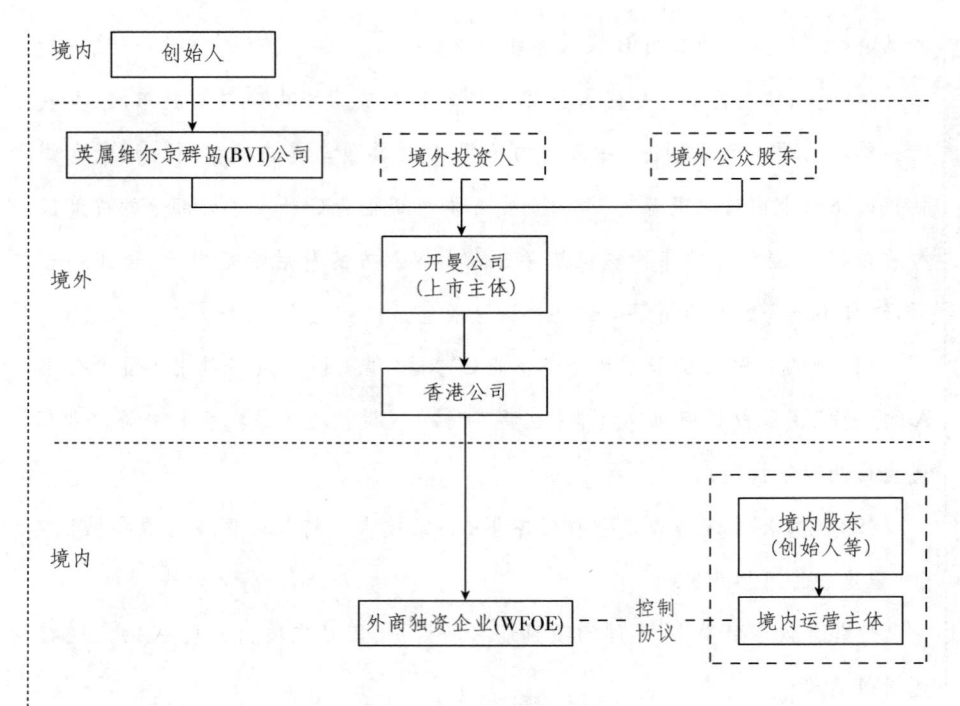

```
境内    ┌──────┐
        │ 创始人 │
        └───┬──┘
            │
┌───────────▼──────┐   ┌─────────┐   ┌──────────┐
│英属维尔京群岛(BVI)公司│   │境外投资人│   │境外公众股东│
└──────────────────┘   └────┬────┘   └────┬─────┘
境外                         │             │
                    ┌────────▼─────────────▼┐
                    │       开曼公司         │
                    │      (上市主体)        │
                    └───────────┬───────────┘
                                │
                        ┌───────▼────────┐
                        │    香港公司     │
                        └───────┬────────┘
                                │
境内                            │            ┌──────────┐
                                │            │ 境内股东  │
                                │            │(创始人等) │
                                │            └────┬─────┘
                        ┌───────▼────────┐  控制  ┌──▼──────────┐
                        │外商独资企业(WFOE)│──协议──│ 境内运营主体 │
                        └────────────────┘        └─────────────┘
```

图 1-1 VIE 基础结构

VIE 结构听起来很"高级",其实风险不小,主要包括:

第一,境内公司违约风险。境内本体公司签署的都是不平等条约,一旦在交易过程中创业者和投资人发生矛盾,创业者可能促使境内本体公司在这些控制性协议的签订和履行上设置障碍。

第二,外汇管制风险。巨额资金要从境外进入境内并用于境内本体公司的经营,之后的巨额利润也要辗转回到境外的拟上市公司,存在很大的不确定性。

第三,税务风险。香港"夹层"公司结构能够解决一部分税务问题,但毕竟利润的资金量可能很大,辗转的环节很多,监管的尺度不断在变化,税收方面的风险仍然存在。

第四,控制权风险。协议确立的是债权,始终不如直接拥有股权来得直接。协议是可以撕毁的,撕毁后是可以打官司的,这种官司通常漫长、复杂、昂贵且结果不确定。所以,基于协议而确立的控制权仍不够稳固。

第五,目标资本市场的监管风险。例如,2021年8月,美国证券交易监督委员会(U.S. Securities and Exchange Commission,SEC)主席加里·詹斯勒在社交媒体发布视频信,明确表示暂停采用VIE架构的中概股公司登陆美股市场。之后,在SEC要求发布的相关实施细则中,对采用VIE结构的离岸发行人的信息披露义务以及相关监管要求进行了更严格的规定且溯及既往。同样,香港交易所目前对采用VIE架构的发行人要求十分严格,遵循"审批为主"的原则,对相关协议控制的审查尤为严格。当申请发行人发现不能通过审批时,VIE结构早就搭好了。"拆VIE"意味着前功尽弃、错过时间窗口以及金钱和精力的巨大浪费。

第六,中国政府监管政策变化的风险。长期以来,中国有关监管部门对于VIE架构一直处于"暧昧"的状态,既没有明确其合法,也没有说不合法。这种状态既有好处也有坏处,好处是需要时可以用,坏处是没明确规定也意味着没有明确的保护。那些"不平等条约"提醒所有的"玩家",这架构其实是一本正经地掩耳盗铃。

VIE毕竟是个大事儿,国家其实一直想进行规范,且多次试图出台相关管理规定,但靴子始终无法落地。直至2023年2月,证监会才正式颁布《境内企业境外发行证券和上市管理试行办法》,对VIE结构问题采取了直接面对的态度,其基本原则是对满足合规要求的VIE架构企业境外上市予以备案。

七、按投资人的所有制性质分

按此分类,投资人主要有国有与民营两种。一般来说,民营的投资机构的投资决策会更灵活一些,国有的投资机构的政策导向性明显一些。

因国有资产投资审批的原因,国有资产投资人的退出也比较麻烦,这点需要考虑。

有些项目有面向政府的性质或需要面向国企销售,通常就需要具有国有资产背景的投资人来做背书。

此外,具有国有资产背景的投资人对风险的承受能力会低一些。比方说,很多国有的基金都会设置限期无条件要求大股东回购股权条款,即只要期限一到,大股东就应该按一定的价格(本金+年回报)收购投资人持有的股权;此项回购不与项目公司的任何业绩指标挂钩。换言之,项目公司就算达成了业绩指标,国有基金仍可要求大股东回购。

实务操作

首先,了解上述七个维度的分类,可以让我们初步提升到内行看门道的境界。例如,原来我们看一个股权融资项目,只是看项目公司是否融到了钱,现在我们可以这样看:

1. 该项目之所以选择引进正规私募股权基金的投资,大概率是有上市计划;

2. 该项目不急于寻求战略投资者,是因为该项目当前尚具备正常发展的必要资源;

3. 该项目成功进行了B轮融资,说明该项目的商业模式已经得到验证并有了一定的效益;

4. 该项目采用增资方式融资说明原股东此次没有套现;

5. 该项目的投资人以货币支付融资对价,符合其财务投资人、专业投资人的定位和投资习惯;

6. 此次投资采用常规结构而非跨境的VIE结构,说明该项目尚无境外上市计划;

7. 投资人是民营性质。

更重要的是,根据上文的介绍,我们可以进一步推断:

1. 融资渠道是引进私募股权基金投资,该投资人是持牌专业投资人;

2. 此次投资是财务投资而非战略投资;

3. 此次投资的轮次是 B 轮;

4. 此次投资的路径是增资而非股权转让;

5. 此次投资的支付手段是货币;

6. 此次投资采用常规结构而非跨境的 VIE 结构;

7. 跟民营投资人沟通,在商言商即可。

其次,同一个投资人可能同时具备多重角色,并可能针对不同的项目采取不同的投资理念。例如:

1. 一家私募股权基金公司通常是财务投资人,但有时候为了构建投资"生态圈",也可能在某些项目上作为战略投资人进行投资。

2. 政府产业基金通常是战略投资人,但有时为了提高效益,也会进行市场化的投资从而成为财务投资人。

3. 互联网巨头设立的私募股权基金公司,按上文介绍似应属于战略投资人,但其实这些公司的投资决策,有时候战略意图并不明显,追求财务回报的意图反倒很明显,因为作为专业的投资基金,追求一定周期内的投资回报是其天性。

4. 关于融资的轮次,做几点补充说明:

(1) 真实的股权融资轮次和企业的生命周期不一定吻合。有时候 B 轮之所以叫 B 轮,只是因为它在 A 轮之后,而不是因为企业真的发展到了更高的阶段;有时候 Pre-A 轮之所以不能叫 A 轮,不是因为企业的业务逻辑未被验证,而只是因为金额不够大。

(2) 前文关于各轮次融资资金量的描述也不能普遍适用。例如,社保基金投蚂蚁金服的 A 轮,金额就高达 78 亿元,远远高于一般企业 C 轮的融资金额。事实上,每个项目大小不同,不可一概而论。尽管如此,前文关于融资轮次以及金额的描述仍然是有意义的,对大部分项目是适用的。

(3) 对于大量的不以上市为目的的传统制造业、消费领域的股权融资项目来说,考虑轮次没有太大的意义。融资就是为了赚钱,投资就是为了分红,这也没错。

5.融资方接受投资方以股权支付融资对价,应注意:

(1)区分不同类型的股权。上市公司股票有价,而非上市公司股权"无价",其价值需要双方通过尽调和谈判来博弈。另外,涉及国有股权交易时,需依法履行评估手续。

(2)以股权、股票作为支付对价时,需特别注意公司内部的审批流程和登记机关变更登记手续的办理。

(3)注意股权瑕疵,常见的瑕疵有股权对应公司的注册资本尚未缴足,股权已被设立质权或被冻结,股权对应公司的章程约定不得转让,法律、行政法规或者其他规范性文件规定该股权对应公司的股东转让股权应当报经批准而未经批准。

6.融资方接受投资方以知识产权、房地产、机器设备等非货币资产支付股权融资对价,应注意:

(1)相关资产的价值也需要双方通过调查、评估和谈判进行博弈,特别是对知识产权等价值难以确定的资产更应妥善估值。

(2)对知识产权、房地产等资产应注意变更登记手续的办理,房地产的过户还应特别注意交易税费等成本的承担。

(3)对于知识产权应特别注意有效期、费用缴纳情况、侵犯第三方权利情况、被认定无效或被撤销的可能性、专利技术的配套性等。

● 案例链接

某投资者王某以其拥有的一项专利技术向某公司出资,作价3500万元。之后,被投资企业发现该专利技术需要与王某拥有的另一项小的专利技术配套使用,但王某要求被投资企业就该配套专利技术支付高额的技术许可费。被投资企业认为王某在以专利技术出资时存在欺诈,遂与王某发生纠纷。

点评: 这是一个发生在笔者法律顾问单位身上的真实案件。王某设计的圈套很巧妙。

第三节　股权融资的投资人画像

了解不同类型的投资人,有助于融资方"知彼"从而制定合理融资策略。以下我们分别为各类投资人"画像"。

一、私募股权投资基金

📄 知识简介

在讲这个知识点之前特别说明三点:

一是这部分属常识介绍,只需泛读,或在需要时查阅;

二是引入私募股权投资是流程最完备的股权融资形式,其他股权融资形式只需在此基础上做减法即可;

三是引入私募股权投资这种形式是股权融资皇冠上最大最亮的明珠,但这皇冠上还有其他很多明珠,它们量大、门槛低,对融资方及其专业顾问来说,机会也更多。

(一)私募投资基金的定义

私募股权投资基金是私募投资基金的一种。我们先来说说私募投资基金这个大概念。顾名思义,私募投资基金是指以非公开方式向投资者募集资金设立的投资基金,其核心特点有以下三点:

1. 非公开方式募集资金;
2. 组织形式有公司或者合伙企业;
3. 资产由管理人或普通合伙人管理。

私募投资基金的投资人与管理人做到了分离,投资人投了钱,但交给管理人来管。

投资人自己的钱,为什么要交给别人(管理人)来管呢?因为一些投资人没有能力进行股权投资,但又不甘心当股市中处于劣势地位的散户,于是选择将资金投向PE基金,由专业的管理团队进行股权投资,并与管理团队按照约定规则分享收益。

中国证券投资基金业协会(以下简称协会)受证监会的指定和授权对整个中国私募投资基金行业进行自律性监督管理。截至2023年11月末,协会登记的存续私募基金管理人2.37万家(2021年年末为24,610家)。

可见,私募基金行业在我国发展很快,管理人数量在2022年、2023年虽略有回落,但此前增长是很快的(2020年年末只有不到1.5万家)。近年来,市面上除公开发行股票融资外,最引人注目的就是众多企业获得巨额私募投资的新闻。随着注册制的落地,私募基金行业将迎来更大的发展机遇。

- **案例链接:聚美优品的股权融资**

　　2010年3月,陈欧、戴雨森创立聚美优品,创办之初,获得著名天使投资人徐小平18万美元的天使投资,2011年红杉资本、险峰华兴等几家专业风险投资机构再对聚美优品投资合计1200万美元,其中徐小平追投20万美元。2014年5月16日,聚美优品在纽约证券交易所正式挂牌上市。以聚美优品开盘价27.25美元,市值38.7亿美元推算,红杉中国、险峰华兴、徐小平的账面财富高达7.24亿美元、3.98亿美元、3.4亿美元。天使投资人徐小平则用38万美元在4年时间获得了800多倍的回报。

　　点评: 聚美优品起初作为年轻人初创企业很难通过其他融资渠道融资,但幸运的是他们遇到了徐小平这位专业天使投资人以及后续的其他PE基金的追加投资,助推企业实现了境外IPO,尽管该企业后来的发展一波三折,但PE基金的力量已充分展现。

私募投资基金的分类见表1-1。

表 1-1 私募投资基金的类别

四大类别	8个基金类型	包含业务
私募证券	私募证券投资基金	主要投资于公开交易的股份有限公司股票、债券、期货、期权、基金份额以及证监会规定的其他证券及其衍生品种
	私募证券类母基金	主要投向证券类私募基金、信托计划、券商资管、基金专户等资产管理计划的私募基金
私募股权	PE基金	除创业投资基金以外主要投资于非公开交易的企业股权,上市公司定增基金也被划入股权投资基金
	PE类FOF基金	主要投向私募基金、信托计划、券商资管、基金专户等资产管理计划的私募基金
创投基金	创业投资基金	主要向处于创业各阶段的未上市成长性企业进行股权投资的基金(新三板挂牌企业视为未上市企业)
	创业投资类FOF基金	主要投向创投类私募基金、信托计划、券商资管、基金专户等资产管理计划的私募基金
其他基金	其他私募投资基金	投资除证券及其衍生品和股权以外的其他领域的基金
	其他私募投资基金类FOF	主要投向其他类私募基金、信托计划、券商资管、基金专户等资产管理计划的私募基金

由表 1-1 可知,私募股权投资基金是私募投资基金中的一类,往下又可细分为 VC 和 PE。

VC 起源于 1946 年的美国。今天风险投资在中国也开展得如火如荼。VC 投资的项目有如下特点:

1. 尚在早期,产品(服务)及商业模式往往未经市场充分验证;

2. 项目往往尚未盈利;

3. 估值较低,但投资风险较大。

与 VC 相比,PE 投资的项目有如下特点:

1. 产品(服务)及商业模式均比较成熟;

2. 业务数据、财务数据较好,有些甚至实现了盈亏平衡或盈利;

3. 发展前景较好,估值较高;相应地投资风险也较小。

（二）私募股权投资基金的行为特征

1. 投资标的是非上市公司，其股权流动性较差，且发展前景通常不太明朗，故风险较大，但收益也可能很大。

2. 通常不谋求控股，尽管投资人为了投资资金安全会努力争取更多的表决权和财务等关键岗位的人事权。

3. 不仅为创业公司提供资金，还积极提供投后服务。能够提供投后服务是 PE 基金的重要特征，尽管有些基金实际上没有提供很好的投后服务。这跟银行通常只提供资金是不一样的。投后服务主要包括委派人员、辅助决策、协助完善公司治理、协助改进管理、引进人才、引荐其他投资人、引进业务合作伙伴等。正规的 PE 基金拥有经验丰富的团队和广泛的社会资源，能够提供较好的投后服务。

4. 投资目的是通过并购或上市退出从而获得高回报，大多属于财务投资。

5. 私募股权投资属于跟实业紧密结合的金融投资，投资周期相对较长，少则 3—5 年，多则 8—10 年，时间不到，想退出也退出不了；有时候就算时间到了，退出条件不满足也退出不了。这和想退出就退出的"炒股"不同。

6. 不同层次的基金各有优缺点。一线投资机构如高瓴资本、IDG 等，背书能力强，投后服务能力也强。部分一线投资机构也存在比较官僚，反应速度慢的问题。二、三线投资机构背书能力和服务能力相对较弱。一线投资机构的总部大多在北京、上海、广州、深圳，东部和中部的一些城市（如杭州、南京、合肥）的二线投资机构也很强，西部的投资机构整体较弱。项目不够大、不够强又想找专业投资机构来投的话，还是先找本地的二、三线投资机构比较好。

（三）私募股权投资基金的架构

私募股权投资基金主要有如下几种典型架构：

1. 公司制,架构见图1-2。

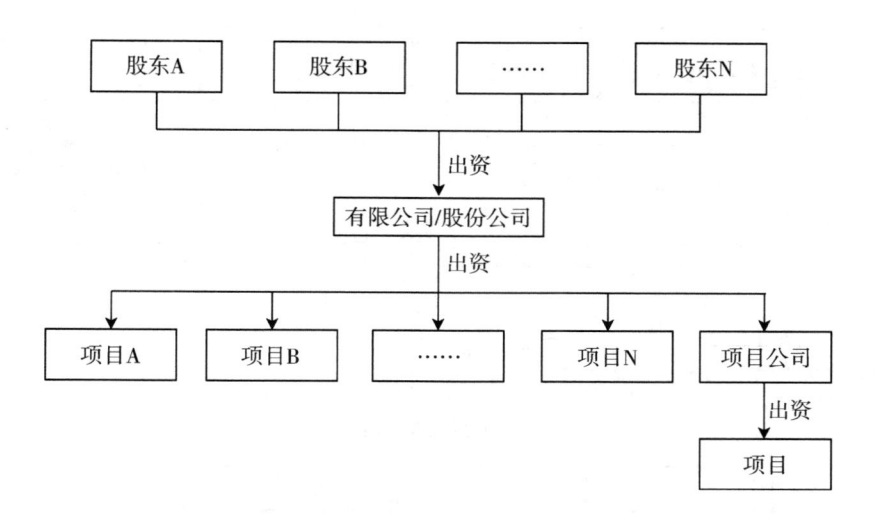

```
股东A    股东B    ……    股东N
          │出资
  有限公司/股份公司
          │出资
 ┌────┬────┬────┬────┐
项目A  项目B  ……  项目N  项目公司
                              │出资
                             项目
```

图1-2 公司制基金运作模式

2. 有限合伙人制,架构见图1-3。

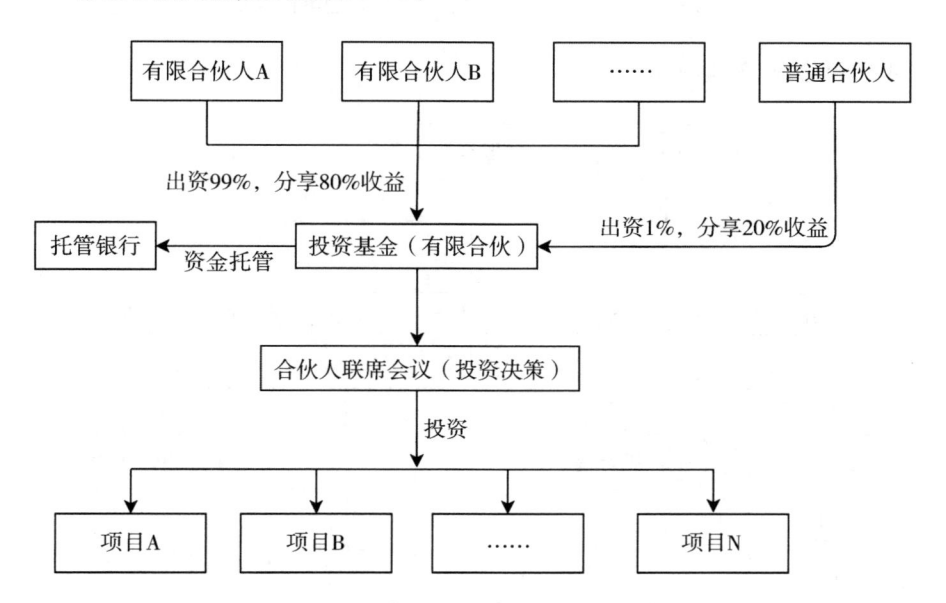

```
有限合伙人A  有限合伙人B  ……        普通合伙人
   出资99%,分享80%收益      出资1%,分享20%收益
托管银行──资金托管──投资基金(有限合伙)
                    │
          合伙人联席会议(投资决策)
                    │投资
     ┌────┬────┬────┐
   项目A  项目B  ……  项目N
```

图1-3 有限合伙人制基金运作模式

3. "公司+有限合伙人"制,架构见图1-4。

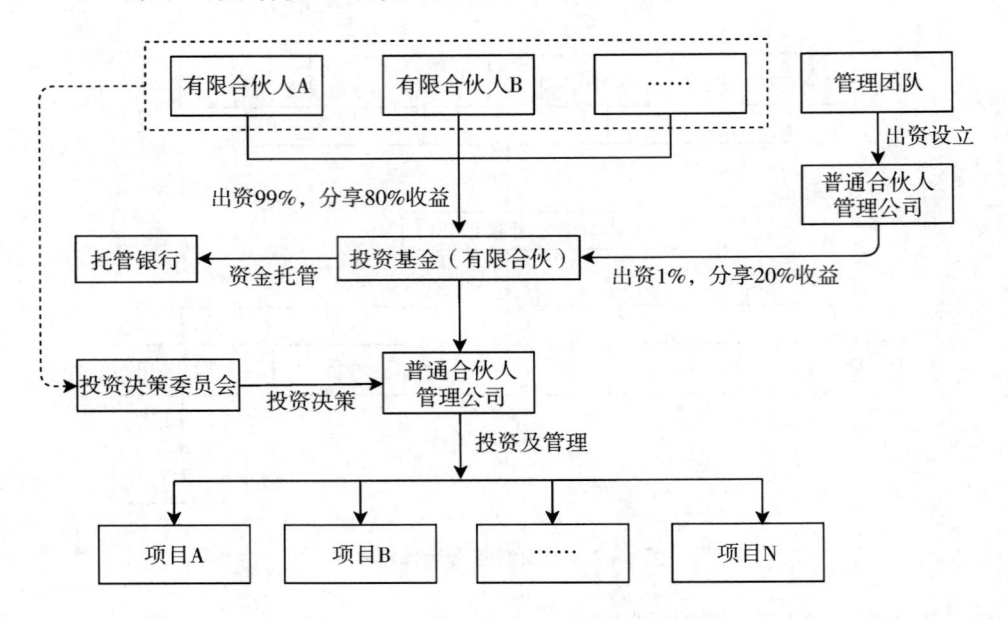

图1-4 "公司+有限合伙人"制基金运作模式

4. 母基金制,架构见图1-5。

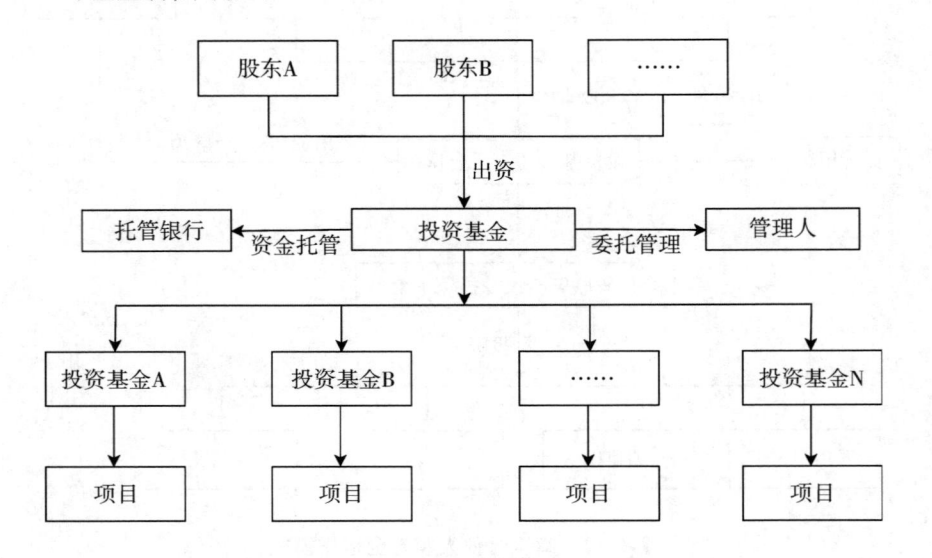

图1-5 母基金制运作模式

其中第四种母基金是指投资其他基金的基金。

实践中,采用第二种有限合伙制架构的较为普遍。其原因是与公司制相比较,有限合伙制具有治理结构合理、出资与分配机制灵活、税收便利三大优势。

1. 治理结构合理。有限合伙有两种合伙人:有限合伙人(limited partner,LP)和普通合伙人(general partner,GP)。LP 是出资人,承担有限责任,类似于有限公司的股东;GP 是管理人,承担无限责任,其管理工作主要包括寻找投资项目、管理投资、设计和实施退出方案。简言之,有钱的出钱,有力的出力;出钱的人承担的是有限责任因其不管钱,出力的人承担的是无限责任因其管钱。可以说,有限合伙是"杂交水稻"。实践中,很多管理人通过用有限公司做 GP 的方式规避 GP 的无限责任风险。

2. 出资与分配机制灵活。GP 也要在基金中出资,其出资比例通常在 1%—2%,有一定的象征性也有一定的制约性。1% 看起来很小,但基金的"盘子"一般会比较大,一个 5 亿元的基金,GP 至少要出资 500 万元。这对于大多数专业人士来说还是有一定压力的,体现了 GP 的诚意和一定的信心。GP 的具体出资金额最终是由 GP 和 LP 博弈决定的,业绩和资源较好的 GP 谈判能力比较强,可以出得少一点,如刚好是 1%;反之,业绩和资源不太好的 GP,出资比例就会相应上调到 2%—5%。分配方面,GP 需要在基金实现收益,而且往往要在实现超额收益(超过门槛收益的收益)后才能参与分配,分配的比例通常是 20%,这种激励是比较"给力"的。

3. 税收更优惠。合伙企业无须缴纳企业所得税,而是按照"先分后税"原则由合伙人直接缴纳个人所得税,与公司相比在税负上有较大优势。但由于税务问题本身的复杂性,以及各地不断变化的优惠政策,有限合伙制与公司制的总体税负差异不能一概而论。笔者曾经看到过一篇文章,说如果在某省会城市设立基金,在享受优惠政策后,设公司比设有限合伙更好。尽管如此,在通常情况下有限合伙的总体税负确实相对较低。

(四)有限合伙协议

设立有限合伙,LP、GP 无须像公司股东那样签署章程,而只需要签署有限合伙

协议(Limited Partnership Agreement,LPA)。LPA 相当于公司的章程,主要内容为:

1. 基金规模。如计划募集一个 10 亿元的基金。

2. 出资及其期限。各合伙人出资的金额以及出资期限,有时候会根据投资进度允许 LP 分期出资。

3. 基金的存续期。基金在多长时间内退出,将本金和回报返给 LP。一般来讲美元基金的存续期是 10 年,人民币基金是 5—7 年。因为投资项目需要一定的时间才能退出,GP 要控制好投资节奏,一般在存续期过半的时候要把所有的钱投出去,这个时期也称作投资期;之后不会再投资新项目,只会对现有项目进行后续投资和管理。有时候有的基金说急着找投资项目,可能是真的,因为要及时投出去,留下退出的时间。

4. 投资方向。一般来讲,有些 LP 是对投资方向有限制的,有些则规定得比较灵活。投资方向也可大致理解为赛道,如医疗健康、企业服务、科技(人工智能、先进制造、硬件)、新能源、新材料、食品饮料、金融、文娱传媒、房产家居、旅游户外、社交社区、体育健身等。

5. GP 的收益约定。GP 的收益包括两部分:

第一,每年的管理费,一般是基金"盘子"的 2% 左右,如 5 亿元的基金,每年的管理费就是 1000 万元,管理费用于支付 LP 的日常经营和项目调研等费用。

第二,附带收益,通常为 20%。如果一个 5 亿元的基金,退出时收益 10 亿元,净收益就是 5 亿元;在没有设置收益门槛的情况下,这 5 亿元中的 20% 即 1 亿元就是附带收益。

6. 对投资额度的限制。比如,规定对每个项目的投资规模不能超过基金"盘子"的 30%,以便分散风险。

7. 对 GP 个人的限制,即关键人条款,明确关键人名单,并要求关键人应全职在该基金工作,且存续期内不能离职。

8. 决策机制。日常事务由 GP 决定,部分重大事务由合伙人大会决定。

实务操作

1. PE 基金的投资逻辑

GP 出资 1% 左右但管理了全部资金,相当于为 LP"代为理财",而且基金有一定的期限,如 5 年投资期加 3 年退出期,期满就应该进行清算。因此,PE 基金在进行投资决策时会重点考虑以下三点:

(1)安全。因为其属于代为理财,而且管理人承担无限责任,故特别注重投资的安全性。其实,代为理财的责任心肯定不如用自己的钱理财,而且一些基金管理人确实不太"靠谱"。

(2)收益。LP 认为 GP 是专业人士,当然希望 GP 能帮他们赚到钱。

(3)退出。基金是有期限的,投资人的钱也不能老放在基金里面,所以基金投资具体项目时,要就退出时间、退出途径设计有效的机制。

又想没风险,还想及时赚到钱,这是很困难的,只有少部分基金能够做到。怎样才能做到上述三点呢?这个问题应该问熊晓鸽、沈南鹏、徐新、张磊、李开复等业内"成功"人士。笔者只能提两条"玄学"的原则:

(1)投资是为了不投资。PE 基金投资一家企业,是为了把猪养肥了卖掉,不是养宠物猪养到老。这句话说的是因为始终想着退出,所以投资人会设计领售权、回购权之类的方便投资退出的条款。

(2)控制是为了不控制。在投资协议中,PE 基金会设计很多条款增强自己在项目公司中的话语权,但其主要目的是保证自己的资金安全而非干预项目公司的经营管理,最终目的是希望目标公司在其"不控制"的状态下自行健康发展。所以,聪明的创业者会积极主动地与投资人沟通资金的使用情况及其安全保障,或展示自己诚信的人品,这样就会获得更大的经营自主权。

2. PE 基金的投资策略

基于上述投资逻辑,在投资具体项目时,PE 基金的常见策略是:

(1)占股的比例相比不大,一般也不会谋求控股权。对于作为财务投资者的基金而言,持有项目公司股权的比例一般在10%—30%。

（2）大多采用增资形式,投资款都用于项目公司发展。当然也有例外,在融资方谈判能力强的情况下,投资人有时候也会接受创始人部分套现的要求,但比例通常较低。例如,笔者的一个客户就争取到投资人同意其投资额的1/10用于购买创始人的老股。

（3）支付对价的方式主要是货币,再加上其他附带增值服务。这里特别说明：私募证券基金由于是投向二级市场的,所以投资人必须以货币认购基金份额,但对于私募股权基金等其他类型的基金的投资人是否可以用非货币（包括股权、不动产、知识产权等）认购基金份额,其实没有禁止性规定,只是实践当中这种情况极为罕见。

关于增值服务,在多数情况下与其说是支付手段,还不如说是降低估值的手段。例如,腾讯旗下基金来投资,说是可以提供流量支持,问估值从3亿元降到2亿元可不可以？其实融资方可以考虑。这样,原来基金花3000万元才能获得目标公司10%的股权,现在花2000万元就可以了。

3. 考察项目主要看以下方面

（1）看商业模式：是否成立,是否有成长性。

（2）看产品或服务：是否解决了痛点,是否有技术壁垒或市场"护城河"。

（3）看团队：主要看人品、能力、专业度、搭配合理程度等。

（4）看竞争：重点是同赛道竞争对手的实力以及本项目是否有核心竞争力。

（5）看估值：主要看估值要求是否合理,是否接受按对赌条件确定估值等。

二、私募股权投资基金之外的其他投资人

知识简介

（一）私募股权投资基金之外的专业投资人

在上一节中,我们介绍过这类"未持牌"的专业投资人,以下再举一例。

- 案例链接:开发商转型做投资

　　某地产开发商不想做地产了,设立了一家科技公司,主要业务是对外投资。该科技公司聘请了多名投资界专业人士,参照基金公司的投资流程进行项目调研、尽调和投资实施等工作,每次投资控制在1000万元以内;投资资金主要由该开发商提供,有时候也找朋友借一点。

　　点评:虽然看起来不伦不类,但是这家科技公司居然生存下来了,也没有因非法集资或违规募集资金等原因被查。

(二)非专业投资人之高净值自然人

上一节提到了高净值自然人(笔者曾戏称其为"土豪投资人")的背景,这里重点说说他们投资行为的特点:

1. 投资主要看人。因为专业能力有限,其很难像专业投资机构那样进行一轮又一轮的磋商和谈判,所以其主要是基于对创始人及其团队的信任而进行投资。

2. 投资逻辑简单。不遵循专业投资机构的投资流程,往往是跟着感觉走。

3. 风险承受能力较弱。专业的投资基金往往同时投资多个项目,想着"东方不亮西方亮",但高净值自然人想的是"东方西方都要亮"。

4. 更相信熟人。

- 案例链接:斯坦福大学教授的"非专业"投资

　　1998年,斯坦福大学计算机科学教授戴维·切里顿给了斯坦福博士生拉里·佩奇和谢尔盖·布林一张10万美元的支票,这两名博士生随后拿这笔钱创办了著名的谷歌公司,戴维·切里顿这笔10万美元的微薄投资,使他拥有了超过10亿美元的谷歌股份。

　　点评:这是一段相互成就的师生关系。

"土豪投资人"的优点是决策迅速、程序简单,只要说服了投资人本人,钱很快就能到位。萝卜白菜,各有所爱。有的项目就适合找高净值自然人来投,特别是小项目、早期项目、传统产业项目以及创始人沟通能力很强的项目。

跟"土豪投资人"打交道，要注意以下问题：

1. 特别关注投资资金来源的合法性。

2. 特别关注投资人的实力，避免被其债务拖累。

- **案例链接**：某科技公司的投资人所持股权被查封

    某科技公司通过熟人介绍认识一位老板，并从该老板处获得1000万元投资，占股30%；该投资人因为自身其他投资的主体发生经营困难，投资人本人也被卷入诉讼，其债权人查封了该投资人的所有对外投资，包括对某科技公司的投资，由此导致科技公司的30%的股权处于被查封状态。

    虽然该查封不直接影响该科技公司的运营，但导致该科技公司无法继续增资（当地登记机关拒绝办理登记手续，因为牵涉查封股权的利益），进而导致无法进行后续融资。

    点评：想做股权融资的公司不但自己要"干净"，还要选择"干净""靠谱"的股东。

3. 一般不要指望这类投资人提供投后服务。

4. 注意口头沟通。有些事虽然协议上没问题，但仍应该与投资人做好口头沟通，让投资人真正理解。

- **案例链接**：未事先告知无法获得许可的可能性

    某公司在接受了某老板的投资时，在投资协议中约定："公司争取在某年某月之前获得《煤炭经营许可证》"，后该公司未能如期获得该许可证。按照协议条款，公司作为融资方并未违约，因为协议写明了"争取"字样，但该老板仍然很愤怒，认为自己被误导了。

    点评：接受高净值自然人等非专业投资人的投资，要特别注意沟通，特别注意塑造诚信的形象，不要完全依赖协议解决问题。

5.投资前充分披露投资风险,投资到位后多通报项目进展。

高净值自然人的股权投资案例其实比 PE 基金的投资案例要多,只是因为投资金额小、项目小等原因未被报道。笔者建议有志于提供股权融资服务的专业人士和早期项目、小项目、传统产业项目的创业者特别关注这类投资人。融资方引入"土豪投资人"投资的实操步骤(见表1-2):

表1-2　融资方引入"土豪投资人"投资的实操步骤

步骤	注意事项
第一步 思考融资战略	融资方此时需要明确自己目前所处的发展阶段、所在行业是否适合"土豪投资人",能否匹配相应的"土豪投资人"
第二步 制订商业计划	发给"土豪投资人"的 BP 应更简单,主要强调投资收益预期、投资风险、投资退出计划安排
第三步 前期初步接触	"土豪投资人"更注重"感觉"
第四步 反向尽调	对"土豪投资人"的调查可以通过公开渠道进行,更多的时候是通过熟人或中间人进行了解
第五步 协商融资条款	一般而言,"土豪投资人"不太注重投资条款清单,甚至不会要求签署此类文件
第六步 外部尽调	"土豪投资人"可能不会要求进行调查;但对融资方而言,还是应该建议投资人聘请第三方进行相关尽调
第七步 确定融资架构	"土豪投资人"一般会对特殊架构安排(同股不同权等安排)比较谨慎,而且可能对此难以理解
第八步 谈判融资协议	一般而言,"土豪投资人"不会要求签署复杂的融资协议,协议内容可能会比较简单
第九步 融资内部审批	"土豪投资人"基本就是自己说了算,一般不存在严格的审批流程和程序要求
第十步 融资协议交割	"土豪投资人"更喜欢"一手交钱,一手交货"
第十一步 投后管理	关注融资后期"土豪投资人"承诺的各项资源的落实情况(如有)
第十二步 退出安排	一般而言,"土豪投资人"对于融资退出的关注会比较多,需要对此加以提前安排

(三)非专业投资人之员工

向员工进行股权融资的主要方式是股权激励或员工持股计划(Employee Stock Ownership Plans,ESOP)。

ESOP 是广义的股权激励的一种,但与一般的股权激励有所区别。二者的主要区别有以下几点:

第一,激励对象的范围不同。一般的股权激励的对象是公司核心骨干,而 ESOP 原则上全体员工都可参与(通常有 1—2 年的工龄"门槛")。

第二,业绩指标要求。一般的股权激励需要被激励者达成一定的业绩指标,而员工持股只需要员工达到一定的工龄"门槛"。

第三,释放股权的比例。一般的股权激励,大股东释放的股权比例总额通常不超过 20%,而员工持股无此限制。

特别说明,以上不同均系根据实践总结,而非基于法律法规的规定。

股权激励,特别是 ESOP,客观上起到了帮助公司融资的效果;有些股权激励和 ESOP 甚至以募集资金为初衷。

(四)非专业投资人之上下游等业务合作伙伴

这些投资人可以成为有战略目的的非专业投资人,他们的投资不仅仅是为了投资回报,而是为了整合上下游业务或进入新的市场。这类投资人不是以股权投资为主营业务,其投资逻辑与上文土豪投资人类似,应对方法也类似。

(五)非专业投资人之朋友、熟人

朋友、熟人主要基于对创业者的信任进行投资,把他们投的钱亏掉,创业者会有很大的人设崩塌压力。因此,创业者应注意提醒每个朋友投的钱不要太多,有时还可主动提供回购承诺(为自我保护,期限可设定得久一点,也可约定只回购一部分)。

📄 **实务操作**

了解投资人的目的是方便融资方根据不同投资人的特点采取不同的融资策略。为方便阅读,我们已经在上文介绍每一类投资人的同时介绍了相应的融资策略。

第四节　股权融资的利益与障碍

一、股权融资的利益

📄 **知识简介**

股权融资的利益,可以从宏观和微观两个角度看。

(一)宏观:国家政策支持企业进行股权融资

近年来,全国金融工作会议、中央经济工作会议等都对提高直接融资比重提出明确要求。

什么是直接融资呢?就是指没有银行、保险、信托公司等中间商的融资。例如,同样是借钱,民间借贷和购买企业债券就是直接融资,因为融资双方是直接交易;找银行贷款就是间接融资,因为贷款人通过银行把存款人的钱借到手上,银行其实是个中间商。特别说明,这里的中间商不等于服务方。例如,发债券的时候要找券商做承销商,这时候券商是服务方,而不是中间商。

有人说股权融资就是直接融资,债权融资就是间接融资,这话只对了一半。股权融资是直接融资,因为投资人和融资方之间也没有中间商赚差价,但如前所述,不是所有的债权融资都是间接融资。

中国的股权融资总额占企业融资总额的比例,因为统计口径混乱,没有特别准确的数据,一般认为大概不到10%。这个和大家的经验吻合,大家周围的企业做股权融资的很少。西方发达国家的股权融资相对更加常见,但同样由于统计口径问题,我们查到的数据也比较混乱。有数据认为,中国的股权融资的比例是美国的1/5。就算是在日本、德国这些银行很强大的国家,企业股权融资比例仍然明显高于中国企业。简言之,中国的股权融资比较落后,也意味着发展空间很大。

股权融资的比例太低,不利于企业发展。原中国人民银行行长易纲在谈到银行如何支持中小企业时,说美国的中小企业平均寿命是8年,日本是12年,我国是3年左右,中小企业的平均寿命只有3年,意味着很容易垮掉;既然很容易垮掉,银行哪敢贷款给你?贷款收不回谁负责?这就形成了一个恶性循环。国家一直在说要加大对中小企业的金融支持力度,但是老是落实不下去,核心原因就是风险控制。政策性银行去做这种违背商业规律的支持可以,商业银行及其他非政策性金融机构只能是有限度地响应一下政策。所以企业融资不能全靠银行,更不能冒险去借民间高利贷,而要借鉴国外先进经验,要用银行贷款和股权融资两条腿走路。因此,股权融资是增强企业的抗风险能力、延长企业寿命的重要方法。

原证监会主席易会满曾提出提高直接融资比重的六大举措:推进股票发行注册制、健全中国特色多层次资本市场体系、推动上市公司提高质量、深入推进债券市场创新发展、加快发展私募股权基金、大力推动长期资金入市。这六大举措主要是讲股权融资。

总之,做股权融资不仅仅有利于企业自身发展,而且符合国家政策导向。

(二)微观:股权融资给融资方带来的好处

1.融资金、占先手。股权融资的直接动因是融资金,同时可增强企业竞争力。尤其是对于新业态赛道上的项目,谁拿到大笔融资,谁就更有可能先占领市场。很多互联网公司早期都存在"烧钱"抢市场的情况,其资金来源主要是股权融资在内的各类融资。

2.融伙伴、强基因。对外股权融资,对内股权激励,是公司股权运作的"任督二脉"。企业文化、发展战略、组织架构、岗位设置、绩效考核、老板努力这些层面的东西固然重要,但是股权融资和股权激励没搞好,就是"任督二脉"没有打通。这样的企业只能靠单打独斗的战术勤奋获得昙花一现的成功,而无法做到群策群力、基业长青。

股权融资对企业基因的优化,主要体现在两个方面:

一是完善治理结构,让企业决策更民主、更科学,管理更规范,更能实现可持续发展。很多民营企业主觉得外人来当股东不好,容易扯皮。但是,一言堂的结果往往是违规、冒进等"恶行"无人制约。其实,小股东是伙伴而不是敌人。小股东能够帮公司去盯着具体事务的进展,能够分担管理任务,其本意并不是想找大股东的麻烦。用公正和尊重去团结小股东,才是大股东应有的格局。另外,股东扯皮的问题完全可以通过专业的股权设计来解决。

二是扩大企业的战略纵深。投资人为了保障自己的投资目的实现,通常会积极帮助被投资企业解决问题。

● **案例链接**:股东与员工的不同

> 新冠疫情期间,某物联网企业收入骤降,无力支付工资,遂提出给员工降薪,遭到员工的强烈反对。有的员工说:"赚钱的时候也没看你们给我们多发钱,现在也不能少发。"这时,公司的几个小股东(均为公司高管,持股均在10%以上)均提出暂不领工资,并借钱给公司渡过难关。该大股东向笔者感慨:"今天才知道股东和员工就是不一样。"
>
> **点评**:员工不愿降薪无可厚非,但假如该公司只有一个股东而没有几个有实力的小股东,估计就会撑不下去。

3.融资源、获背书。投资人能够为企业带来各种资源,包括管理经验、客户资源、渠道资源、人才资源、新的投资方等。还有一种资源特别重要,就是品牌背书。项目获得大的投资机构、行业巨头、国有资金的投资后,往往使得市场对该公司的信心更足,使得公司能够获取更大信用。比方说,蚂蚁金服有社保基金投资,有国家开发银行投资,就更能取信于中国人;有淡马锡、加拿大的养老基金投资,就更能取信于外国人。支付宝在几十个国家都能用,跟它国际化的股权结构是有关系的。

- 案例链接:"人人车"二手车交易平台获得腾讯战略投资

  "人人车"二手车交易平台成立于 2014 年 4 月,致力于打造"互联网二手车 4S 店"。

  2018 年年中,二手车平台"人人车"对外宣布,已经完成 8500 万美元 C 轮融资,由腾讯战略领投,顺为资本跟投。

  据报道,"人人车"二手车交易平台引进腾讯战略投资后,将与腾讯各个部门资源完成对接,包括腾讯门户、QQ、微信、微众银行等。

  点评:获得资金有众多途径,但有些资源腾讯等大公司才有。"人人车"以及优信、瓜子等二手车交易平台接连失利,这是二手车电商商业模式本身的问题。无须回避这些失败案例,因为创业,特别是互联网创业就是九死一生,失败者同样值得讲述。

4. 分散风险。股份制的探索起源于 17 世纪大航海时代欧洲商人合资投资远洋探险项目,其初衷就是分散风险。《明清史料》兵部残题本中已有关于"公司"的直接记载,有学者考证认为中国"公司"一词的起源年代至少可以追溯到清康熙年间。近代之前中国社会中的"公司"界定为"华语对商号、合股经营事业和会社的泛称",也含有合资分散风险的含义(顾名思义,"公"为"共同","司"为管理)。可以说,分散风险是公司产生的初始动因,是公司的"第一性"。现代人大多为了只承担有限责任而设立公司,这固然是人之常情,但设立公司而不引进其他股东,不说是买椟还珠,也可说是使明珠蒙尘了。

加拿大的一位朋友跟笔者讲,他身边的很多公司都有七八个、十来个股东。笔者没有查到加拿大一般公司的股东数量的数据,只是觉得这种情况跟中国的民国时期办公司的情况类似,大家都喜欢呼朋引伴地办公司。

5. 获得超额利润。就是老生常谈的"做值钱的公司"。估值提升带来的利润,不是普通的业务经营利润可以比的,这类巨额的利润我们称之为超额利润。高估值只是"纸上富贵",当股东通过上市或被并购实现退出之后,高估值就变成了实实在在的财富。

6. 推动企业上市。要满足上市标准,公司必须发展到一定的高度,这个过程中需要的资金和资源都很庞大,尤其需要进行股权融资。有人说,融资就是为了上市,不以上市为目的的融资都是"耍流氓",这个说法又太偏激。按照这个逻辑,大部分股权融资都是"耍流氓",或者说最终将沦为"耍流氓",因为融资方虽然想上市,但最后都没能成功上市。即便注册制将来真正落地,中国几千万家企业,怎么可能都去上市?难道它们就不要做股权融资了吗?

实务操作

了解股权融资的利益,有助于创业者判断自己是否需要股权融资,也有助于专业人士帮助创业者厘清思路。

实务中,专业人士还可以结合一些具体的项目、具体的融资场景来帮助客户理解股权融资所能解决的实际问题。常见的股权融资场景有:

1. "烧钱"场景。互联网、高科技等新兴产业项目投入很大,需要"烧钱"但又没什么抵押物,需要做股权融资。这些项目也是股权融资市场的明星项目。再次强调,我们对传统产业的股权融资同样关注。

2. 想做大的场景。项目已经有一定的基础,想进一步规模化发展,需要做股权融资,典型的如餐馆、美容业开连锁店。

- 案例链接:某连锁企业与竞争对手的"赛跑"

> 某连锁企业 A 全部采用直营店模式进行经营,每年在本市开设约 5 家新店,管理规范,团队优秀,发展势头不错,多次婉拒了外部投资者的投资。某外地连锁品牌 B 因刚刚获得了巨额私募融资,大举扩张,而且采用了直营店与加盟店结合的模式,每年开设新店超过 20 家,很快就在连锁企业 A 所在城市开设

了大量新店,门店数和营业额也很快超过连锁企业A。此时,连锁企业A再去联系之前聊过的投资人,对方已经不感兴趣了。

点评:做连锁就是做规模,扩张很重要。当然,连锁企业A的打法也不能算错,只是走得慢而已。长期来看,A与B谁更强,还要考虑服务质量、成本控制等多种因素。

3. "抱大腿"场景。例如,一家物联网公司的主要客户是国有的水厂、电厂等企业,创始人表示非常需要国有资本投资的背书。腾讯投资常常能投到很好的项目,因为创业者不但需要腾讯投资的钱,更需要腾讯投资的品牌背书和流量等资源支持。又如万魔声学,主打产品是耳机,曾经是小米的供应商,引进了周杰伦的投资,因为周杰伦的投资证明周杰伦也认可他们家的耳机。这家公司因为跟小米的关联交易等问题,在借壳上市的时候被否掉了,但其引进周杰伦的投资仍然是一个亮点。

4. 大项目场景。不论什么产业,大项目都需要大量的资金,不一定是新兴产业才需要。例如,传统制造业项目拿地建厂,也可以通过股权融资解决资金问题。

- **案例链接**:京东物流的股权融资

    京东物流在2017年升格为物流集团后,迅速融资约25亿美元。京东物流是从京东本体剥离的,能够从京东获得资金支持,但还是要做融资。

    点评:京东物流是重资产项目,需要的资金量太大了。

5. 突破瓶颈期场景。例如,有一个做制造业的企业,一直盈利,但产值和利润的增长很缓慢,上不了新台阶。这说明企业当前的经营思路已经固化或资源已经用尽,需要有新的力量加入从而突破瓶颈。为此,可以引进战略投资人或有资源的财务投资人。

6. 资本运作场景。企业创始人有很强的资本运作意识,习惯于做值钱的公司而不仅仅是赚钱的公司,就是想上市或者做大以后被并购。

7. 改变基因场景。如前所述,创业者希望规范企业法人治理结构,扩大企业战略纵深,让企业更有活力和竞争力。

8. 套现场景。例如,大股东想转让股权套现,但是没人花高价来买,甚至基于净资产作价都没人买。这时候,可以引进一笔金额较小的估值较高的股权融资,用这笔股权融资为公司股权定价,从而吸引他人以低于该估值但高于净资产对应价格的交易条件来购买其股权。这种情况比较偏门,但实践中是存在的。

- **案例链接**:明修栈道,暗度陈仓

    某美容连锁店老板希望转让项目管理公司(所有门店利润都集中到管理公司)10%的股权套现一笔资金,期待转让价格为300万元(相当于项目估值3000万元)。该管理公司持续盈利,但其名下净资产较小。虽然很多朋友都知道这个项目不错,但对于这个300万元的定价都提出了质疑。

    后经专业人士建议,该老板采取接受分红补差对赌条件的方式,引入投资200万元(估值4000万元,持股5%)。

    之后,该老板找到朋友,告知给别人的价格是估值4000万元,但转让给朋友的价格是估值仅3200万元(是引入投资时估值的8折),很快就成功转让了10%的股权,套现320万元。

    此外,该项目管理公司的大股东是该老板的家族持股平台公司而非该老板本人,这次转让的是该持股平台公司的股权,故该投资200万元的投资人对此次转让所涉及的股权没有优先购买权,甚至都没有注意到这次转让。

    点评:这个项目同时运用了连锁托管、多层持股、家族持股平台等多个结构,合法且合理。当然,前提是项目真实且融资方能够完成对赌指标。

9. 传承场景。中国企业的传承是个大问题,比较普遍的情况是创始人年纪大了,小孩又不愿意或没有能力接班,关掉又舍不得或者根本就关不掉,依靠职业经理人也不行(忠诚度和责任心难以保证)。这个时候通过股权融资不但可以引进资金和新的资源,还可以改善企业的基因。子女盯不住职业经理人,就找几个小股东帮着盯。

有人说,想传给子孙就让子孙当股东好了,为什么要吸引其他股东进来呢?因为家族企业不讲规矩,只讲人情,没有办法建立规范的法人治理结构,只能靠人管人而不能靠制度管人,也无法建设健康的企业文化。有其他股东进来,大家才会定规矩,才会有很多双眼睛盯着职业经理人。所以家族企业想把事业传承下去,反倒要做股权融资。

- **案例链接**:福特的百年传承

    美国福特汽车公司已传承 100 余年,其接班制度是:家族里面有适合的人就用家族里面的人,没有就用家族外的人,但是公司的控制权始终在家族手中(采用了 AB 股结构)。

    点评:虽然福特是上市公司,但其传承经验值得所有上市或非上市公司借鉴。

    一是释放出去的股权不能太少,作为上市公司释放出去的是自然是大头,非上市公司释放出去的也不能太少,否则其他股东没有关心公司发展的动力;

    二是如果释放得太多,可以用 AB 股等结构保持控制权,否则就不是传承而是放弃了;

    三是按照唯才是举的原则选择经理人。

10. 攀比场景。一个老板说,我要引进风险投资!同行的某某企业比我的企业规模还小,他都有人投资了,我应该也可以。

11. 资金链即将断裂的场景。马云、雷军等人都反复说,不要在缺钱的时候融资,但很多老板听不进去,等到资金链快断了才急着找融资。这是没有远见的表现。这时候创业者的愿望肯定是强烈的,无须说服,只是融资难度较大。

- **案例链接**:某餐饮企业错失股权融资良机

    某餐饮企业一度发展迅猛,经营数据很好,此时另一家上市餐饮集团找到该企业家寻求战略投资。但该企业主说自己现金流很好,不差钱,就婉拒了。

两年后,该餐饮集团因为疫情及经营不善等原因,资金链濒临断裂,但此时上市餐饮集团对其已经不再感兴趣。

点评:"不差钱"的时候正是融资的好时机。

这些场景可以让客户"对号入座",激发其股权融资的需求,帮助客户回答"我的企业需要做股权融资吗?"这个问题。

二、股权融资的障碍

知识简介

创业者做股权融资也会面临各种障碍:

1. 意愿:我愿意吗?

外部投资人的介入,意味着更多限制(如财务更透明、流程更规范)、更多压力(如投资人对业绩的考核甚至作出"对赌"安排)。创业者在启动股权融资之前,要想好自己愿不愿意付出更累、更不自由的代价。想了代价之后,如果创业者还是有雄心壮志想大干一场,才能启动股权融资。

有些项目确实不需要做股权融资,例如网传的"淡定开店"模式,先保证第一家赚,赚了开下一家,别说股权融资,连贷款都懒得借。这种模式很传统、很美好。只是,在资本凶猛的今天,这种小店还能岁月静好吗?

2. 信心:我行吗?

很多企业认为股权融资是互联网、高科技项目的专利,投资人也必须得是私募股权基金等专业投资机构。前文已经澄清,英雄不问出处,各种项目都可做股权融资,各种投资人的钱都可以争取;鱼有鱼路,虾有虾路,先做小虾,再当大鱼。

3. 渠道:上哪儿找投资方?

后文会详细介绍找投资人的渠道,包括私募股权基金、熟人介绍、财务顾问(Financial Advisor,FA)引荐、创业园区引荐、创业路演活动等。

4. 顾虑：谈不成耽误时间、浪费钱怎么办？

作为融资方，往往不存在太多的浪费钱的可能性，往往只是浪费了精力，但是即使一次两次谈不成，也有助于熟悉投资人的思路，有助于提升以后融资的成功率；在精力允许和注意保密的前提下，融资方多跟投资人接触，可以"以投资人为镜"，根据投资人的反馈发现自身问题。

5. 团队：没有可信赖的专业团队操作怎么办？

笔者经常跟创业者讲，股权这个东西，老板总要懂一点，因为输不起。创业者首先要学一些股权融资的基础知识，然后尝试着寻求专业股权顾问的帮助。如果担心对方不够专业，可以采用按效果付费的模式，避免无谓地支付顾问费用。

6. 风险：掉进陷阱怎么办？

股权融资确实有各种风险，例如，引狼入室怎么办？失去控制权怎么办？泄密怎么办？等等。本书最后一章系统地分析了股权融资中的常见风险和误区。做任何事都有风险，不能因噎废食。

实务操作

作为专业人士，要把股权融资的利弊给客户说清楚，让客户自己做决定。只是我们希望创业者能够积极主动地思考股权融资问题，而不是资金链断了被迫去做或者仅仅因为跟风而去做。

● **案例链接**

有一家企业给新能源汽车主机厂做配套设施，利润率很高，有人想来投资，给的估值也很高，创始人问笔者要不要接受投资？笔者问项目创始人，企业的利润率为什么这么高，是否可持续？创始人说技术壁垒不高，主要是因为他们做得比较早，抢占了一批主机厂客户，跟主机厂的关系处得比较好。笔者建议这位创始人不要接受这笔投资，因为项目本身的商业模式不具备可持续性，以后要是业务不好了,投资人心理落差会很大,创始人压力也会很大(因为高估值一般都会对应对赌);还不如先不要投资,先把钱赚了再说。

点评:这个项目就是个赚钱的项目,不必强行包装成值钱的项目。笔者提这个建议,还有一个原因是笔者觉得这位创始人"胸无大志,小富即安"(注:褒义,意为有知足常乐的智慧),也不怎么愿意受人约束。

总之,做或者不做都应该基于理性的思考,既不能应该融而不融,也不能不该融而胡乱融。专业人士不应该看到任何一家企业就怂恿人家去做股权融资。

第二章　股权融资的操作步骤

本章导读

从融资方角度看,股权融资的操作可分为十二步。

这十二步可归纳分为四个阶段:准备、接触、落地、收官。

一、准备阶段

1. 常识学习与内部沟通

2. 组建工作团队

3. 制订股权融资工作计划

4. 撰写BP

5. "包装"自己的公司

二、接触(投资人)阶段

6. 寻找投资人

7. 初步接洽及接受初步调查

三、落地阶段

8. 签署投资意向书

9. 配合投资方开展尽调及进行反向调查

10. 股权融资协议及其他法律文件的谈判及签署

四、收官阶段

11. 内、外部审批及签署

12. 交割

也有人把保密协议(Non-Disclosure Agreement, NDA)的签署单列为一步。NDA通常是为了尽调的需要(主要是约定投资方对所调查到的信息和资料保密),而投资意向书多数情况下是在尽调之前签署,所以我们往往采用在投资意向书中增加保密条款的方式解决尽调保密的问题。

第一节　股权融资的准备阶段

第一步：常识学习与内部沟通

📄 知识简介

1. 常识学习

企业人士对股权融资有太多的误解，要么认为太难，要么认为我不需要，要么认为高估值不可能的，甚至是骗人的。有的企业主没有主动融资意识，信奉酒香不怕巷子深，不善于树立企业和创始人个人的良好形象。这些认知障碍都需要通过学习来克服。

融资方的决策层，特别是主要决策人是学习的主要"责任人"。学习的内容主要是股权融资是什么、为什么、怎么做、主要风险点等基础知识。这些知识在本书中都涵盖了。

2. 内部沟通

以前讲并购的时候笔者讲过，股东想转让股权，董事和高管可能会拖后腿，因为一朝天子一朝臣，新东家大概率会换掉他们。同样的道理，当公司可能有新的投资人进来的时候，董事、高管以及小股东也可能会有想法，例如：

董事和高管可能会想：老板要赚大钱了，是不是应该搞股权激励？

小股东可能会想，引进投资人可是需要我签字的，我是不是趁机找大股东提点要求？

● 案例链接：不配合尽调的高管

> 有一家企业要搞股权融资，在投资方进场做尽调的时候，财务总监自曝其短，明显是想把事情搅黄。其背后的原因是该财务总监听说投资人会委派新的财务总监监督投资资金的使用。

点评： 启动股权融资之前，要就股权融资决策听取小股东和董事、高管的意见，充分了解和考虑他们的诉求，争取大家就股权融资达成共识。如果实在无法达成共识，则寻求其他解决办法（例如提前解雇高管或者收购小股东持有的股权）。总之，问题爆发在前面比爆发在股权融资过程中要好。

实务操作

1. 融资方团队学习股权融资的途径主要是看书、听网课、听线下课、找专业人士或曾有股权融资经历的创业者请教等。

笔者作为外部顾问，会主动向客户推送一些股权学习资料。我们的说法是：股权融资和一般的劳动纠纷、合同纠纷等事务不同，事关公司的根本，老板要适当地学一点股权基础知识。这样，一来可以更好地和外部顾问以及投资人沟通，二来也可以避免被不专业的外部顾问欺骗。

2. 笔者作为外部顾问，有时候会给客户讲一些"后院起火"的案例，特别提醒客户事先做好内部沟通。

3. 融资方应在高层范围内"关起门来谈融资"，注意对融资计划保密，并对外（特别是对投资方）统一口径。

4. 对于不支持、不配合股权融资的小股东，融资方可以先行清退，避免节外生枝。

第二步：组建工作团队

一般来讲，股权融资工作团队应该由融资方决策人（通常是公司大股东）牵头，财务总监或"融资部"负责人具体负责，再邀请外部顾问参加。

股权融资事关重大，选人的标准是忠诚可靠、保密意识强、熟悉公司业务；主谈人员应该有较强的沟通能力。

实践中，外部顾问在企业股权融资过程中往往起了很大的作用。一般的企业要招聘专门的人员来做股权融资是不太现实的，成本高，信任也难以建立。阿里巴巴很幸运有蔡崇信这样的既值得信任又有能力的专业人士来处理股权融资事务,但大部分企业没有这样的幸运。企业自己没有懂股权融资的人才,就只有求助于外部顾问,例如,有股权融资经验的律师、会计师。

第三步:制订股权融资工作计划

知识简介

股权融资工作计划和 BP 不一样。BP 侧重怎样讲故事拿到融资,主要是对外的;股权融资工作计划不会对外展示,而且需要严格保密。

- 案例链接:有钱不要的阿里

2000 年,软件银行集团投入 2000 万美元帮助阿里巴巴拓展全球业务,同时在日本和韩国建立合资企业。此前,马云曾经在美国找寻很多家风险投资机构,结果被三十几家投资机构拒绝。

可以想见,马云见到孙正义的时候,应当是非常渴望获得投资的。但当时孙正义想投资 4000 万美元,马云最终只接受了 2000 万美元的投资。主要原因是,按照当时阿里巴巴的估值,如孙正义投资 4000 万美元,软件银行集团将持有阿里巴巴 49% 的股权,这将严重削弱马云团队对阿里巴巴的控制权(注:阿里湖畔合伙人制度在 2010 年才建立)。

点评:创业者对于股权融资战略必须要有思考。如果缺乏思考,可能导致如下情况:

1. 有资金的时候乱花钱;

2. 没资金的时候匆忙找钱;

3. 不考虑投资方品质而盲目融资。

这些情况都完全可能导致要么融资不成功,要么虽获得融资但对企业发展的促进作用低于预期。

简言之,股权融资工作计划是股权融资的路线图。

股权融资工作计划主要包括以下十一项内容:

1. 融资目的

有人问:"我的企业现在不需要钱,一直盈利,现金流很好,有投资人来找我,我谈不谈呢?"一般来说是要谈,其原因在于:

第一,不缺钱的时候谈股权融资更从容。企业现在不缺钱,不代表将来不缺钱,因为股权融资是有比较长的时间周期的。就算是基本面比较好的企业,半年能够谈成一笔融资,就已经非常高效了。

第二,不缺钱的时候谈股权融资成功率更高、估值更高。马云说:"要在公司最好时出来融资,这是最稳的。"投资人跟银行一样,也是"嫌贫爱富"的。

第三,就算现在实在不想融资,也可发展"后备投资人"。大家先接上头,以后好联系。

第四,如果投资人有公司所需要的其他资源,即使不需要钱也应启动融资以获取资源。

第五,谈股权融资是一个学习的过程。有助于获得投资建议、拓展投资渠道、积累融资经验。

简言之,只要是真正的投资人,不缺钱也应该积极接触。

2. 时间窗口

(1)未雨绸缪,打"提前量"。一般的项目没那么快可以拿到投资,启动时间上需要打"提前量"。创业者要关注资本市场动态。如果市场好,一般项目3个月左右就能融资成功,那么在公司现金还剩6—9个月时就要启动融资;如果市场不好,一般项目6—9个月才能融资成功,那么在公司现金还剩9—12个月的时候就要启动融资。打多少"提前量",还跟创业者是否有股权融资经验和资源,以及顾问团队是否"给力"有关系。如果创业者之前有股权融资经验和较好的人脉资源,而且顾问团队也比较"给力",这个"提前量"可以短一点,否则就应该长一点。

打"提前量"还有个好处,就是可以做更多的"包装"工作,提升估值。

(2)预定期限,及时喊停。每一次融资均要设定较为具体的预定完成期限。股权融资需要融资方用很多的心思和人力去应付投资者,而且对团队士气也会有影响,时间拖长了可能影响主营业务。

● 案例链接

2016年,一家互联网公司跟一个投资人谈股权融资,尽调加谈判花了三四个月,最终没有谈成。这很正常。但这三四个月当中,该公司团队的士气受到了很大的影响。大家的心态是:都要跟大佬合作了,还小打小闹干吗?最后当融资没有成功的时候,工作也耽误了,士气也受到打击。

点评: 这家公司跟笔者颇有渊源,故感受颇深。顺便提一下,这也是股权融资最好组建专门团队的原因。有专门的团队管股权融资的事儿,对现有业务的影响就可以更好地控制,更容易做到生产、"革命"两不误。

(3)融资不顺,及时喊停。如果已经有很多家投资机构来看过,但是老是谈不成,这个时候创业者可能要反思一下是不是项目的商业模式或者团队有问题;可以诚恳地询问投资人不投的理由,也可以请专业人士来诊断,发现和解决问题之后,再来做股权融资。投资人的反馈是最真实的。一般的朋友会无原则地鼓励你,但投资人不会。他们会用脚投票,会用眼神让你感知到你的项目有问题,有的人还会直言不讳地提出问题。

(4)把握时机,例如,在资本市场活跃或者所在赛道比较"火"的时候,要及时启动股权融资。

(5)向基金等专业投资机构融资应尽量避开年底,因为可能受到机构放假、资金用尽等影响。当然,这不是普遍情况。

3.大概要融多少钱?

融资金额首先取决于预算,即未来的发展计划需要多少钱来实施。资金用途是投资人肯定会问的问题,所以必须想清楚,还要说明相关预算的合理性。

融资方未来的发展计划，可以是一般的经营活动，如某项技术研发、某个市场推广计划、上一条生产线、开一家新店、引进一批人才；也可以是资本运作，如实施某个并购计划；甚至有可能要用一部分资金归还借款，以降低财务成本和企业负债率。只要与融资方企业发展相关、如实披露并获得投资人认可，都可以。

其次要考虑在估值上是否划算。马云拒绝孙正义"砸钱"的故事流传很广。马云为什么不要4000万美元，只要2000万美元，除了不愿意稀释太多股权之外，也是考虑到2000万美元在近期够花了，并且花了之后企业会有一个更高的估值；越往后企业估值越高，释放同样比例的股权可融到的钱也越多。

- **案例链接：7个月后估值翻了近3倍**

　　2022年10月20日晚，广汽集团发布公告显示，子公司广汽埃安完成了A轮融资，融资总额182.94亿元，释放17.72%股份，投后估值1032.39亿元，是国内未上市新能源车企中估值最高的企业。就在7个月之前的2022年3月，广汽埃安Pre－A轮融资的估值还只是390亿元。换言之，仅仅过了7个月，估值翻了近3倍。

　　点评：一些融资方"没见过世面"（善意提醒，没有贬低的意思），看到别人给了一定的估值就急着把30%甚至更多的股权释放出去，这个时候专业顾问要提醒。本案中，广汽埃安在Pre－A轮如果多释放1%的股权，就意味着7个月后将少"赚"大约6亿元。

- **案例链接：甜蜜的痛苦**

　　有一家企业一次融资5000万元，但其实这家企业当前只需要2000万元，这导致了三个负面后果：

　　第一，创业者发现这一轮释放的股权太多了，而估值又比较低，吃亏了。

　　第二，资金闲置了，创业者很焦虑，问律师："这些钱我怎么用呢？我能不能借给别人的，有抵押的那种？"律师说："不行，按照投资协议，这个钱必须用于本项目。"

第三，这会导致老板的"腐化"。老板就用公司的钱买了豪车，而他原来是一个很节俭的创业者。这位创业者说，如果把多余的钱烧出去，公司财务数据反倒会特别不好看，因为成本增加了而收入没有相应增加，利润率就会大幅下降。

点评：同赛道的项目，早期拿钱多的反倒失败了，拿钱少的反倒成功了。

4. 融谁的钱？

银行里的钱没写名字，但在股权融资领域，钱就是写了名字的。换言之，投的钱一样，但投资人的资源不一样，找投资人不能仅仅"向钱看"。例如，获得 BAT 或美团、今日头条、拼多多这种流量巨头的投资，是互联网创业者梦寐以求的。

寻找投资人时，可以根据企业在营销资源、技术、品牌背书、管理经验、人才等方面的需要，根据创业的阶段、方向与融资的规模、币种，去找相应的投资人。

现在市场上的投资机构鱼龙混杂，按照中国证券投资基金业协会披露的数据，每年都成立很多基金公司，但其实做得好的不多。好的基金大都有明确的投资方向，如生物医药、金融科技、物联网、新能源方向等，并且自建专业的研究团队，能够有效地为被投资企业赋能。有些大的投资机构会有投资俱乐部，会举行年会或其他活动，邀请创业者参加，帮助创业者拓展人脉。有的投资机构会追投后面的轮次并帮助创业者寻找下一轮融资。这样的投资人，当然比一般的投资人好。

5. 估值预期

这个问题要先想好，不能"乱喊"，要有一个计算方法，先不管是否科学，但要能够自圆其说。还有，同一时期内对外宣布的估值要相对稳定，不能今天跟某个投资人说估值一亿元，隔两天跟另一个投资人又说两亿元，传出去名声不好。关于估值，本书第三章有专节介绍。

6. 是否需要特殊资源支持？

除了拿钱外，企业还有没有什么特殊的资源要求，例如，供应链支持、业务渠道等;如果有,可能要考虑寻求战略投资人而非一般的财务投资人。

- **案例链接:摩托车与上市公司的联姻**

    某生产特种摩托车的企业拟引进股权融资,有两个投资人有意向,一家是有较强的摩托车设计能力的上市公司,另一家是私募股权投资基金。

    经反复权衡,该摩托车企业选择了上市公司。

    点评:上市公司不但能提供资金,还能提供设计的支持,上市公司的品牌背书也很给力。对该摩托车企业来说,这种情况下战略投资人优于财务投资人。

7. 是否接受投资人以非货币资产支付股权对价或以其他资源换取估值降低?

这个问题我们在前文"股权融资的分类"一节讲过。

8. 本轮融资准备释放多少比例?

这个问题主要是个商业问题,一般要考虑以下几点:

(1)释放股权的上限。例如,这一轮最多释放10%。

(2)投资的轮次。每一次股权融资所释放的股权比例与企业的融资轮次即发展阶段是相对应的,应遵循"挤牙膏"原则,避免一次释放过多比例,导致后续轮次的融资没有了空间。例如,一次释放20%,通常不如先释放10%,过一段时间估值提升后再释放10%。但如果投资方品质很好,或者给的估值够高,也可以一次释放20%。总之以"挤牙膏"为原则,以多释放为例外。

(3)创始人的控制权。早期轮次的融资中,创始人不要丢失67%、51%这两个重要的控股比例。后期通常是在C轮、D轮才会放弃51%这个控股比例,改为通过同股不同权、一致行动人等特殊方式保持控制权。在联合创始人较多或者较为强势的情况下,由于联合创始人持股可能超过20%,则创始人也有可能在B轮就失去了51%这个阵地。这个时候就应尽量通过要求联合创始人一致行动等方式保持创始人的控制权。融资方应注意:

采用同股不同权、一致行动人等特殊方式保持控制权,会使得公司治理结构变得非标准化,可能给后续融资、上市工作制造障碍。这个问题需要结合具体项目权衡利弊后作出决定。

（4）创始人可以运用持股平台来保持控制权。例如，融资方大股东可以通过设立股权激励持股平台整合管理层持股所对应的表决权，具体做法是由大股东控制的公司担任作为股权激励持股平台的有限合伙企业的 GP。这样，大股东就可以在释放出更多的股权比例的情况下仍然保持控制权。

9. 准备让渡多少控制权？

该问题主要是考虑是否接受投资人享有特殊权利。股权比例和控制权常常相关，但也可以不相关。

● **案例链接**：优刻得成科创板首家"同股不同权"发行人

2019 年 12 月，优刻得科技股份有限公司（以下简称优刻得，是国内领先的中立第三方云计算服务商）科创板 IPO 注册获批。

优刻得申报科创板之前设置了特别表决权的安排，其共同实际控制人季昕华、莫显峰及华琨 3 人持有的 A 类股份每股拥有的表决权数量为其他股东（包括本次公开发行对象）所持有的 B 类股份每股拥有的表决权的 5 倍，发行前 3 人合计直接持有优刻得 26.83% 的股份，合计持有优刻得 64.71% 的表决权。

尽管在上海证券交易所的问询中重点关注了"同股不同权"问题，但该公司最终还是成功获准上市。

点评：本项目中，在创始人持股比例未达控股的情况下，"同股不同权"的安排使得公司上市后创始人仍然保持对公司的控制权，有利于公司的稳定发展。

10. 是否接受对赌？

对赌是提高估值、提高融资成功率的有效方法，没必要"谈赌色变"。

11. 消除股权融资的内部阻碍

企业启动股权融资之前，应审视企业内部是否存在阻碍的因素，例如，有没有正在实施中的股权激励计划且该股权激励计划中并没有设置为股权融资"让路"的机制，即规定如果公司启动股权融资及上市等资本运作，公司有权终止股权激励计划或作出其他安排,否则股权融资和股权激励就会产生冲突。

又如,如果实施股权融资需要获得控股公司或主管机关的内、外部审批,也应事先沟通确认能够获得相应审批。

还有一种障碍来自债权人,例如,银行在贷款协议中对于借款人的股权变动约定了自己的知情权或否决权。如果存在这个阻碍,就应事先处理。

📄 实务操作

从专业顾问的角度看,事先引导客户思考和回答这些问题,能够帮助客户理清思路,也有利于领会客户意图,有利于把很多工作做在前面,提高工作效率和融资的成功率。

上文提到的广汽埃安7个月内估值从390亿元暴涨到1000多亿元,原因之一是其提前进行了混合所有制改革和股权激励等工作。这说明广汽埃安做股权融资时是有计划、有准备的。

第四步:撰写BP

📄 知识简介

BP,是指融资方起草的对于自己企业、项目及融资需求的介绍。

BP主要有以下作用:

1. 展示形象。BP是融资方给投资人看的"第一张脸",写好了出彩,写不好丢分。

2. 提高效率。好的BP可以提高与投资人沟通的效率,避免浪费彼此的时间。

3. 统一思想。融资方团队讨论BP内容的过程,也是一个统一思想、统一口径的过程,可以进一步在内部凝聚共识,并避免大家今后在投资人面前各说各话。

在网上可以搜索到很多BP。如何判断它们的好坏?如何着手写一份属于自己项目的BP？以下我们介绍三个模型。

模型一：十二要点法

1. 项目定位。一句话讲清项目是什么，并写在BP首页，也可以顺带提出企业的愿景及价值观等。有时候找到一句好的定位标语很困难，一时找不到也没必要勉强写。

2. 市场痛点。BP必须说明融资是刚需而非伪需求。

3. 解决方案。解决方案应可靠（至少是看起来可靠），并有案例支撑。

4. 市场容量分析。融资方需要对项目所属行业（赛道）做一定的调研，根据历史数据及未来趋势预估大致的市场规模以及本项目可能获得的市场份额。除了要描述市场规模，还要描述增长速度。有些传统行业的市场规模虽然大，但增长缓慢，意味着机会也不多。

5. 核心竞争力。融资方最好通过与行业内的竞争对手对比来呈现自己的优势，如技术、资源等。

6. 核心团队。这部分主要是介绍团队成员的背景、履历、能力结构和历史业绩，还应该突出牵头人的创业经验；有经验的投资人还会关心团队成员是否为全职以及同业竞争等问题。有说法认为，创始人对创业成功所起的作用占七成。这个说法虽然有点绝对，但也有其合理性；项目的商业模式可能是错的，但只要人对了，随时可以调整。

7. 运营情况。融资方已经做了哪些工作，取得了什么成果？具体业务和财务数据怎样？

8. 盈利模式。包括赚钱逻辑、盈亏平衡点出现的时间、盈利预期等。

9. 股权结构。包括各股东持股比例，是否有股权激励计划等；应特别注意原则上要有实控人，持股10%以下的小股东以及股权激励对象应当尽可能放进持股平台。

10. 融资计划。此次融资需要多少钱，融资用途等。

11. 项目估值。融资方应明确估值金额,并适当说明估值依据。

12. 项目风险。融资方应说明项目目前存在的困难和面临的风险,同时说明困难可以克服,风险可以控制,并提供相应的思路。

模型二:PSTM 法

P 代表问题(Problem),即痛点。痛点的深度代表需求的真实性,痛点的广度代表市场空间。例如,网约车出来之前,打不到车的痛点又深又广。

S 代表解决方案(Solution)。例如,上述"打不到车"的痛点的解决方案是"网约车"。

T 代表团队(Team)。

M 代表资金(Money),即"模型一"中的融资计划。

模型三:10 页 PPT 法

这个方法来自知乎号"林老师的投资日记":

第一页封面:项目名称、一句话概括(定位)、CEO 姓名和联系方式。

第二页亮点:挑 3 个主要亮点。

第三页市场容量:计算方法和年增速即可,并标明数据来源和统计时间。市场容量 = 目标细分市场用户量 × 消费频次 × 客单价。

- **案例链接**:如何估算市场容量

　　一个外卖的平台,一开始从北京入手,假设叫外卖的人是 25—35 岁上班的白领,那么它的计算公式应该是:(北京市 25—35 岁人数 × 上班白领比例 × 公司没有食堂的比例)×(平均每周会叫多少次外卖 × 52 周)× 每次点餐的客单价。

　　这样一来,北京以外的人口、非上班族人口、在食堂吃饭的人口(假设食堂早、中、晚均提供餐饮),都会被排除,从而使结果显得严谨。

林老师还提了两条关于计算市场容量的建议:

(1)计算出来的市场容量,最好是万亿级、千亿级的,至少需要是百亿级的,这样你占有10%的市场份额,才能支撑100亿元的估值,才有可能上市。

(2)计算出来的市场增速,最好是30%以上,才能增加投资人对于你未来成长性的信心。

点评:基于本书的目的,对于一些不一定要上市的项目、传统产业项目、中小项目,市场容量不需要计算得太清楚。当然,能够算清楚还是尽量算清楚。

第四页痛点:项目解决的是哪类用户的什么痛点,用户平均愿意为这个痛点支付多少费用?

第五页解决方案:建议使用逻辑图进行勾画,这样逻辑关系比较清晰,在相应的参与者旁边写清楚利润的分配情况。

第六页现有成绩:几大主要数据罗列于上方,最好都用同一时间维度的数据,底部列出核心数据增长速度。

第七页团队情况:包含团队背景、所持资源、与CEO共事的经历、目前分工情况、已作出的贡献、持股比例。——这个点有新意,很多BP对团队成员只写类似于"个人简历"的内容,而没有详细的介绍。但如果团队人比较多,一页是写不下这么多内容。笔者觉得可以简化为基础背景、加入时间、现任职务。持股比例不用写,因为后面的第十页已经有股权结构了。

第八页竞争对手:包括对手的优、劣势,与本项目的异同点、推测其市场占有率。其中,市场占有率 = 对手的交易额/市场总交易额,或者对手的客户量/市场总客户量。

第九页下一轮目标、融资额度及用途:下一时间阶段的业绩目标、融资额度、资金用途;未来1—3年收入预测、利润预测。

第十页延伸及补充:本轮愿意出让的额度、上一轮融资(如有)的信息、目前股权结构。

关于简化版BP,林老师这篇文章写得最简洁、最实在。

📄 实务操作

要提高BP的质量,应注意以下几点:

1. 不能太长。BP一般以PPT形式呈现,建议不超过30页,同时要有一份摘要版,控制在5页以内;有些较为简单的项目,10页左右也可以;注意每一页的字数不要太多。

2. 注重外观。排版、美术设计等适当使用表格、图形,但风格不要太花哨;注意不要随便下载网上的模板后直接使用。

3. 注意保密。竞争对手打着投资人的名义窃取商业秘密,或投资人在了解融资方的商业秘密后另起炉灶,都有先例。这也是为什么BP不能写得太细的原因之一。

4. 要有新意。突出与竞争对手的差异化。

5. 实事求是,用语客观。对于项目存在的困难和风险不要回避;要慎用"革命性"之类的"大词"。

6. 注意防范法律风险。BP出现法律风险的概率不大,但是如果里面有虚假陈述,有可能会在将来被投资人在诉讼中作为证据,所以要注意有没有虚假陈述。此外,律师看BP时要注意项目的商业模式本身是否合法,尤其是对新兴的区块链、多级分销、消费返利等类型的项目要特别小心。发现问题如果不及时提出,律师将来可能承担责任,轻则被客户责备,重则被有关部门调查甚至承担法律责任。

7. 真诚。写BP的过程,是创业者"问心"的过程;要用真诚、理智和自信,讲好创业梦想。

8. 系统学习,持续修改。

第五步:"包装"自己的公司

📄 知识简介

股权融资好比请贵客上门,事先要把家里打扫整理得干净整齐。"打扫"哪些地方?我们提出几个重点:(1)企业文化、组织架构、岗位职责、管理制度;(2)股权结构和治理结构;(3)业绩和财务等经营数据;(4)财务管理;(5)劳动管理;(6)合同管理;(7)知识产权管理(针对高科技企业等较依赖知识产权的企业);(8)合规管理(针对医疗、食品、金融等强监管行业)……

看到这里,有人会质疑:企业进行股权融资,还要做这么多工作,得耗费多少时间和费用?

澄清一下:本书不是让融资方系统地去做这些事,而只是建议简单自查一下,只解决比较明显、容易解决且解决成本较低的问题。所以我们的提法是"包装"。

以下简单介绍"包装"方法。

1. 企业文化、组织架构、岗位职责、管理制度等

这些基础的东西不要求多精细,但是要有,而且在形式上尽量做得规范一点。

2. 股权结构和治理结构

关于股权结构,站在投资方角度主要看重三点:

一是要有大股东或实控人。

二是股权不要太分散,持股为个位数的股东最好是进持股平台。

三是对代持情况最好是清理到位或如实披露并提供解决方案。我们不主张就代持问题隐瞒投资方。

另外,创始人最好不要以个人名义持有公司股权,最好是在投资人进来之前,就把以个人名义持有的大部分股权转移到家族持股平台,以便将来转让套现以及进行其他操作。因为投资人进来之后,创始人的套现会受到优先购买权的限制,也会给投资人和外界留下不好的印象。

治理结构主要是指股东会、董事会、经理层、监事会的产生与运行机制,这也是一个大的话题,总的原则是让投资人觉得公司的决策是既有民主又有集中的,既不会出现僵局,也不是一言堂。

另外,最好在启动股权融资之前把股权激励先做了,因为引进投资人之后再做股权激励,沟通和实施难度会增大很多。毕竟,原来都是"自己人"。提前做股权激励的,股权激励方案中要特别注明不能因此影响股权融资和上市等行动。

从应对尽调的角度看,重点是整理好章程、股东名册、出资证明书等基础文件,以及历次会议的记录、决议、会议召集文件等。

3. 业绩和财务等数据

很多企业对自己的业务数据及其高低变化没有分析成因以及存在的问题,投资人问起来就会一问三不知。股权融资之前,企业应对企业的关键业绩和财务数据进行分析,必要时请专业顾问帮忙分析。

● **案例链接**:为融资突击招人

有一家企业为了做股权融资,老板非常"任性",在原来200多名员工的基础上,硬生生在一个多月之内招了100名员工,说是想让投资方感觉到企业增长迅速、实力雄厚。这个就属于不尊重商业规律的盲目扩张,结果投资机构最终没投,导致企业白白增加了不少成本。

点评:分析数据的目的不是揠苗助长或者企图欺骗投资人,而是尽可能发现问题、解决问题;即便暂时无法解决问题,至少对问题的成因能说出理由。

4. 财务管理

有些企业存在收钱不开票、股东个人和公司资金往来不清晰等问题。股东自己觉得这不算什么,因为很多民营企业都这么做。如果要做股权融资,首先就要清理股东"左口袋和右口袋不分",占用企业资金的问题,让投资人对企业的财务透明度有信心;切忌以行业惯例为借口,对财务不规范问题满不在乎。

5. 劳动管理

劳动规章制度内容不合法,没有走民主程序,劳动规章制度没有告知员工,劳动合同内容不合法或不恰当,社保没有按时缴纳……这些问题在投资人做尽调的时候都可能暴露出来,而企业自查发现和解决这些问题并不难。

6. 合同管理

合同管理也是投资人做尽调时的一个重要调查项目。企业需要建立一套完整的合同管理体系,包括合同审批的流程、合同管理制度、主营业务合同范本、履约提醒机制和纠纷处理机制等。

7. 知识产权管理(针对高科技企业等较依赖知识产权的企业)

要确定自身知识产权是否存在法律风险,例如,是否存在专利被抢注、专利保护不全面、商标未注册、侵犯他人知识产权等。

8. 合规管理(针对医疗、食品、金融等强监管行业)

企业合规强调企业自我管理、自我监督、自我整改,主要还是指法律法规层面的合规。国家这些年来推企业合规的力度明显加大,这意味着国家对企业经营质量的要求,正在超过对企业数量的期待。这是大势所趋,"绿林好汉"的打法会越来越受限。特别是医疗、教育、金融、地产、环保、互联网、餐饮等强监管行业,更要注意主动合规。不合规主管部门不一定能看到,但投资人在做尽调的时候通常都会看到并且会介意,因为投资人有"吹毛求疵"以用于交易条件谈判的动机。

- 案例链接

有一家企业拟引进某上市公司股权投资,上市公司派投资总监来看了,谈了,回去汇报说不值得投。

又过了几个月,笔者又遇到这家上市公司的投资总监。我说我觉得这个项目不错,你们为什么不投?他说其实项目利润、客户层次都不错,就是内部管理不规范,喜欢"打政策擦边球",还存在抽逃出资问题。他坦诚地说:"老板喊我来看项目,赚了钱是老板的,而出了事是我的,这企业打法有点野,我何必自找麻烦？"

点评：有的创业者觉得自己财务数据好，就忽视了经营管理的合规，导致错失良机。

📄 **实务操作**

1. 在股权融资前临时抱佛脚的做这些工作，投资小，见效快，对于提高股权融资成功率乃至提高企业估值都是很有作用的。

2. 初创企业还是要把重点放在战略、业绩及其他基础工作上，不要因为做"包装"工作而影响了主营业务。

第二节　股权融资的接触阶段

第六步：寻找投资人

📄 **知识简介**

融资方寻找投资人的渠道主要有以下几种：

1. 自己联系投资方。有些创业者（含股东、高管、员工等）跟投资圈本身就熟，还有投资圈的人"下场"创业的，这时候自己联系当然好。

2. 熟人引荐。对于大多数项目，特别是传统产业项目来说，专业的投资基金确实比较遥远。这个时候，可以通过朋友、老乡、商（协）会、同学校友等渠道找投资人，并重点从上下游业务及其他业务合作伙伴里面寻找投资人。

3. 找同行。例如，医疗器械项目可以定向联系一些投医疗的基金或医疗领域的上市公司。虽然没有熟人介绍，但成功率很高。

- **案例链接：包装厂引进上市公司投资**

    2018年，包装企业重庆富士达试图寻求上市，但笔者经评估后认为难度很大，遂建议该企业寻求同行业上市公司投资或并购。之后，该企业列出了三家包装业的上市公司作为联系对象，并通过找人引荐和直接联系先后接触了两家上市公司（山鹰纸业、王子新材），最终和王子新材达成了合作。

    点评：这家企业有一定的规模，在业内有较大的影响力，找同行业的上市公司相对比较容易。

4. 财务顾问。通过FA联系专业投资人。FA是投资人和创业者之间的桥梁。部分比较知名的FA见表2-1：

表2-1 知名FA一览

序号	机构名称	投资方向
1	华兴资本	致力于为中国新经济创业者、投资人提供"一站式"金融服务
2	汉能资本	专注于中国互联网经济、消费及医疗服务领域
3	泰合资本	为新经济头部创业企业提供全生命周期价值的投资银行服务
4	易凯资本	聚焦新经济和传统产业升级与重构的投资银行和投资机构，领域包括TMT、新消费和健康产业
5	光源资本	专注于新经济领域
6	青桐资本	重点关注大消费、教育、企业服务、技术硬件、金融、文娱体育社交、医疗健康、物流、汽车交通等9大行业
7	指数资本	致力于成为企业外部首席增长官
8	高鹄资本	为企业融资提供独到的建议和服务
9	方创资本	主要关注包括TMT、教育、消费品、新能源、医疗健康、文化娱乐、金融科技等领域
10	星汉资本	专注为新兴企业提供私募股权融资服务，对科技、消费、物流、教育、医疗等领域均有深入研究
11	点石资本	主要为成长期项目及中后期项目提供私募股权融资、兼并收购服务，重点关注新服务、新文化、新金融、新技术领域

续表

序号	机构名称	投资方向
12	冲盈资本	专注于为互联网创业者提供创业伙伴式的融资服务
13	多维海拓	专注于消费升级、大健康、产业互联网等新兴产业
14	义柏资本	关注成长期及成熟期阶段产业互联网、人工智能、硬科技、企业服务领域
15	进化资本	专注于服务技术创业家,主要服务的领域包括人工智能、机器人、硬科技、移动互联网等方向
16	棕榈资本	专注于新消费时代下的新人群、新场景和新趋势,服务于坚韧纯粹的新锐冒险家
17	浪潮资本	专注于发现数字消费新模式以及科技驱动的产业革新机会
18	青岭资本	专注于大消费的FA品牌
19	云沐资本	主营业务为一级市场FA和股权投资,重点覆盖消费和科技领域的中后期项目
20	云悦资本	聚焦产业"互联网+",包括数字基础设施和垂直应用领域
21	广觉资本	主要专注于企业融资的中后期阶段,覆盖领域包含金融科技、大消费、文化娱乐、医疗等细分领域
22	势能资本	专注于科技领域服务
23	云岫资本	专注于新兴科技企业服务,业务深度覆盖半导体、存储、人工智能、智能制造、工业互联网、物联网、零售供应链、企业服务、金融科技等新兴技术驱动的产业
24	剁椒娱投	专注娱乐业投资

注:本表不构成关于选择FA的建议。

- **案例链接:清科创业的项目对接服务**

清科集团创始于2000年,旗下清科创业致力于为行业提供领先的创业与投资综合服务。清科创业2020年登陆香港交易所(股票代码:1945.HK),旗下业务包括清科研究中心、清科传媒、清科沙丘投研院、清科创新中心、清科创业中心、清科国际、清科资本对应的七大业务体系;并涵盖私募通、投资界、项目工场和沙丘学堂四大互联网产品,为创业与投资行业提供及时、精准有效的数据统计、信息资讯、在线学习和投、融资对接服务。

点评：这类机构资源较多，引荐的投资人/创业项目相对比较可靠，只是很多中小企业很难跟真正专业的 FA 机构取得联系。

5.专业机构。可以找一些比较大的会计师事务所、律师事务所、咨询公司帮助对接投资人，这些专业机构有很多商业客户。

6.通过线下项目对接平台联系投资人。此类平台主要有以下几种：

（1）创业园区、孵化器。可靠的创业园区和孵化器有专门负责投、融资服务的人员，他们和投资人的关系也比较密切。

（2）有些联合办公场所也会提供创业投资服务，但很多都只是"号称"。

（3）创业咖啡馆、创业俱乐部等。

这类线下创业投资服务与项目对接平台曾经很火，但由于种种原因，现在大部分都倒闭了。例如，优客工场，上市跌跌撞撞，之后又传出被执行、濒临倒闭等诸多负面新闻。尽管如此，笔者觉得这些线下创投服务平台还是很有意义的，将来也还是会兴旺起来的。笔者的一个朋友坚持做创投服务平台多年，还是做成了一些项目。

7.通过参加各种创业比赛和路演等引起投资人注意。这种方式的优势是可以同时见到很多投资人，不太好的地方是各种比赛和路演比较泛滥，不一定总有优质的投资人到场。

- **案例链接：路演视频引来投资人**

笔者有一个客户参加了一个深圳证券交易所的路演活动，5家企业上台路演。大概过了1个月，深圳有一家投资机构看了路演活动的视频，觉得这家企业不错，就主动联系了路演的主办方，要找这家企业谈投资。

点评：参加比赛和路演，就算没拿到投资，也可以练兵、听取投资建议和宣传项目。活动行、创成汇都是比较好的活动报名平台。这些平台对初创项目、中小项目总体还是比较友好的。这几年因种种原因，这些平台也很艰难，天使汇、黑马会这些知名平台，都已经在股权市场销声匿迹。

8.上创业节目和媒体。曾经比较出名的节目,有深圳卫视的"合伙中国人"、北京卫视的"我是独角兽"等,总体是"表演"为主,但是宣传效果好。几位嘉宾虽然投不了多少项目,但重点是项目被很多人看到了。后来因种种原因,大部分此类节目都停播了。

利用媒体(包括传统媒体和自媒体等)的效果与此类似。

9.利用互联网投资对接平台寻找投资人。前文提到的清科创业旗下的投资界网(https://www.pedaily.cn),还有浙江一家公司创办的投融界网(https://www.trjcn.com)等网站,就直接提供网上项目对接服务,类似投资界的"红娘"。这些网站有其积极意义,但互联网的弱信任属性和投资项目对接的强信任要求矛盾很大,其对接效果很难保证。笔者之前还听到有创业者抱怨在某网站(不是前面说的两个)交了会员费但没有任何效果。当然,试试总是好的,前提是做好风险控制避免受骗,而且在收到效果之前不要支付太多的费用。

10.向知名投资基金的公开邮箱发送BP。对于没有熟人引荐的项目,大多数投资人表示没兴趣是很正常的。向知名投资基金的公开邮箱发送BP效果难料,但是好在成本低,也不乏成功的先例。蜜芽宝贝的创始人曾经分享过,她当初创业时,想找徐小平老师所在的真格基金融资,但她不认识徐小平,于是她向徐小平所在学校学生会发了请求,学生会将徐小平老师的电话给了她,然后徐小平还真的就投了蜜芽宝贝。

类似的做法是直接联系投资大V,通过他们的头条号、公众号、知乎号、微博等联系他们。

11.投资掮客。社会上活跃着一批投资掮客,他们不隶属于任何投资机构,但致力于"混圈子"。笔者见过投资掮客成功引资的例子,但很少。总体来说,这个群体比较混乱。

12.熟人圈子。熟人圈子包括上下游业务圈、朋友圈、员工、其他熟人,以及熟人的熟人。特别是餐馆、咖啡馆、美容院(包括医美)、大健康等消费类项目做股权众筹时,供应商、顾客和员工,都是很好的融资对象。一般来说,越小的项目,早期越依赖熟人投资。做股权众筹时一定要注意设立有限合伙持股平台,这样可以避免股东人数太多和股权结构过于分散,对后续融资的影响较小。

13. 寻求政府扶持。为鼓励社会资本积极进行股权投资,推动高新企业、创业企业及地区经济的发展,国家及各地政府先后出台了大量促进股权投资基金企业发展的办法,包括税收优惠及财政返还政策。与此同时,各地政府还积极发掘和推荐值得投资的企业。如果能够获得政府扶持,除了能够得到实实在在的好处,也相当于获得了政府信用的背书,有利于企业吸引投资机构的关注,并提高股权融资的成功率。

- 案例链接:山东省的扶持企业名单

    标题:关于2022年度科技股权投资项目推荐项目企业名单的公示

    正文:根据《山东省财政厅关于印发省级财政资金股权投资改革试点实施办法(暂行)的通知》(鲁财办发〔2020〕10号)、《山东省科技股权投资实施细则》(鲁科办发〔2021〕4号)等有关规定,按照《关于组织开展2022年度科技股权投资项目申报工作的通知》有关规定和要求,目前已完成2022年度科技股权投资项目的形式审查和技术评审工作。现将推荐项目企业名单予以公示……

    此公示由山东省科学技术厅于2022年3月28日发布。

    点评:能够被列入这类名单也不错。

实务操作

1. 避免泄密。广撒网式发送的BP注意不要写得太细,以免泄密。

2. 持续跟进。第一次被拒绝或不被理睬不要气馁。对于比较优质的投资人或表现得较为友好的投资人,可以考虑在一段时间持续分享项目进展。之前投资人不来看或不想投,可能是因为当时没时间、当时没钱、当时没看懂、当时觉得条件不成熟等各种原因。融资方不要玻璃心,只要精力允许且不违反商业礼节,多联系几次没关系。

3. 多方寻找。只要对自己的项目有信心且确有融资需要，就应"上下求索"。

- 案例链接:3年坚持找人看地

　　某地产企业有块地无钱开发，想找人投资共同开发，但该地块遗留问题较多，找了很多人都没有谈成。由于该公司以该地块为其他企业提供了抵押担保，贷款即将到期且被担保人(贷款人)已经明确表示届时将无力偿还，该地块面临被银行申请法院拍卖的风险。无奈之下，股东自己、高管和外部顾问只有持续寻找，近3年中找了十几批人来看。这些人要么是嫌弃风险大，要么是条件苛刻，始终无法与该企业达成合作。最终在2020年，终于找到一家大型建筑企业旗下的投资公司，该公司正好有一笔资金额度没有用完，该笔资金刚好满足这个项目的需求。最后，双方顺利达成了合作。

　　点评：坚持出奇迹。

第七步：初步接洽及接受初步调查

知识简介

　　融资方找到投资人之后怎么谈？除了好的自我介绍(含形象、礼仪)和对BP的演示讲解，还要特别注意：

　　1. 不要撒谎。撒谎有被戳穿乃至今后承担法律责任的风险。

　　2. 不要轻狂。相当一部分创业者自我感觉过于良好，喜欢吹嘘自己的传奇经历和业绩或者夸大项目的成果与前景，常常令人反感。

　　3. 作风要正。不要给投资人留下贪图个人享乐的印象，更不要试图收买投资人的工作人员。

　　4. 不要自负和争论。贾锐博士2015年做法律互联网项目时，投资人对项目提了一些质疑，贾锐博士当时很自负，说："你们对法律行业不太了解，这个没问题的。"现在想来真是幼稚。创业者跟投资人沟通，即便听到质疑的话，也应尽量解释，解释不清楚也可以说"谢谢提醒，我再考虑一下"。投资人通常不喜欢油盐不进的创业者。

5.要主动询问投资人对项目的看法和建议。

初步接洽之后,双方如果有合作意愿,投资人会对融资方进行初步调查。

比较严谨的专业投资机构可能会有初步调查和正式尽调两步调查,一般投资人通常只做正式尽调。两种调查的深度是不一样的。初步调查通常是在签署投资意向书之前进行,一般都是由投资机构内部的投资经理、财务人员和风险控制团队来做,主要方式是跟融资方高层聊天了解情况、看财务报表和业务情况资料,了解大概情况,一般不会深入基层逐项了解细节。正式尽调通常是在签署投资意向书之后进行,一般都会聘请律师事务所、会计师事务所等专业机构来做,其调查范围、细致程度、规范程度都明显高于初步调查。

初步调查虽然在形式上不一定很正式,但对于获得投资至关重要。投资人对融资方企业进行初步调查,说明投资人对项目是感兴趣的。如果融资方希望获得投资,则应积极配合介绍情况和提供资料;同时,也应要求投资人出具保密承诺。

实务操作

1.如果是律师陪同融资方第一次见投资人,应注意:

首先,应根据前文讲过的投资人画像,了解投资人的行为特点,并对投资人的背景进行必要的调查。

其次,根据保密级别决定呈现项目BP的内容详细程度,保密级别应根据项目特点、对方信誉等因素确定。

最后,应确定洽谈人员及各自分工。

2.如果是跟私募股权投资基金谈融资,融资方要注意投资经理认可不等于投资决策委员会认可,不要事情没落实就过度兴奋、告知团队"搞定了",更不要到处张扬。

第三节　股权融资的落地阶段

第八步：洽谈签署投资意向书

📄 知识简介

一般而言,投资意向书分为两种:简单版和复杂版。

如果投资人是专业投资机构或投资金额较大,通常会在尽调之前先签一个用于锁定交易意向及明确工作进度的投资意向书,这个比较简略。

如果双方的合作意愿很强,谈得已经比较细,就可能签一个投资条款清单(Term Sheet,TS)。

如果投资人是非专业投资人或投资金额较小,不一定会签投资意向书或 TS,而是会在正式协议的谈判阶段再来谈核心条款。

简单版的投资意向书的内容主要包括:

1. 公司概况。对公司现有情况进行简单介绍,主要包括公司名称、注册情况、主营业务情况、股权结构情况、实际控制人情况、核心资产情况等。

2. 融资意向及方式。表达双方愿意进一步推进相关工作的意愿,同时对拟采用的方式(如"增资扩股")进行简单叙述。

3. 融资金额。此处通常会界定一个区间范围,具体金额将在后续谈判中讨论。

4. 释放的股权比例。此处通常也只界定一个区间范围,具体比例将在后续谈判中讨论。

5. 锁定(排他)条款。一般投资方为了避免在洽谈期间付出相应成本后,融资方转而寻求其他投资方的资金,导致其前期工作"白费",所以会要求约定一定的锁定期,在锁定期内融资方不得与其他投资方洽谈投资事宜。投资方的典型心态是:"我跟你谈,你却脚踩几只船,这对我不公平。"相应地,作为融资方要进行反制,例如,要约定锁定的期限不能太长。考虑到后续尽调、协议谈判、内部审批等时间,在实务操作中一般该期限经常约定为30天到90天不等(自投资意向书签署之日起算);如实在是不得已要超过90天,应尽最大努力控制在6个月以内。

如果约定的锁定期限太长,可能会让融资方在未来很长一段时间内丧失获得融资的机会,对融资方伤害非常大。实践中,很多融资方对这个条款不太注意,或者担心不同意这个条款会给投资人留下三心二意的印象,结果掉入了投资方的"陷阱"。有时候,投资方倒也并不是要刻意把融资方的股权融资路径锁死,只是一种"精致利己"的习惯性操作而已。对此,融资方可以采取这样反制:

第一,认识到锁定条款的危险性,据理力争;

第二,如果担心投资人认为自己三心二意,可先不谈期限而谈对等,即反向锁定;这时候融资方通常会发现锁定期限变得好谈了,因为投资人也不希望长期绑住自己的手脚。

- 案例链接:排他条款之战:红杉币安两败俱伤

> 币安是一个虚拟货币交易所,于2017年7月成立,1年多以后,利润就已经有2亿美元了。2017年8月,币安跟红杉资本签了一份TS,约定了锁定条款,锁定期6个月,红杉资本要求其在6个月锁定期内不能跟别人谈融资。
>
> 之后,币安嫌红杉资本给的估值太低,在这6个月中又去跟IDG谈成了融资,被红杉资本起诉。
>
> 币安的律师称跟IDG谈的是B轮融资,而跟红杉资本的TS写的是A轮融资。币安的律师很机智,但笔者认为其说辞比较牵强,因为A轮、B轮都不是法律上的概念。
>
> 现在这个案子在网络上最新的消息还停留在2019年,之后并无相关进展及最终结果的报道。这可能由于双方之间存在争议的实质性问题已通过仲裁解决,而仲裁是保密的;此外,估计双方都想低调处理。
>
> **点评:** 对币安来说,已经承受了不讲道义的指责且错失了多次融资机会;对

于红杉资本来说,作为老牌巨头被创业者背后一击并被迫起诉创业者,也不是什么光彩的事。尽管币安已经跌下神坛,但这个关于锁定期条款的仲裁案例还是十分典型的,值得研究。

6. 保密义务。签订投资意向书后,融资方的内部资料将因投资方的尽调而呈现给投资方或投资方聘请的律师、会计师等调查人员。如果后续融资未能完成,该部分资料的披露完全可能导致公司商业秘密泄露,如未来的商业计划、技术研发秘密等,因此有必要约定严格的保密义务。尽管保密条款很容易被绕开,但签了总比不签好。此外,有些项目会在尽调之前单独为尽调签署NDA。

7. 后续工作安排。包括时间进度,各自分工等;其中最重要的工作就是尽调,需明确双方各自的工作对接团队及联系方式、尽调的完成时间、尽调完成后双方达成最终交易的时限;也会明确需要完成的其他工作。

8. 费用承担条款。由于后续进入到调查阶段必然会产生相应的费用成本,比如差旅费、律师、会计师等中介机构的费用,因此需要约定该费用的承担主体及承担方式;比较合理的方式是约定双方各自承担,但如果因为某一方违背锁定期义务或其他义务导致融资未能达成,那么该部分费用如何承担则需要加以约定,一般而言应由违约方承担。部分强势的投资人会约定无论是否达成融资,该部分费用都由融资方承担。

9. 效力条款。通常仅约定排他性条款、保密条款等在法律上具有直接约束力,而其余条款不具备法律约束力。有些投资意向书忘了写效力条款,这是有风险的。如果意向书具备了协议的基本内容,权利义务明确,可以视为有法律约束力的协议。

10. 其他条款。如"法律适用""管辖法院""生效"等常规条款。

复杂版的投资意向书,即TS,在明确上述简单版投资意向书内容的基础上,还增加了定价原则和尽调过程中的估值调整原则、投资人优先权条款等更为实质性和细节性的条款,很接近正式协议。所增加的主要条款如下:

(1)预定的估值(可根据尽调情况在协议谈判时讨论)。

(2)融资金额。

(3)按照预定估值与融资金额得出本次释放的股权比例。

(4)预计投资方式(转让/增资/混合方式)。

(5)预计出资形式(现金/实物/知识产权)。

(6)是否有员工期权安排。

(7)陈述与保证。由融资方对其现状进行陈述,并保证陈述的真实性。这类融资方的"自白"是不可避免的。不过陈述越多,责任越大,融资方应特别注意陈述范围的限制,要在细节描述上留有余地。此外,面对专业的投资机构,融资方通常需要中规中矩地进行披露,但对于非专业投资人,并不需要主动和盘托出。

(8)先决条件(如有)。主要约定融资方企业需要完成的一些义务,这些义务的满足构成继续推进工作或最终投资的前提条件,通常会列明相应的时限。

(9)优先及特殊权利安排(如有)。该等条款系为了保护投资方的"投资安全"以及"投资退出"而设置,主要包含优先认购权条款、优先购买权条款、领售权条款、共售权条款、优先分红权条款、回购权条款、优先清算权条款、否决权条款、反稀释条款、对赌条款。

这些条款的内容,笔者会在本书第四章重点拆解。

除了以上条款以外,投资意向书和TS中还可能加入一些不常见的条款,例如:

(1)更换主体条款。有时候,投资意向书或TS中会给后续选用投资主体留下空间,即约定正式协议签订时可能会换主体。

(2)诚信与廉洁条款。示范条文如下:

双方互相承诺遵守如下约定:

不以任何名义向对方(包括其参股、控股、实际控制或其他关联关系的单位,下同)人员(包括其亲属或其他利益关系人等,下同)输送各种财产性和非财产性利益或好处。

不得与对方人员开展经营活动,相互有亲属关系的人员应主动回避。在甲、乙双方合作终止后2年内未经对方同意不得接受对方人员任职或提供服务。

双方保证遵守反腐败和反贿赂相关法律、法规及其他相关规定，不得以任何名义直接或间接地向任何政府官员（包括但不限于其亲属或其他利益关系人等）输送任何财产性和非财产性利益或好处，不得向任何第三方提供或从任何第三方接受任何形式的贿赂、回扣或其他不正当利益。

实务操作

1. 谨慎对待法律约束力问题。投资意向书大部分条款通常不具备法律约束力，但实务中不排除部分意向文件直接赋予某些商务条款的法律约束力，从而导致意向性文件中的约定不再纯粹是"意向性"而是"确定性"的交易条件。

在司法实践中，也是严格按照条款的具体内容来判断其约束力，而非文件标题中的"意向"二字。如果因为某一方原因未能履行意向性文件中的义务，导致后续正式交易文件未能签署，则守约方可能追究违约方的"缔约过失责任"。

● 案例链接：框架协议弄"假"成真

重庆蓝光房地产开发有限公司（以下简称蓝光地产）与重庆薪环企业港投资有限公司（以下简称薪环）就"两江春城"项目签订了一份关于股权转让的"框架协议"，之后买方蓝光地产进行了尽调，然后说不买了，薪环就把蓝光地产起诉了，最终打到了最高人民法院。最高人民法院二审判决【最高人民法院民事判决书，(2018)最高法民终661号】判定蓝光地产应向薪环赔偿1.2亿元，其法律依据如下。

最高人民法院《关于审理买卖合同纠纷案件适用法律问题的解释》第2条规定："当事人签订认购书、订购书、预订书、意向书、备忘录等预约合同，约定在将来一定期限内订立买卖合同，一方不履行订立买卖合同的义务，对方请求其承担预约合同违约责任或者要求解除预约合同并主张损害赔偿的，人民法院应予支持。"

点评：不能简单地根据投资意向书、框架协议等名称来判断其是否具备法律约束力；无论是否就法律约束力问题做了约定，在履行相关条款时都应注意不要留下"把柄"。

2. 注意信誉。在投资人的圈子里信誉很重要，签了 TS 之后，除非在尽调当中发现重大问题，或者在价格上、估值上有很重大的分歧，投资人大多是不会刻意违反的。只要拿到正规投资机构的 TS，一般而言获得投资就八九不离十了。所以别轻视投资意向书，不要觉得反正不是正式协议，就随便写随便签。同样地，融资方如果出尔反尔，也会影响自己的名声。

3. 在找专业投资人希望获得股权融资的情况下，TS 往往由投资方提供，通常会约定投资方的"优先及特殊权利"，显得比较强势。融资方一方面要理解投资方的顾虑，另一方面也要据理力争。对于融资方而言，此时投资方最终是否投资还不确定，应首先把精力放在融资金额、释放股权比例等核心商务条件的沟通上，对"优先及特殊权利"相关条款可适当模糊处理。

4. 在有些项目中，融资方可以争取在签署 TS 后，要求先行给予一定的"过桥贷款"，用于解决项目中的一些问题或把握一些特定的机遇。未来如达成正式协议，该笔款项则转化为投资款的一部分，否则作为借款由融资方偿还。这样操作的好处在于：一方面可以早点拿到资金，解决经营所需；另一方面更加强调与投资方的"锁定"，未来成功达成投资协议的可能性更大。当然，这一般需要融资方有较大的谈判筹码，比如同时有多家投资方均有意向来投资，否则很难达成。

- **案例链接**：借款完成投资先决条件

某地产项目中，融资方需要资金对名下的一块工业用地中的部分土地使用权进行"变性"，即通过补缴土地出让金将工业用地变为商业用地。融资方无力承担该笔资金。投资人看好这个项目，但又担心"变性"存在变数，故双方约定：

投资人向融资方借款数亿元用于支付补缴的土地出让金（融资方以土地使用权提供抵押担保且融资方股东提供个人信用保证，并以所持有的融资方股权提供质押担保）；"变性"手续办理完毕后，双方签署的股权投资协议正式生效，该笔借款转为投资款；如"变性"手续未能按预定期限办理完毕，则该笔借款转为借款并应立即归还本息。

点评：融资方要充分利用自身优势向投资方提条件。

第九步：配合投资方开展尽调及进行反向调查

知识简介

1. 尽调的定义

尽调的英文是 Due Deligence，翻译过来就是尽职履责，一般是指有中介机构参与的比较彻底的调查。

尽调和一般的调查最大的区别就是调查深度不一样。尽调是比较彻底和全面的调查，一般的调查是比较浮于表面的、比较基本的。我们可以参考一下股权并购中的尽职调查的定义，"在正常的营业时间内，经过合理的事前通知，卖方和目标公司及其关联公司将向买方的职员和授权代表提供进入办公室、工厂、财产账册和记录的自由完全的渠道，以便买方进行买方认为必要的关于卖方和目标公司及其关联公司的业务运作、资产、财产的法律和财务状况的调查"。

股权融资中投资人的尽调道理是一样的，请注意"自由完全的渠道""买方认为必要的"这两处强硬的措辞。

此外，尽调跟重大交易挂钩且往往发生在实质谈判阶段之前。

● **案例链接**：比老主任更了解公司的调查团队

有一家电缆企业年销售额 30 多亿元，有 1000 多名员工，成立时间接近 20 年。笔者认识这家企业的办公室主任 10 多年了。有一天这位主任跟笔者讲：

我一直以为我是最了解我们公司的人,但这次被别人做尽调,我才发现我们企业有这么多的信息我不知道。

点评:这位主任毕竟只管办公室工作,工作范围决定了他掌握的信息不会非常全面。但这个案例仍能够形象地说明尽调从广度上讲是比较全面的,从深度上讲是比较彻底的。

2. 尽调的局限性

尽调是有限度的调查。在调查的时点上,调查方仍然是被调查企业的外部主体,被调查方是有戒心的,而且调查的时间也有限。顾名思义,只要调查的强度达到了尽职履责的程度就可以了,不是说要把企业的方方面面、所有的东西都翻出来。这在实际操作的层面是很难做到的。

更重要的是,有时候企业隐瞒了一些信息,调查人员很难调查出来,这个时候不能说调查人员没有尽责。

● 案例链接:让客户为尽调买单的话术

某企业聘请律师对拟投资企业进行尽调,律所报价20万元,该企业客户与律师之间发生了这样一段对话:

客:付钱可以,你们能够保证查出所有的问题吗?特别是被调查方有没有潜在的债务?

律:不可以。如果被调查方故意隐瞒,例如借了钱不入账,或者对外担保但不告诉调查人员,律师是很难查到的。

客:那我请你们有何用?

律:我给您打个比方吧。某女准备跟某男办理结婚登记,这时候有朋友来跟女方说,他是男方的同乡,可以帮女方进一步刺探军情,但要有回报。女方说可以,但要求查清所有事情。朋友说,家庭成员结构、乡里口碑、经济状况等情况可以大概了解,但有无隐疾这些深度信息就很难了。如果您是女方,会让这朋友帮忙去查一查吗？

客：会……

以上来自笔者与一位客户的真实对话。

点评：尽调不是万能的，但没有尽调是万万不能的。

我们来看一个尽调未能发现隐藏债务的案例。

- **案例链接：查不清的隐藏债务**

    一家地产开发企业在接受尽调过程中，隐瞒了大股东（法定代表人）以公司名义写借条借款，并将款项在公司之外"体外循环"的事实。由于没有任何由公司盖章的借款合同和财务上的打款记录，尽调的法务和财务团队也没有发现这个事实。而且，该公司法定代表人还在重大事项陈述中特别确认没有未披露债务。尽调团队根据前述调查情况撰写的尽调报告中未披露该笔债务，最终导致投资方遭受了损失。

    点评：融资方对尽调团队隐瞒债务，构成违约甚至可能构成违法犯罪，那是融资方的错；尽调团队在本项目中没有原则性错误。

3. 尽调对交易的影响

股权融资中投资人对融资方进行尽调主要是为了帮助投资人发现拟投资项目的风险，并帮助投资人再次确认之前了解到的各种正面（利好）信息是否属实。一般而言，投资人是怀着乐观的期待签署投资意向书，而看尽调报告时是否能够继续乐观，就要看尽调的结果了。

尽调结果对交易的影响主要体现在：

一是帮助投资人判断是否要实施股权投资。如果问题很严重，投资人可能会作出不投资的决策。

二是影响项目的估值（交易价格）。如果尽调显示融资方企业存在资产瑕疵、利润有水分、败诉风险等等问题，都可能成为投资人"砍价"的依据。

三是影响项目的交易结构。

- **案例链接**：尽调结果改变交易结构

  某基金拟投资某制造业企业，在尽调过程中发现该企业业务数据较好且发展前景好，但财务管理上遗留问题较多，遂表示不愿成为该企业的股东。

  双方经过沟通，决定由融资方企业以其核心资产出资成立一家新公司并将全部业务和人员剥离到新公司，然后投资人向这家新公司增资。

  点评：另起炉灶，是解决遗留问题较多的老企业股权融资问题的好方法。

4. 尽调的主要项目

尽调主要包括业务、财务、法务三个方面，也包括其他一些细分项目的尽调。

（1）业务尽调主要看五个方面。

一看客户，主要看客户构成、销售渠道等。

看客户构成，主要看公司业务是面向企业（To B）、面向消费者（To C）还是面向政府机构（To G）的，是单一结构还是复合结构，复合结构中各客户群体的占比等；要注意是否有过于依赖某一个或几个客户的情况，如果有，就意味着该企业的销售存在较大的"受制于人"的风险；要注意客户的购买量是否稳定及是否有上升趋势；如果是个人消费者，还要看具体群体、购买频率等。

看销售渠道，主要看其是线上、线下还是二者结合，以及是否过于依赖外部经销商渠道等；还应注意销售区域是以本地为主，还是兼顾本地和外地。

投资人不但会查阅文件资料、询问融资方企业的管理层和员工，还有可能找融资方企业的客户去访谈，或对消费者进行调查。对一些重要的客户，融资方可以事先进行沟通。

二看供应商，主要是看供应链是否稳定，以及有没有过于依赖一个或几个供应商的情况。

三看产品或服务，每个行业产品和服务的指标不同，主要是看有没有独特性、先进性。如果是高科技企业或其他高度依赖知识产权的企业，投资人还会进行专门的技术/知识产权尽调。

四看"赛道"及"玩家",一般而言,产品或服务的行业渗透率要达到25%以上才算是一个有希望的"赛道",但也不可一概而论。笔者的客户,猪八戒网创始人就曾经说自己的企业服务交易平台模式几乎没有可对标的国内外企业,是一个孤独的探索者。投资人会很自然地去了解融资方项目同"赛道"的其他"玩家"以及融资方企业在行业中的位置。融资方应特别注意不要诋毁同行,也不要让投资人觉得融资方对同行的动态漠不关心、一无所知。

五看业绩成果,主要看产值、利润及其构成。此处和财务尽调有一定的交叉。

(2)财务尽调主要是看财务资料,核实真伪并分析融资方的财务数据是否健康、盈利预测是否合理。无论是做财务尽调,还是配合财务尽调,都需要专业财务人士处理。

(3)法务尽职调查主要看三个大的方面。

一看主体,如主体资格、资质、资产,包括工商注册、年审、股东情况、特殊行业有无监管部门颁发的证书、牌照、专利证书、土地厂房所有权等。

二看合规(含权利瑕疵),即融资方的业务活动是否合规,所拥有的权利(产权、债权)是否有瑕疵等。

三看风险,如有无重大法律诉讼、负债等。

这三个方面又细分为十多个分项,以下是一个典型的法律尽调报告的目录:

  一、目标公司主体资格及存续情况

  二、目标公司股权结构及股东

  三、目标公司的历次变更

  四、目标公司分支机构及关联方

  五、目标公司公司治理

  六、目标公司业务及资质

  七、目标公司主要资产

八、目标公司关联交易与同业竞争

九、目标公司重大合同

十、目标公司重大债权债务及担保情况

十一、目标公司劳动用工情况

十二、目标公司诉讼、仲裁及行政处罚情况

(4)其他细分项目的尽调。

除业务、财务、法务三个方面的尽调外,根据项目类型和投资方的关注重点,还可能单独进行一些细分项目的尽调,例如,企业文化尽调、人力资源尽调、内部授权尽调(交易可能需要的股东会、董事会、政府机构的审批)、知识产权(技术)尽调、税务尽调、个人股东尽调等。

由于信息不对称,尽调的主要压力是在投资人一方。作为融资方,大概了解一下尽调的基础知识就可以了。如果还需要了解得更细,推荐阅读《保荐人尽职调查工作准则》等官方文件。

5. 自查与反向调查

融资方在配合投资方尽调的同时,也应开展一些主动的调查行动,包括两个方面:

一是自查。在投资方来之前先对自己摸底调查,类似于彩排,最大的好处是提前发现问题,从而提前补救或准备合理的解释。

- **案例链接**

  有一家企业净利润大概每年五六千万元,准备做IPO,在此之前准备引入一轮股权融资,这个时候PE倍数已经比较高了,因为上市可期。很多家私募基金都感兴趣,就有投资机构来做尽调,发现这家企业的股东2年前在境外设了一个返程投资公司,但没有做返程投资的登记。中国籍的自然人在境外设立一家公司,境外这家公司又反过来投资中国公司,按照中国外汇的管理规定是要登记的,否则若境内和境外的企业进行外汇的交易,它可能面临高达20%左右的罚款。因为这个瑕疵，投资机构退缩了。其实这个问题是可以避免的，如果这家企业早一两年进行自查，做一个补登记，也许就可以补救了。另外，在补登记之前这家企业已经有了一些"违规"的资金进出，因此，也可能面临相应行政处罚和合规风险。

点评：自己查出来比别人查出来主动得多，而且，很多历史遗留问题是可以采取补救措施的。或者，有些历史遗留问题虽不能解决，但可在投资人尽调开始前主动披露，如对方不介意则可继续进行尽调，把项目往前推。这个案例中，融资方被投资方发现不可克服的问题，确实很浪费大家的时间和资源。

有些企业主对自己企业存在的问题往往不清楚，结果等到被人家查出来，已经错过了处理的最好时机。

- **案例链接**：未事先发现问题导致被客户"敲诈"

　　某投资人在对一家企业进行尽调的过程中，发现该企业合同管理不规范，经常是发了货、收了款，合同还没有盖章，于是认为这家企业销售业绩的真实性难以确认。

　　该企业就去找客户补签合同、完善手续，但其中最大的一个客户得知该企业补手续是为了做股权融资，竟然要求暂缓支付数百万元的货款。该企业高层十分愤怒但无计可施，只好答应了该客户的无理要求。

　　点评：这家企业如果在投资人进场尽调之前就通过自查发现自身在合同管理方面存在的严重问题，就不会搞得自己很被动。

自查还有几个附带的好处：

（1）可以提高投资人尽调的效率。自查应尽量模拟投资人尽调的调查项目，准备好所有的文件资料。这样，投资人尽调团队要什么资料，融资方就能够马上提供，可以大大缩短投资人尽调的时间和工作量。尽调对融资方的正常经营往往影响很大，一帮"外人"跑到公司要公司的各种资料，可能把公司搞得人心浮动，也会影响各项业务的正常开展。被"审查"的感觉是不好的,所以融资方总是希望尽调的时间越短越好。自查就是一个缩短投资人尽调时间的好办法。

(2)可以让融资方应对投资人尽调时更加胸有成竹。有的投资方的尽调非常细,并且可能隐晦地用到一些盘问技巧,例如,问不同的人员同一个问题,措手不及之下,融资方人员有可能出错。自查可以帮助融资方更好地避免类似的尴尬。

二是反向调查。融资方还可以对投资方进行反向调查,调查内容包括投资方是否真实存在(机构投资人还要看其股东或合伙人背景)、是否具备相关资质、是否有实力(包括经济实力与投资业绩)、信誉怎样(重点看是否曾与被投资企业发生纠纷以及行业风评)、其背景和资源适不适合本企业、是不是有刺探商业机密等不良企图等。

中国目前的私募股权基金超过万家,非专业投资人更是不计其数,知名可靠的不少,不可靠的甚至借投资行骗的也不少见。因此,尽管投资人是投入资金的一方,融资方也有必要对其进行反向调查。

反向调查尽量放在被查(配合尽调)前面。

- **案例链接**:反向调查甄别出不可靠的投资人

    某地产企业跟一个投资人进行了初步洽谈,双方约定 1 周后投资人的尽调团队进场。笔者建议该地产企业先做反向调查。首先要确认这个投资人是不是可靠,因为这个投资人不是知名投资机构,也不是国有的投资基金。后来,经调查发现,这个投资人之前有坑害被投资企业的负面新闻。最后,这家地产企业没有继续跟这个投资人谈合作。

    点评:有的人担心反向调查会"冒犯"投资人,特别是在融资方比较需要投资、比较弱势的情况下。这其实是一个误解。无论融资方是否弱势,都可以进行反向调查。反向调查可以悄悄查、侧面查,再有意识地跟投资方的人聊天,把查到的资料和得到的信息相互对照。有时候,还可以到投资方进行礼节性拜访。当然,反向调查确实应注意不要冒犯到投资人。

如果投资人是基金公司,可以上中国证券投资基金业协会的网站(http://www.amac.org.cn)了解其管理人备案情况、基金组成情况、基金备案情况、合规处罚情况等。对过往业绩调查时,如果该私募股权基金的投资组合中已经存在跟公司业务直接构成竞争关系的公司,则应特别注意该投资人与己方是否存在"利益冲突",或该投资人是否有帮助其所投资的企业"刺探军情"的目的。

实务操作

1.前文提到的三种调查,可以概括为:被查、自查、反查,重点还是在"被查",即配合尽调。配合尽调的基本原则是:

(1)亲切热情,不卑不亢。应特别注意不要主动陪吃、陪喝、陪玩;如果对方团队主动提出这些要求,则要高度警惕,首先判断其是个人行为还是机构风格,然后采取相应的对策。

(2)诚信。融资人在尽调中欺骗投资人可能产生如下严重后果:

第一,投资人基于错误信息作出错误判断进行了投资,从而引发纠纷;

第二,投资人未能了解到掩盖的瑕疵或漏洞,各方也未能及时采取有效措施予以弥补,从而引发融资企业出现重大合规风险,甚至无法进行资本市场融资(如因某一项"硬伤"导致无法上市)。

- 案例链接:尽调欺骗导致进退两难

某企业在应对投资人尽调过程中,为了获得融资而隐瞒了自己为他人提供担保的事实。投资人对尽调结果比较满意,于是起草了投资协议,其中对于融资方隐瞒或有债务的行为约定了非常严厉的违约责任。

融资方无法承受这样重的违约责任,但在这时候承认自己隐瞒了这笔担保债务,又担心投资人质疑融资方股东及高管的人品。

点评:选择主动披露,双方还可以想办法解决;选择欺骗,反倒让自己彻底失去了机会。

强调诚信，不是道德说教，而是对融资方利益的保护。另外，强调诚信也不意味着必须自曝家丑。企业在长时间的经营过程当中，不能保证每一件事都是合规的。如果这种不合规没有实质性损害投资人利益，有时候把这些事情给投资人看反而会徒增烦恼。

2.融资方配合尽调的工作节点及注意事项。

（1）先签保密承诺（如未事先在投资意向书中约定保密条款）。

（2）接收投资人发来的文件资料清单并按照清单准备文件资料，要注意并不是所有的材料都要提供，例如，一些涉及第三方商业秘密的内容或与本次交易没有直接关系的内容，就可以不提供。哪些资料不提供以及如何表述不提供的理由，要由股权融资工作团队讨论确定。

（3）接收投资人发来的调查问卷（如有）并填写问卷。同理，不是所有的问题都需要回答。

（4）接收投资人发来的访谈名单并安排相关人员接收访谈，融资方内部人员应首先沟通统一口径，不是为了欺骗投资人，而是为了避免不必要的矛盾说法。

（5）对于需要融资方盖章或融资方股东、高管签章确认的文件资料，需要请自己的律师、会计师确认是否应该按投资人要求签章。有时候，融资方股东或高管无须为融资方本身的一些文件资料提供签章确认。

（6）专人对接投资人的尽调团队，及时协调所出现的问题。

（7）个别投资人会采取不正规的尽调手段，要求融资方开放档案室或提供不在文件资料清单范围内的资料，这时候融资方工作人员应友好而明确地拒绝并询问原因，然后由双方高层沟通。

（8）融资方应尽量要求看一下尽职调查报告的初稿，因为中间有可能有误会。这可以避免投资人尽调团队在尽调报告盖章定稿后又要修改或又要出具补充报告。当然，投资人的尽调团队不一定会接受这个要求，这时候融资方可以找投资方沟通，但也不必强求。

第十步：股权融资协议及其他法律文件的谈判及签署

知识简介

一个股权融资项目中需要签署的文件包括三类：

1. 前期意向文件

（1）投资意向书（也有叫备忘录、意向协议、框架协议的）或 TS。为免发生歧义，我们不推荐使用意向协议、框架协议这两种提法。

（2）尽调前需签署的 NDA 或投资方出具的保密承诺（如投资意向书或 TS 中未约定尽调相关保密条款）。

2. 股权融资协议

该协议通常称为投资协议、增资协议，比较西式的叫法是股份购买协议（Share Purchase Agreement, SPA）。

有人说股权融资一般都是采用增资形式，"股份购买"这个说法听起来更像是股权转让。其实，增资是指投资方认购融资方公司的增资份额，的确是一个购买股份（股权）的行为。

股权融资协议主要包括以下模块：

（1）通用条款。即一般增资协议的条款，包括认购增资的比例、价格及新的公司治理结构安排等。

（2）特殊条款。主要是指投资方的特权条款，如优先认购权、优先购买权、领售权、共售权、优先分红权、回购权、优先清算权、否决权、反稀释、对赌等条款。通常只有在投资方按照超出融资方净资产的较高估值投资的情况下，才会要求写这些条款。

（3）其他条款。如违约责任、争议管辖、协议的签署及生效等。

在本书第四章，我们会专门对股权融资协议的重要条款进行拆解。

3.其他文件

（1）股东协议及承诺。如果股权融资协议只解决增资问题，则只需投资方和融资方（目标公司）签署就可以了。但在实践中，投资方往往希望融资方的股东、创始人也承担一些义务、作出一些承诺，如不竞争、不辞职、不套现等。这时，融资方的股东、创始人会与投资方签订一份"股东协议"明确这些问题。有时，融资方的股东、创始人也可选择不另行签署股东协议，而是单方出具承诺，作为股权融资协议的附件。

（2）公司章程。单纯的增资协议仅对公司和新的投资方产生约束力；即便是投资人和原股东之间通过股东协议约定了新的权利、义务关系，也需要将有关公司治理结构安排的内容，特别是关于投资人特殊权利的内容"平移"到公司章程中，以确保股东协议与公司章程一致。因此，在股权融资协议签署时，应同时相应修改公司章程。

● **案例链接**：当特权遇上特权

> 某投资人与融资方在股权投资协议中约定了投资人享有的一些特殊权利，如对某些重大事项的一票否决权等。在协议签订后办理变更登记时，一位持股5%的小股东王某提出，公司原章程规定公司章程修改需全体股东一致同意，故他对章程修改享有一票否决权；他不同意将投资人的特权写进新章程，各方遂产生争议。
>
> **点评**：这种工作脱节的情况在股权投资、股权并购当中并不罕见。正确的做法是将新的公司章程文本作为投资协议的附件，并要求融资方的全体股东确认。

（3）原股东的披露函、保证函。披露函是回首过去，由原股东披露目标公司存在的历史遗留问题的文件，例如债务抵押等权利瑕疵，与并购中卖方的披露类似；保证函是原股东面向未来、保证不会作出某些行为或目标公司不会出现某些问题的文件。

（4）其他股东放弃优先认购权声明。对于增资份额，原股东是有优先购买权的，故需声明放弃。

（5）配偶声明。这个条款实质是要求原自然人股东的配偶放弃对该自然人股东名下的目标公司的股权及其他权利要求，不行的话至少承诺不捣乱和配合签字。

（6）FA协议。前文"第六步"提到融资方可以通过FA寻找投资人，这时候通常需要签一份FA协议，协议内容兼具咨询和中介两个方面。

实务操作

1. 关于变更登记的文件版本问题。股权融资协议往往很复杂，篇幅通常有几十页。在办理股权变更登记时，很多登记机关的工作人员说看不了，要求按登记机关提供的极简增资协议模板签署。如果实在无法沟通，也可以按极简模板签署，并注明未尽事宜或矛盾之处以另行签署的"完整版"协议为准。

2. 谈判和签署有时候不是连在一起的。一般而言，涉及国有企业的产权转让和增资：如果采用进场交易的形式，是先审批，后履行审计、评估、信息披露、进场交易的流程，然后再签协议；如果是采用非公开协议转让/增资的形式，是先签协议再报批，即审批是协议的生效条件。最高人民法院相关判例的裁判观点认为：在进场交易的情况下，转让方私下先与受让方签订国有股权转让协议后，再按照双方协议约定启动评估、审批、进场挂牌公开交易等国有资产转让程序，实际是以公开挂牌交易的形式掩盖了私下直接交易的目的，侵害了不特定主体同等条件下参与竞买的权利，股权转让协议因违背公共秩序而无效。

另外，对特殊行业的股权交易（含增资）的审批，通常也是先签协议再审批。例如，《保险公司股权管理办法》第65条规定，合资设立保险公司或转让保险公司股权报批时，应提交"投资人共同签署的股权认购协议书或者转让方与受让方共同签署的股权转让协议"。

简言之，谈判、签署、审批三者的先后关系，具体要视情况而定。

股权融资协议及其他法律文件的签署本身只是一个动作，跟其他类型协议的签署没有实质性区别,主要注意的点是:保障签字盖章的真实性,别忘记主协议与附件整体同时签署,别忘记盖骑缝章。

3. 关于谈判的技巧,笔者在拙著《投资并购法律实务》里面提到了风格要刚柔相济、要做好团队配合、要提前认真准备、要注意将双方在谈判中达成的共识当场转换为条款并请双方当场确认等经验,此不赘述。

笔者个人体会,相对股权融资项目而言,并购项目谈判的对抗性和工作量通常要大一些,这在很大程度上是因为并购项目中,双方的地位相对比较对等(除非一方急着卖或急着买),而在股权融资项目中,通常是投资方比较强势(尤其是在投资人为专业机构且给了较高估值时),融资方的谈判地位较为弱势,更担心立场太强硬导致谈判失败。

- 案例链接:做股权融资需要亲和力

    10 多年前,笔者在一个大的风险投资项目中被客户选聘为顾问律师,客户解释了原因:"你们律所不是最大的,价格还偏贵,但我还是选了你们……因为你比较有亲和力。"

    点评:非诉讼项目的谈判和诉讼中的开庭对垒有所不同,合作性大于对抗性,在股权融资项目中担任融资方的顾问并陪同客户参加谈判时,更应注意既要控制风险,又要促成合作。

    在股权众筹这种特殊的股权融资项目中,往往是融资方比较强势,因为每一位投资人的投资份额比较低,而且投资方也很难解释为什么不同的投资人协议条款不一样。最简单的做法是统一协议条款,投资人只有选择投或不投的权利,没有修改条款的权利。这种情况下,协议条款的谈判已经没有空间。

4. 公司新章程也是股权融资时需要签署的法律文件,其内容和股权融资协议(增资协议+股东协议)有大量重合之处,但要注意二者的区别。

(1)股权融资协议更加宏观、涵盖面更广。相较于章程往往只解决项目公司投后的内部"游戏规则"问题,股权融资协议对投前工作安排、投中节点控制、投后项目管理等都可以做出约定。

（2）股权融资协议更加灵活。相较于章程本身的法律法规限制和登记规则限制，股权融资协议的约定更能灵活地适应项目的个性化需求。

（3）股权融资协议的约束方式主要依靠违约后果；章程的约束方式主要依靠规定行为本身的效力。

律师需要从两方面帮助客户处理好章程和协议的关系：一是对涉及公司内部"游戏规则"（组织架构、治理结构等）的内容，应在股权融资协议中约定的同时，进一步"上升"为章程条款；二是如果章程与协议内容不一致（通常都是这样），应在协议中特别约定协议条款的优先适用，示范措辞为："各方知晓为登记手续变更，将配合签署登记部门的章程范本文件，各方权利义务以本协议约定为准。"这个措辞的亮点在于没有直接说协议和章程的冲突问题，但实际上明确了如有冲突以协议为准。

第四节　股权融资的收官阶段

第十一步：内、外部审批及签署

📄 知识简介

投资协议及相关法律文件谈好以后，各方并不必然直接签约；中间还有一个重要环节易被忽视，那就是内、外部审批。

该步骤主要包括如下环节：

1. 各自的内部审批。协议双方需要按照各自章程或合伙协议的约定进行内部审批。

融资方的审批需要注意所涉事项是股东会还是董事会审批，在公司章程没有特别规定的情况下，涉及增资扩股问题需要股东会持 2/3 以上表决权的股东同意方能通过。

● **案例链接**:增资款到位后小股东不配合办理股权变更登记

　　一家公司有两个股东,持股比例分别为90%、10%。大股东在与小股东口头沟通后,找朋友融资600万元,增资协议签了,增资款进来了,要办股权变更登记时,大股东才想起找小股东签股东会决议。这时候小股东不签了。拖了几个月,大股东很焦虑。

　　该大股东经人介绍找到笔者咨询,笔者告诉他有2/3表决权的股东同意就可以增资,他就通知小股东开股东会,小股东仍然拒绝签字;大股东就单方签字形成了一个股东会决议,然后拿到登记机关把增资登记办了。其实这个问题仍然有争议,因为决议的表决权比例虽然没问题,但通过时间有问题,属于对既成事实的追认。好在小股东也没意识到这一点,没有去登记机关"扯皮"。

　　点评:这件事虽然解决了,但这个大股东应该检讨,应该是先通过股东会决议,然后签增资(投资)协议,再办股权变更登记。顺序错了,搞得自己很被动。还好投资人是朋友,否则完全可以起诉融资方企业要求其承担违约责任,甚至要求撤回投资。

2.各自的外部审批。所谓外部审批主要包括:集团子单位需要集团上级有审批权单位审批、国有单位需要国有资产监管部门审批、特殊行业需要主管机关审批。

(1)国有资产审批。股权融资项目涉及国有企业对外投资或接受投资的,都要按照《企业国有资产法》《企业国有资产交易监督管理办法》及其他相关规定履行审批手续。具体每个项目要如何履行国有资产审批手续,要看具体情况。

例如,根据《中央企业混合所有制改革操作指引》的规定,涉及中央企业混合所有制改革的:如果拟混合所有制改革企业属于主业处于关系国家安全、国民经济命脉的重要行业和关键领域,主要承担重大专项任务子企业的,其混合所有制改革方案由中央企业审核后报国资委批准,其中需报国务院批准的,由国资委按照有关法律、行政法规和国务院文件规定履行相应程序;拟混合所有制改革企业属于其他功能定位子企业的,其混合所有制改革方案由中央企业批准。

又如,《企业国有资产交易监督管理办法》在之前相关规定的基础上进一步明确"实际控制"的概念:"政府部门、机构、事业单位、单一国有及国有控股企业直接或间接持股比例未超过50%,但为第一大股东,并且通过股东协议、公司章程、董事会决议或者其他协议安排能够对其实际支配的企业。"此类企业也被认定为国有控股企业而受到相关审批规定的限制。

- 案例链接:云南白药股份收购案

2009年9月,新华都集团陈发树花22.07亿元从红塔公司手中购买了云南白药的股份,《股份转让协议》约定红塔公司将其持有的云南白药的股份转让给新华都集团,并约定红塔公司在转让协议生效并收到全部价款后,应当及时办理所有与本次目标股份转让有关的报批、信息披露等法律手续,并约定该转让行为需要红塔公司所在集团中国烟草总公司审批通过。然而,中国烟草总公司一直不批,直至2012年9月直接批复说不同意,理由是"防止国有资产流失"。陈发树把官司打到最高人民法院,最后2014年7月得了个"返还22.07亿元本金及利息"的终审判决。

点评:5年时间,22亿元,最终未能买到想要的股份。这个案例虽老,而且讲的是股份收购而非股权融资,但可以说是国有资产股权交易审批风险最典型的案例。新华都集团负责人陈发树不断控诉国企不讲诚信、法院偏袒国企,但笔者在2014年举办研讨会时认为,协议都没经过审批,急着打什么钱?要走捷径,就应该承担风险。云南省高级人民法院的一审判决确实对陈发树有不公之处,但最高人民法院的判决是公允的。

- 案例链接:陈发树与云南白药再续前缘

2016年12月,云南白药控股公司(当时云南白药的控股股东)通过增资扩股方式引入新华都集团(陈发树控制的公司)投资,新华都集团拟向云南白药控股增资约254亿元,持股比例为50%。3年后的2019年12月,新华都集团、云南省国资委各自以24.51%的相同持股比例,成为云南白药的直接股东。云南白药混合所有制改革之后,前两大股东方股权比例完全一致,决策层面采取了联席董事长机制,陈发树担任联席董事长,导致云南白药无实际控制人。自2021年以来,云南白药多次传出两大股东在董事会层面互投反对票的消息。

点评:这次股权投资,陈发树倒是没有犯未审批先打款的错误,但又犯了新的错误:不能控股且"客场作战"。这个后续案例更适合用来说明股权投资方如何确定合理的持股比例,只是因为跟前面的案例有联系,所以放在这里。

前文提到过,从融资方的角度看,一般不接受投资方控股;如果投资方通过增资获得了控股地位,虽然也可以说是股权融资,但从结果看更像是投资方通过增资手段实施的并购行为,因为融资方从"主"变成了"客"。另外,有说法称单个专业投资机构在所投资企业的持股比例一般不超过30%,这是一种对实际情况的统计,而不是一种规则或限制。在投资方以增资方式对目标公司进行投资的情况下,我们可以这样简单地分类:取得控股地位的就是并购(控制型收购,对融资方的原股东来说是出售公司),未取得控股地位的就是一般的股权投资(对融资方来说是股权融资)。

(2)特殊行业的主管机关审批。以保险公司的股权投融资为例,曾经的中国保险监督管理委员会2018年发布的《保险公司股权管理办法》第23条规定,认购保险公司发行的股权或者受让其他股东所持有的保险公司股权的,应当按照保险公司章程的约定,经保险公司履行相应内部审查和决策程序后,按照本办法规定报中国保险监督管理委员会[①]批准或者备案。保险监督管理委员会将根据有关规定对股东资质、持股比例、入股资金来源等进行审核。

3.担保审批。如融资协议中存在担保措施安排,此类担保事项安排也需要担保方进行内部审批,否则可能产生担保效力上的瑕疵。常见的情况是融资方的法人股

[①] 现为国家金融监督管理总局。

东(公司)为融资方向投资方提供某种履约担保,需要根据新《公司法》第 15 条的规定由该法人股东的股东会或董事会通过(具体决议机构依章程而定)。

- **案例链接**:上市公司对子公司的回购义务担保案

　　2016 年,某基金投资某上市集团旗下某子公司,为了保障退出,约定了一定条件下由某子公司大股东实施回购;并且由上市集团提供到期未上市的股权收购的担保,上市集团法定代表人签字出具该承诺回购的担保函。随后所投公司出现系统性风险且满足回购条件,考虑到履约能力,基金要求上市集团承担股权回购承诺函中的回购义务,但上市集团回应称:该承诺函未经过其内部决策程序通过,也未按照上市披露规则进行披露,因此不认可该承诺函的效力。上市集团提供的承诺函是否有效成为双方争议的焦点。

　　点评:本案发生时,关于未经内部审批的担保的效力及担保方的过错责任承担争议较大。当前,最高人民法院《关于适用〈中华人民共和国民法典〉有关担保制度的司法解释》(2021 年 1 月 1 日起施行)第 7—12 条对此已有明确规定,主要是区分相对人是否善意而作相应处理。本案的关键点在于,投资方犯了未对上市集团担保函的内部审批程序进行审查的错误。

实务操作

　　1. 内、外部审批应做到调研在前。内、外部审批是在协议文本定稿后进行,因为报批时通常需要提交拟签署协议的文本;但是,如果等做完尽调、谈好协议才发现审批有障碍,时间就晚了。所以,在尽调中有一个小类叫"授权尽调",就是在尽调阶段就调查清楚审批过程中是否会有障碍以及障碍的大小。如果障碍不可克服,就终止交易;如果不确定障碍是否可以克服,但仍希望推进交易,则可就障碍不能克服时的应对及补救措施作出约定。"边做边闯关"是陈发树等老一辈企业家习惯的做事方式,这在以前是比较奏效的,在以后也未见得是完全不奏效的。但作为专业人士,我们不应鼓励客户这么做。

2.在确定内部审批流程时,需要注意相关公司章程中是否对股权投融资行为有特别规定。

3.如果投资方为专业投资基金,应按照私募股权基金内部制定的投资决策机制进行审批,通常需要投资决策委员会半数以上的成员同意。

第十二步:交割

知识简介

审批(如有)完成、协议生效后,就会进入交割阶段,交割主要是指对融资协议的履行,主要包括两个方面:投资方将融资资金汇入融资企业账户、对应的股权登记到投资方名下。

融资方更倾向于先汇入资金再变更登记股东,投资方则更倾向于先变更登记股东再汇入资金,这取决于协议的约定。

跟并购不同,股权融资一般不涉及财产、文件资料等的移交,因为投资方不控股。但也有例外,如果投资人希望做强监管,在投资协议中约定了要派人担任关键岗位职务、要掌握某个印鉴或U盾,也要根据协议约定执行。

另外,还要变更股东名册以及为新股东签发出资证明书;涉及溢价增资的,溢价部分要列入资本公积。

实务操作

1.违约责任约定是交割的基本保障。在投资协议中,双方都应对对方的交割义务约定相应的违约责任。

2.交割通常是律师及其他外部顾问的最后一个收费节点。顾问费的尾款通常是在这个时候支付。在交割复杂程度不高的情况下,外部顾问通常会要求以签约为支付尾款的节点。反之,融资企业往往会要求以投资款到位作为股权融资完成的标志和支付尾款的时间节点。这个时间节点对外部顾问来说很难把握,因为如果融资企业不主动告知,外部顾问很难确认投资款是否到位,而且有时还存在投资款分期到位的情况,这会导致外部顾问收取尾款出现不确定性以及拖延太久的情况。比较公平的解决方案是以股权变更登记的时间作为融资企业支付外部顾问服务费尾款的时间节点,因为登记是公开可查的,而且也是交割动作中的核心环节。

3. 交割之后还有投后管理(对融资方来说就是配合投后管理)、投资退出等工作。这些工作要么通常不需要外部顾问介入,要么已经属于一个新项目,所以笔者没有把这些工作列入一般股权融资项目的工作步骤。

现在笔者已经把股权融资工作的十二步介绍完毕。需要注意,并不是每个项目都要中规中矩地走完十二步。对于外部顾问来说,参与最多的还是落地、收官两个阶段的五个步骤,即签署投资意向书(TS),接受尽职调查,协议及其他法律文件的谈判及签署,内、外部审批,交割。

基于融资方视角的股权融资工作节点见表2-2,供大家在工作中对照使用。

表2-2 股权融资工作节点

序号	工作步骤	文件(如有)	备注
一、准备阶段			
1	学习/内部沟通		
2	组建工作团队		
3	制订股权融资工作计划	可选择是否形成文件	
4	写BP	BP	
5	"包装"公司		
二、接触(投资人)阶段			
6	寻找和初步接洽投资机构	FA协议	仅在正式聘请FA时签署
7	初步接洽		

续表

序号	工作步骤	文件(如有)	备注
三、落地阶段			
8	签署投资意向书/条款清单	投资意向书/TS	
9	接受尽调	尽调报告、重大事项陈述	也可能有其他书面说明
10	协议及其他法律文件的谈判及签署	(1) SPA (2) 股东协议及承诺 (3) 新的公司章程 (4) 原股东披露函、保证函 (5) 原股东放弃优先认购权声明 (6) 配偶声明	2—6 项通常作为 SPA 附件
四、收官阶段			
11	内、外部审批	(1) 投融资双方及融资方法人股东(公司)的股东会决议、董事会决议 (2) 有关部门的审批文件	内部审批依相关公司章程(无规定也建议做),外部审批依相关法规
12	交割	(1) 股权变更登记所需文件 (2)《交割清单》	依投资协议约定进行

第三章 股权融资中的商业问题

本章导读

股权融资的商业问题比较常见的有估值、财务与税收、投后管理、融资退出等。

这些问题往往不是项目法律顾问的工作职责，但法律人作为股权融资项目的法律顾问应当了解，这样才能更好地领会客户意图和帮助客户实现其意图。

对于融资方以及会计师等其他外部顾问来说，这些问题更加不可回避。

第一节 估值常识

📄 知识简介

一、什么是估值？

估值是指企业的价值，但不是注册资本、净资产或资产等基于财务数据确定的价值，而是投、融资单方或双方主观认为的企业价值。

二、估值有什么用？

当投、融资双方就企业的估值达成一致时，投资人认购融资方公司增资的价格也就确定了，所以估值是股权融资的定价依据。

假定一家企业的投后估值为1亿元，则投资人需要投资（增资）1000万元才能获得该企业10%的股权。

要以估值为股权融资定价，首先要分清投前估值和投后估值。

投前估值是指投资人投资之前，投融资双方确认的企业价值；投后估值是指投资人投资完成后企业的价值，故：

投后估值 = 投前估值 + 投资额

反过来说，投前估值 = 投后估值 − 投资额

例如，上述企业投后估值为1亿元，投资人向目标公司投资（增资）1000万元获得目标公司10%的股权，则可计算出该企业的投前估值为9000万元（1亿元减去1000万元）。

一般认为，计算投前估值没有太大意义，主要原因是在没有外部投资的情况下，上述9000万元的估值就没有了参照。换言之，有投资才有计算投前或投后估值的必要。

另外，从技术上讲，投后估值更便于理解。如前所述，投后估值1亿元，投1000万元可获得10%的股权比例，符合一般人的思维习惯；用计算公式表示如下：

投资人获得的股权比例＝投资额/投后估值

- 案例链接

某企业就股权投资事宜与某投资人签署了投资意向书，约定估值为1亿元，但未说明是投前估值还是投后估值。尽调完成后，在协议谈判中，投资人认为1亿元是投后估值，故投资2000万元应获得20%股权。融资方认为1亿元是投前估值，故投资人投资2000万元只能获得16.67%的股权，计算公式为：2000万元/（1亿元＋2000万元）＝16.67%。

点评： 按投前估值显然对融资方更有利，故有观点认为融资方应尽量建议投资方采用投前估值来计算认购增资的价格。但是，这样做有两个问题。一是投资方通常比较强势，融资方很难说服投资方采用投前估值来估价；二是以投前估值计算投资后的股权比例往往得出来的不是整数，很麻烦。还有的讲师建议融资方"抖机灵"，开始不提投前估值或投后估值，而让投资人误以为是投后估值，等投资人尽调完成再主张是投前估值。这种做法有时候反倒会引起投资人的反感。实践中，一般是按投后估值来计算认购增资价格，但是一定要记得在计算时把投前和投后的差额考虑进去。

专业投资人通常比较精于估值。因此，融资方自己也要懂一些估值常识，以免在谈判中过于被动。

三、估值的考量因素

从投资人视角看，估值会重点考虑以下因素：

1. 成长性（最重要）。
2. 业务数据，如销量、利润等。
3. 资产状况。一般而言，轻资产企业的估值主要与企业的盈利能力和成长性关系较强,而与企业资产的关系较弱。反之,重资产企业以及一些传统产业企业的估值,与注册资本、净资产、资产的关系较强。

4. 是否有其他投资人在关注融资企业(双方的谈判地位)。

5. 团队。

6. 是否接受对赌。

四、估值的方法

(一)相对估值法

相对估值法,也称比较分析法、倍数分析法。比较分析的原理是将所要分析的目标公司与市场上可比的公司进行比较。比较分析是投资人常用的估值方法。尤其是公司要去上市做 IPO 时,大部分会采用比较分析法。比较分析法主要包括以下几种:

1. 市盈率估值法。也称"PE 估值法",即通过计算上市公司的市盈率来确定公司的估值,计算方法是用公司每股的价格除以每股的收益,相当于公司整体市值除以公司的净利润。例如,某上市公司市值 100 亿元,净利润 5 亿元,市盈率就是 20 倍。反过来,净利润乘以市盈率就等于市值,计算公式为:5 亿元×20＝100 亿元。

非上市公司如果用这个方法估值,可以首先把自己设想成一家上市公司,先看同行业上市公司的平均市盈率是多少,再用这个市盈率乘以当前的年净利润,就可以得出公司的当前估值了。

对于有利润的企业,这个方法很简明也很合理,投、融资双方的接受度都比较高。这个方法的前提是公司必须有比较稳定的净利润,所以很多暂无较好盈利的初创企业以及正在"烧钱"的互联网企业、高科技企业用不了,但是有一个变通的方法。

如果融资方对自己有信心,可以通过对赌条款承诺在未来的几年(多为 3 年)达到一定的利润水平,则同样也可以采用市盈率估值法。

第三章　股权融资中的商业问题

- **案例链接**：上市公司 23 亿元天价投资微信公众号

    2018 年 9 月，A 股上市公司利欧股份宣布以 23 亿元收购主打微信公众号平台的自媒体公司苏州梦嘉 75% 的股权。业界质疑一家成立 3 年、注册资本 133 万元的微信自媒体公司为何值这么多钱？

    根据利欧股份公告，苏州梦嘉的整体估值预计为其 2018 年承诺净利润的 12 倍，最终以评估结果为准，即整体预估值 = 2.60×12 = 31.20 亿元；75% 的收购股权比例对应的交易金额为 23.40 亿元。根据业绩承诺，苏州梦嘉于 2018 年、2019 年、2020 年会计年度实现的年度审核税后净利润应分别不少于人民币 2.6 亿元、3.6 亿元、4.5 亿元。

    面对市场对估值合理性的质疑，利欧股份回应称，"整个 A 股市场去年全年的并购平均估值是 11.7 倍，平均增长 20%—30%，我们对苏州梦嘉的要求是每年保持 35%—40% 的增长，给 12 倍的价格，这也是我们谈判下来的结果"。

    表面上看，利欧股份的回应能够自圆其说。但问题在于，苏州梦嘉 2017 年净利润仅为 6390.18 万元，2018 年 1 月至 8 月实现净利润 1.2 亿元，要求苏州梦嘉在 2018—2020 年分别实现年净利润 2.6 亿元、3.6 亿元、4.5 亿元，不符合市场规律。这个 3 年利润指标很难实现。

    点评：如果利欧股份是一家私人公司，冒高风险收购也无可厚非；但利欧股份是一家上市公司，如果苏州梦嘉业绩不达标，最终将损害公众股东的利益。利欧股份如此相信苏州梦嘉，有人怀疑中间有利益输送，即利欧股份的实控人跟苏州梦嘉私下"分赃"，股民亏钱。这样的质疑也无可厚非。幸好，在监管部门的干预下，1 个月以后，利欧股份发布公告终止此次交易。简言之，可以面向未来预测利润，但要实事求是。

无论公司当前是否盈利，在对未来利润预测时要考虑增长速度（可参照同行业其他企业的平均增长速度并结合自身行业地位等实际情况确定）。例如，公司上年利润 500 万元，年利润增长率为 20%，则未来 3 年的利润分别为 600 万元、720 万元、

864万元,计算方法为:

年利润增长率×上年利润总额=年利润增长额

年利润增长额+上年利润总额=当年利润总额

如果公司的业务已经比较成熟,对未来利润的预测会相对比较准确;反之则比较难以预测。

在预测未来利润时,还要考虑两个因素:

一是投资人的支持程度。如果投资人很支持(包括资金及时到位及其他投后服务),则预测可以大胆一些,但前提是约定投资人的支持要到位。

二是投资人的干预程度。在一个上市公司投资/并购(部分增资、部分受让股权)项目中,融资方承诺了未来3年的利润指标。在谈判中,融资方提出,由于上市公司获得了控股地位,融资方无法确定原管理层能够按自己的方式继续经营企业,双方遂约定上市公司仅委派财务总监,公司的经营仍由原股东(投资完成之后的小股东)负责。

近几年资本寒冬持续,投资人对没有盈利能力的项目越来越谨慎,PE估值法越来越受到重视。

● 案例链接

某制造业企业拟引进上游某上市公司的战略投资3000万元,已知该企业当前年净利润约1000万元,同行业上市公司平均市盈率约20倍,故该企业的估值初定为2亿元。投资人提出,该企业注册资本和净资产都比较低,且投资方的品牌背书和投资后支持较强,希望按1.5亿元确定估值。融资方顾问提出,该1.5亿元属投前估值,故最后双方商定本次投资的投后估值按1.8亿元(1.5亿元+3000万元)确定。

点评: 实践中,如果融资方搞不清投前估值和投后估值的区别,通常都会被投资方"糊弄"过去。这样,在本项目中融资方的估值就白白少了3000万元。

拿非上市公司的价值跟上市公司比,多少有点牵强,所以还需要考虑其他因素和双方的谈判地位。

为了确保企业的利润水平能够稳定并持续提升,专业投资人在按市盈率估值法给予估值后,通常会通过对赌条款要求创业者及融资方承诺未来的利润将会持续增长,比较常见的是设定未来3年中每年的利润指标。

关于同行业上市公司的平均市盈率,可以通过巨潮网等网站、上市公司信息披露、一些行业研究报告获取数据。

2. 市净率估值法。也称"PB 估值法",即通过计算上市公司的市净率来确定公司的估值,计算方法是用公司每股的价格除以每股的账面价值。公司资产的账面价值,等于资产账面余额减去资产折旧或摊销,再减去之前的储备,可以大致理解为净资产。

例如,市值100亿元,净资产20亿元,市净率就是5倍。反过来,净资产乘以市净率就等于市值,计算公式为:20亿元×5 = 100亿元。

非上市公司如果用这个方法估值,可以首先把自己设想成一家上市公司,先看同行业的平均市净率是多少,再用这个市净率的倍数乘以当前的净资产,就可以得出估值了。

市净率估值法通常适用于重资产行业,对制造业等传统行业比较友好,净资产越大,估值就越高。

3. 市销率估值法。也称"PS 估值法",即通过计算上市公司的市销率来确定公司的估值,计算方法是用公司每股的价格除以公司每股的销售额,也就是用公司整体的市值除以公司的销售额。同理,非上市公司用市销率估值法估值时,可以首先把自己设想成一家上市公司,先看同行业上市公司的平均市销率是多少,再用这个市销率乘以当前的年销售额,就可以得出公司的当前估值了。

这是前些年比较激进的做法,优点是简单;因为收购标的较小,定价机制太复杂会增加谈判难度。

市销率估值法适用于尚未盈利甚至亏损严重的电商、软件等未来价值较高的行业,只要销量大,亏损也值钱。典型的如京东、滴滴等企业。

上面三种方法都是跟同行业比效率,分别是比盈利能力、比净资产、比销售能力。除了比这三项,还可以比其他方面。例如,用企业的收入除以公司的员工数,可以看企业的人均产出;用公司的收入除以公司的固定资产,可以看公司固定资产的产出效率。

4. 业务数据法。主要是看用户和产品(服务)两个系列指标。用户指标如用户数量、用户等级、信用等级、活跃度、留存率、转化率、客单价、日新增用户等。产品指标如成交量、复购率、畅销单品等,不同项目有更加细化的指标体系。

- **案例链接**:按"户头"估值

  某互联网财税平台大量收购代账公司,因代账公司没有资产,故估值方法为一个客户估值1000元。例如,某代账公司有1000家客户,则其估值为100万元。

  点评:这是前几年"圈地"时期的"打法",优点是简单,缺点是激进。

5. 同行先例法。看同行业类似的非上市公司之前有没有股权融资先例,然后参照先例确定估值。

融资方如果想知道自己的估值,可以根据自己的行业特性,尽可能多比较几个维度,再综合考虑自己的估值。

另外,既然提到了相对估值法,也谈谈绝对估值法。绝对估值法使用现金流贴现定价模型来评估上市公司价值,先预测公司未来的股利或者未来的自由现金流,再将其折现,从而得到公司股票的内在价值。

中国上市公司大多不分红,很难预测未来的股利。上市公司都"测不准",要评估非上市公司的价值就更难了。简言之,预测股利这方法不好用,故不赘述。至于预测未来的自由现金流的方法,主要考虑以下因素:

第一,公司增长速度。如前所述,参照行业平均增速和竞争对手增速并结合自身实际情况。

第二,企业现有市场份额和相关产品/服务的市场渗透率。

第三,假设变量。即根据激进、适中、保守三个档次分别测算。

绝对估值法的计算方法比相对估值法更复杂,没有财务基础的读者无须深究。具体的测算方法详见下文的官方指引。

(二)官方推荐的估值方法

1.《私募投资基金非上市股权投资估值指引(试行)》

该指引由中国证券投资基金业协会于2018年3月30日发布,主要介绍了以下估值方法:

(1)市场法

在估计非上市股权的公允价值时,通常使用的市场法包括参考最近融资价格法、市场乘数法、行业指标法。

①参考最近融资价格法(前文"同行先例法")

②市场乘数法(前文相对估值法中的市盈率估值法、市净率估值法、市销率估值法等)

③行业指标法(前文"业务数据法")

简言之,市场法就是相对估值法,通过对标同行业公司来评估企业价值。

(2)收益法

在估计非上市股权的公允价值时,通常使用的收益法为现金流折现法。

(3)成本法

在估计非上市股权的公允价值时,通常使用的成本法为净资产法。

2.《非上市公司股权估值指引》

该指引由中国证券业协会于2018年9月7日发布。跟中国证券投资基金业协会的指引一样,也介绍了市场法、收益法、成本法。

这两个指引提供的估值方法基本一致,但在行文上有所区别,对如何使用这些方法均写得非常细致,非财务专业人士不必深究。

除了上述估值方法外,还有风险收益法、调整后现值法、期权分析估值法、加权概率情景分析法等。

这些估值方法很专业,操作要求很细致,没有较强的财务团队融资方不一定有能力正确运用。尽管如此,了解常识还是必要的,至少不那么容易被"糊弄"。其中,市盈率估值法、市净率估值法、市销率估值法这些常用估值法,总体还是好理解的,可以让融资方对自己的估值有一个大概的概念;至于具体的数值输入和演算,建议交给外部顾问来处理。

(三)其他比较简单实用的估值方法

1. 博克斯法

美国人博克斯首创的对于初创期的企业进行价值评估的方法,估值公式为:

估值 = 好创意 100 万元 + 好的盈利模式 100 万元 + 好的团队 100 万 – 200 万元 + 优秀的董事会 100 万元 + 好的前景 100 万元

以上 100 万元、200 万元应该是上限,即一家初创企业的估值最高 600 万元。这个方法显然是不科学的,但对于一些商业模式尚不清晰、财务数据不太稳定的初创公司来说,不失为一种好用的模型。

2. 三分法

三分法是指在对企业价值进行评估时,将企业的价值分成三部分:通常是创业者、管理层和投资者各占 1/3,将三者加起来即得到企业价值。这个方法类似于博克斯法。

之所以介绍这些非常规的估值方法:一是为了帮助融资方增广见闻;二是有些小项目确实没有必要也很难按照正规的估值方法进行估值,这些简易的方法聊胜于无。

📄 **实务操作**

1. 各种估值方法都可能不够准确,可以多用几种估值方法,然后综合考虑。

2. 处理好股权激励与引进外部投资的关系,尽量不要设置由大股东代持或仅稀释原股东股权的期权池。因为股权激励的行权价格比较低,通常会远远低于投资人按估值认购增资的价格,故融资方应争取等比例稀释新、老股东的股权。

- **案例链接:以"滚雪球"代替期权池**

    某企业聘请笔者团队做股权激励时,提出通过大股东代持或另设有限合伙持有公司10%的股权,用于对核心骨干的股权激励。笔者提出,这种方法已经过时了,至少有两个重大缺陷:

    一是核心骨干要通过受让股权或合伙份额来获得股权或合伙份额,而在行权条件满足(业绩达标)的情况下,公司的股权必然是增值的,这将导致交易价格明显超过该等股权或合伙份额对应的注册资本,从而产生高额的所得税。

    二是公司股本不能因实施股权激励而不断增加,不利于公司的持续成长。

    在笔者的强烈建议下,该企业采取了不设期权池,而是随时增资并等比例稀释原股东股权的"滚雪球"式的股权激励方式。

    该企业原有两名股东,持股比例分别为80%、20%;假定本轮股权激励各激励对象需行权获得10%的股权,则公司注册资本做相应增加,被激励对象则通过有限合伙人持股平台认购该等增资。增资完成后,原股东的股权分别被稀释为72%、18%,各被激励对象通过有限合伙持股平台间接持有公司10%的股权。这样,公司的股本就会生生不息,像滚雪球一样越滚越大。

    该企业启动股权激励后,与某投资人达成了股权融资合作,且该投资人也认为实施股权激励很有必要;本着尊重历史的原则,双方约定未来被激励对象行权时仍按等比例稀释的原则稀释各股东股权,这相当于投资人也为股权激励释放了自己持有的一部分高估值认购的股权。

点评：如果该企业之前仍然采用传统的期权池方式来做股权激励，就无法让投资人分担股权激励所需低价释放的对应股权。另外，"滚雪球"式股权激励的好处不限于上述案例所述，因本书的主题不是股权激励，故在此不展开。投资方一般都会要求融资企业建立员工期权池，用于实施员工激励。而其中就隐含着对融资企业估值和创始股东股权比例稀释的影响。

3.融资方的注册资本大小应适宜。如果注册资本大小对公司业务开展影响不是那么明显，那么从股权融资的角度看，融资方公司的注册资本宜小不宜大。

有的融资方对注册资本认缴制度理解不到位，为了"面子"把注册资本写得很高，想着反正是认缴，把出资期限写长一点也没什么负担。这样做的主要问题并不是认缴出资可能被加速到期（毕竟是小概率事件），而是创始人会损失"真金白银"。

● 案例链接

A企业注册资本1000万元，实际只到位100万元（创始人自己只有100万元启动资金），该企业采用轻资产运营模式，业务数据不错，拟启动股权融资，预期投后估值1亿元，拟释放10%股权获得投资1000万元。在其启动股权融资之前，笔者建议该企业减资为100万元或200万元。该创始人问为什么，笔者给他讲了另一家同为轻资产公司的B企业的股权融资情况：

B企业注资资本100万元（实缴到位），估值也是1亿元，也是释放10%股权获得投资1000万元。

这样看来，A企业比B企业多出来的900万元注册资本就很浪费。比较之下，未实缴的出资是股东对公司负有的债务。确实，对轻资产公司来说，估值是和成长性主要相关而不是和注册资本主要相关。

笔者又进一步从资本回报率的角度给客户算了一笔账：

A企业获得1000万元投资款之后，公司资本性投入为2000万元（含原股东认缴的900万元），原股东持股90%，享有其中的1800万元，其因本次融资而获得的资本回报率为:1800万元/1000万元=1.8倍。

B企业获得1000万元投资款之后,公司资本性投入为1100万元,原股东持股90%,享有其中的990万元,其因本次融资而获得的资本回报率为:990万元/100万元=9.9倍。

客户最终接受了笔者的建议,先行减资,然后再启动股权融资。

点评:笔者遇到的最"离谱"的创业项目是创业者自己只有几百万元,注册资本却设定为几亿元。这时候,如果估值几千万元,投资人怎么进来呢?假定注册资本5亿元,投资后估值5000万元,投资人投1000万元本来应该占股权的10%,但投到一个注册资本5亿元的企业里,1000万元只占股权的大约1%(因分母有变化)。简言之,如果企业想融资,注册资本要与业务的实际需要相匹配,"打肿脸充胖子"的事不能再做了。

当然,注册资本太低也不好。如果注册资本远远低于项目所需的启动资金,融资方就只有借款解决(除非企业成立就启动股权融资),这会导致企业负债率过高,给投资人留下负面印象。

4.对赌是弥合估值差异的好办法。例如,在一个项目中,融资方的要价是估值8000万元,但投资方只给出4000万元的估值。尽管双方用了几种估值方法进行计算,但这些计算结果都只能作为参考,双方仍然无法达成一致。这时候对赌不失为一个好的选择。

很多投资人谈"赌"色变,其实是因为对于对赌了解不全面。我们在第四章会专节讲对赌,这里只作简要介绍。

对赌主要有三种模式:

(1)估值调整条款。假定融资方期待8000万元的估值,投资人只给出4000万元的估值,于是融资方选择承诺未来达到一定的利润指标,争取投资人先按8000万元的估值投资。如果届时融资方没有达标,原来投资人是投资800万元占10%,那现在就要占百分之十几或百分之二十了,因为融资方利润没有达标,说明之前的8000万元估值是错的。

这个安排是合理的。

双方也可选择这时候投资人还是只占 10%，但是融资方要退 400 万元给投资人，相当于还是按照 4000 万元来估值。只是融资方直接退钱给投资人可能涉嫌抽逃出资，所以这个退款义务可以在投资协议中约定由创始人来承担。为了保障自己的权利，投资人可能要求同时约定两种选择，即有权在增加股权和退还部分投资款两种方案中"二选一"。相应地，融资方如果不愿意退还投资款或预计自己届时无力退还投资款，则可要求只约定增加股权这种方案。

（2）业绩补偿条款，也叫分红补偿条款。例如，融资方创始人保证投资人在未来 3 年内每年可获得一定金额的分红，如果分不到，由创始人来补差额。

（3）股权回购条款。业绩不达标，创始人要回购投资人持有的股权，还要加一定的投资回报（常见区间为每年 8%—12%）。

虽然我们经常调侃"风控基本靠赌"，但事实上因为行业、赛道和团队真的很难考察，有对赌并不意味着投资人不懂行业，不认可现有团队。

对赌有其公平的一面。投资人和创始团队对被投资企业的认识，永远存在信息不对称的情况，投资人也怕创业者懈怠甚至出现道德风险。创始公司不考虑资金使用效率疯狂烧钱、数据造假甚至通过关联交易侵占投资人的投资款，都不是新鲜事。投资人为什么那么喜欢对赌，除了对公司的估值确实不好确定之外，也有防备创业公司"乱来"的原因。投资人要求对赌，无可厚非。当然，如果融资方谈判地位较强势，能够不"赌"当然好。

5. 估值不是越低越好。有的融资方为了获得投资，不敢主张应有的估值，导致承受不必要的损失。有的投资方为了便宜，过分追求低估值，导致选到了较差的公司。

【进阶阅读】中国特色的估值体系

在 2022 金融街论坛年会上，时任中国证券监督管理委员会主席易会满表示，"针对上市公司结构与估值问题,要把握好不同类型上市公司的估值逻辑,探索建立具有中国特色的估值体系,促进市场资源配置功能更好发挥"。

易会满主席指出,估值要区分上市公司类型。目前国有上市公司和上市国有金融企业市值占比将近一半,民营上市公司数量占比超过2/3,近几年新上市公司中民营企业占到八成以上;外商控股上市公司市值占比约4%。从上市公司结构上看,呈现多种所有制经济并存、覆盖全部行业大类、大中小企业共同发展的特点。做估值,首先是要区分不同类型上市公司,梳理出不同类型公司估值逻辑的差异。无论是什么公司,不但要练好提升核心竞争力、完善公司治理等"内功",还要对外主动加强投资者关系管理,让市场更好地认识企业内在价值。

易会满主席的上述发言可以归纳为三个要点:分类估值、练好内功、主动联系投资人,但没有看出"中国特色"体现在什么地方。但有业内人士认为,"中国特色"主要是指市盈率估值法、市净率估值法等"正规"估值方法具有"估不准"特性,因此在运用各种估值方法的同时,要考虑中国股市的特点和中国经济的发展趋势。前者是指中国股市易受政策、题材等非基本面因素的影响,后者如传统互联网行业衰落、智能制造等领域兴起等"脱虚向实"的趋势。

假定我们以市盈率估值法为一家企业计算了估值,还要根据政策、题材、行业"虚实"(赛道)等因素,对这家企业的估值进行增减。问题是,政策、题材、行业"虚实"等因素对估值的影响难以量化,这就使估值的准确性大打折扣。

小结:市盈率估值法、市净率估值法等"正规"估值方法为"正",政策、题材、行业"虚实"等因素为"奇",二者需要综合考虑。

不要迷信估值方法,也不要全盘否定。估值方法不能决定估值,但的确是最终确定估值的重要参考因素。

第二节　投后管理的配合与应对

一、投资人的投后管理诉求

📄 知识简介

创始股东作为控股股东所拥有的对公司的控制权和投资人所需要获得的特殊管理权之间，通常会发生一定的碰撞。作为融资方，要学会应对投资人的投后管理诉求，为此，融资方应先了解投资人一般是如何进行投后管理的。

1. 关键岗位人员的任免

投资人和融资方往往会就"董监高"的席位分配即股东会、董事会、经理层之间的权限范围进行磋商。

对财务岗位，一部分投资人仅要求对公司会计账簿、原始凭证、合同台账及其原件等拥有查账权，以免除行使股东知情权的烦琐程序和诉累之忧；另一类投资人则希望能够获得财务总监或会计、出纳的任免权。

2. "超级"知情权

投资人不但可以依法行使股东固有的知情权，而且会在投资协议中约定融资方应定期主动向其呈报详细的财务和业务资料，并应随时接受投资人的财务审计或业务检查。

3. 投后跟踪管理

投资人可以要求对公司投后经营事宜进行跟踪管理，跟踪管理的内容有：

（1）对创始团队承诺的各类业绩指标完成情况进行定期考核；

（2）对公司经营涉及的合规问题进行质询和纠正；

（3）对创始团队一方派遣的履职不当的人员进行罢免并要求更换。

4.投资人的退出机制

投资人往往基于自身资金使用周期的要求,对项目投资存在退出机制的安排,成熟的投资机构会在投资协议中对此加以安排,以确保融资按计划退出,投资收益能按计划实现。

- **案例链接:越俎代庖的投资人**

    投资人在投后管理工作中,因对创始团队的工作成果极为不满且对公司发展方向问题与创始团队意见相左,遂行使投资人特权,将创始人委派的执行董事停职,并停止审批公司的一切对外付款,导致公司经营陷入僵局。

    公司在经营僵局中发展停滞,直至创始团队承诺的业绩对赌期限届满,投资人立即起诉创始团队要求创始团队履行回购义务。

    点评:本案例来自四川省高级人民法院(2019)川民终1130号民事判决书(系四川高院2020年"十佳裁判文书"之一)。从结果上看,该案中投资人请求创始团队履行回购义务,存在两项法律上的主要障碍:

    一是束人手脚又责人之过,踩到了"恶意促使(对赌)条件成就,视为条件不成就"的雷区。

    二是业绩对赌的基本前提是创始团队经营权的相对完整,投资人管得太宽,导致创始团队最初承诺业绩对赌的初衷无从谈起,使得业绩对赌约定陷入客观上无法继续履行的窘境。

    简言之,对公司投后管理的"游戏规则"安排不当,导致双方两败俱伤。

📄 实务操作

据说10%的股权投资机构赚了90%的回报。这个说法虽然没有权威的统计数据支持,但符合我们的观察以及一般规律。为什么有些投资机构业绩更好?一部分原因是调研能力(眼光)更好,还有一部分原因是能为融资企业赋能。

首先,优秀的投资机构可为融资企业提供管理方面的指导。尤其是投资赛道明确的基金,在某些行业有着深厚的沉淀,其团队对融资企业所在行业往往相当熟悉并能提出有价值的参考意见。这些指导对于人才缺乏、经营管理水平不高的创业公司尤为珍贵。

其次,优秀的投资机构可为融资企业背书。一家获得知名基金投资的项目,在谈客户、找人才甚至银行贷款等方面会获得很大优势。这是钱买不来的。

再次,优秀的投资机构可直接为融资企业带来资源,包括客户、人才和销售渠道等。

最后,优秀的投资机构有时甚至能帮融资企业寻找下轮投资人。专业投资机构本身是一个圈子,由投资人引荐投资人,其效率比融资企业自己找投资人通常要高很多。

二、融资方的配合及应对策略

对于融资方而言,从宏观角度,融资后期管理更应关注"资源"的引入,即融资后投资方能否为融资方企业引入其所需的各类"资源"。

知识简介

对于融资方而言,投资协议签订后并没有万事大吉,而应持续关注如下几点:

1. 承诺的投资款是否到位?

2. 各类"资源"是否如约引入?

3. 注意与投资方的日常沟通及按约定进行信息披露。面对投资人的各类投后管理诉求,应当坚守"特权不害主权"的原则,保持自身的独立性。

- 案例链接:美团与阿里巴巴的"恩怨"

早年间,阿里巴巴对美团是十分支持的,在美团前面的好几轮融资背后,都能看到阿里系资本的影子。

后来,美团转身去拿了腾讯的钱,阿里巴巴逐渐退出对美团的投资。美团携手腾讯,据说是因为阿里巴巴对投资项目的管理风格比腾讯更为强势。

点评: 投资完成不意味着结束,融资方需要持续评估投资方的"风格"是否适合自己。

三、投后管理中的律师服务

投资协议的签订,通常是股权融资项目法律顾问工作结束的标志(也是收取奖励性尾款的标准)。后续工作,融资方可以自行完成或在其常年法律顾问的帮助下完成。

有的时候,应客户要求,融资方法律顾问也可就配合投资人的投后管理事宜为融资方继续提供帮助。律师从事这部分工作应注意以下几点:

(1)提醒融资方及时、严格履行投资协议约定的投后管理义务,如人员委派、资料报送等。

(2)对投资协议约定不明的事项,根据投资协议的精神提出建设性意见。

(3)对于投资人可能存在的滥用权利、过度干预融资方经营的情况,律师可代表融资方有理有节地进行应对,必要时可以由律师当"恶人",让融资方有回旋余地。

第三节　融资退出

知识简介

投资方的投资收益一般需要通过投资退出实现。投资方在投资期间所获得的分红也应视为投资收益,但通常不是投资方的主要收益来源。不同类型的投资方对于退出的安排是不一样的。偏战略型的投资方的投资期限一般较长,更注重资源整合,而不追求在一定期限内退出并获得投资回报。偏财务型的投资方的投资期限往往是固定的,一般不会很长,4—6年的较为常见;根据其对上层投资人(典型的如有限合伙制基金中的 LP) 的承诺, 到期必须退出。

融资退出的路径主要包括如下五种方式:

一、IPO 退出

IPO 退出的渠道主要有: 以设立可实际控制境内实体公司的离岸公司的方式在境外上市 (VIE 结构); 以境内股份制公司发行 H 股的形式实现境外上市; 境内公司在境外借壳间接上市; 境内股份制公司在境内主板、中小板、创业板、科创板、北交所等上市; 境内公司在境内借壳间接上市等。

IPO 退出是投资人的首选, 投资方赚取的收益可能是其投资金额的几十倍、几百倍甚至更高。

实操中也并非所有的 IPO 退出都意味着很高的收益, 也存在部分"破发"或者"一、二级市场估值倒挂"的情形。一些在股权融资时估值本身已经畸高的企业, 即便未来实现 IPO, 投资方也很难通过二级市场减持获得很高的投资回报。

二、并购退出

如果投资人无法通过 IPO 退出, 但所投资企业发展并不是太差, 投资方可以通过将股权转让给第三方的方式实现退出。

- 案例链接: 基金寻找"接盘侠"

某知名基金投资了一个项目, 相关专项基金的投资期限是 5 年; 该基金公司预计该目标公司可在 5 年内上市, 但由于新冠疫情及其他原因, 目标公司未能在其投资后 5 年内达到申报上市的条件。考虑到基金投资期限届满且目标公司经营状况还算良好, 该基金找到了另一投资人继续向目标公司投资, 同时向该投资人转让了其持有的目标公司的股权。

点评: 对新的投资人来讲, 目标公司可能很快就能上市从而帮助其获取高额投资回报; 对于该基金(原投资人)来讲, 做到了按期退出并保证了一定回报;

对于目标公司来讲,不但不必退回投资款而且获得了新的投资。这是一个"三赢"的局面。

有些律师无法从诉讼思维中脱离出来,把非诉讼项目也当成"你多我少、你死我活"的零和游戏去对待,导致无法为客户提供建设性的解决方案。在商事法律服务领域,诉讼和非诉讼的界限已经越来越模糊,商事律师应学会在两种思维之间自由切换。

三、回购退出

如果投资人无法实现IPO退出或并购退出,可通过事先的协议安排,要求融资方企业和/或其创始股东"回购"其持有的股权来实现退出。

回购退出主要有两种情形:

(1)因回购型对赌条款触发回购,即融资方业绩不达标触发回购义务人的回购义务。

(2)某些基金,特别是具有一些有固有资产背景的基金,喜欢设置这样的投资条件:一定期限(如投资之日起满3年)届满,无论业绩是否达标,投资人都有权要求回购义务人履行回购义务。

回购退出的金额通常是投资本金加上一定固定年利率的资金回报。虽然无法像IPO退出那样取得超额的"投资收益",但至少可以保障"投资本息",不至于出现投资退出无门或投资亏损。实践中,这种退出方式也可能面临融资方创始人及其他回购义务人无力回购的情况。但对于投资人来说,有回购安排总比没有回购安排好。至少,创始人对目标公司的股权可以作为其向投资人履行投资义务的担保。投资人的想法是,能拿到钱就拿钱,拿不到钱就拿创始人的股权,这样就获得了目标公司的控制权。

- 案例链接:对赌失败触发回购

    2010年,某投资公司与兰某、某渔业公司、鲟业公司签订投资协议,约定投资公司向该渔业公司的全资子公司某鲟业公司投资 7000 万元,取得该鲟业公司 34.3% 股份,同时约定了年度净利润达到或超过被投资方承诺的业绩指标后的奖励方案,以及 2014 年 12 月 31 日前该鲟业公司"未完成公开发行股票和上市"的情况下,该投资公司所享有的股权回购请求权及回购款的计算公式。

2013 年 10 月,该鲟业公司因存在财务虚假、约定的相关业绩承诺未实现的情形,且各方确认无法在约定日期前上市,该投资公司起诉兰某、某渔业公司,要求被告支付 8900 万余元以回购其所持有的该鲟业公司 49% 的股份。

法院认为:

(1) 协议中有关被投资方股东应回购股份的承诺清晰而明确,该条款与相关股权奖励条款相对应,系各方当事人的真实意思表示,且不违反法律、行政法规的禁止性规定,也不存在显失公平问题。

(2) 投资公司起诉时,鲟业公司存在财务虚假、协议约定的相关业绩承诺亦未实现、在约定日期前无法上市已成事实状态,协议所约定的股份回购条件业已成就。

法院判决兰某、某渔业公司向投资公司支付 8900 万余元,用于受让投资公司所持鲟业公司 49% 的股份。

点评:回购条款系缔约过程中当事人对投资合作商业风险的安排,不违反法律、行政法规强制性规定,一般应认定有效。

另外,"回购"这个提法不是很准确。按理说,投资人向目标公司增资而获得股权,应该是目标公司从投资人手中把股权买回来才叫"回购"。由于《公司法》对于公司向股东购买股权有严格的限制,投资协议中通常是约定由目标公司的创始股东承担购买投资人手中的股权的义务。这严格来讲不叫"回购",而是一个预约的股权转让。行业内之所以将创始股东从投资人手中购买股权的行为也称为"回购",是因为创始股东往往是目标公司的控制人,对于投资人来说目标公司与其创始股东也可以"不分彼此"。

四、清算退出

清算的理由可以分为法定清算以及自行清算,分别对应不同的启动理由以及清算流程。

法定清算主要依据《公司法》及最高人民法院《关于适用〈中华人民共和国公司法〉若干问题的规定(二)》的相关规定进行。

如目标公司经营不善,达到清算条件,投资人可通过对目标公司进行清算实现一定程度的退出。

对于自行清算而言,公司股东可以就除法定情形之外的其他触发清算的情形进行特别约定。实操中,投资方往往会要求在投资协议中列明"清算条件",一旦触发这些条件,投资方就有权要求公司清算。

对于融资方及其创始人而言,投资人最好是IPO退出;其次是并购退出,因为并购退出不需要对融资方及其创始人支付股权转让款;最差的是回购退出以及清算退出。

- 案例链接:并购退出与IPO退出的接力

  2016年11月,周黑鸭在香港交易所主板挂牌上市,共发行4.2447亿股,募资23.7亿元。周黑鸭的投资方中主要的是IDG资本,还有一家美元基金宜信财富。该基金创造了一个奇迹——仅用3个多月就完成了从投资到退出的全过程,并获得数倍的投资回报。该基金是在2016年下半年才从IDG资本旗下的一只基金受让了相应份额,过了几个月就等到了周黑鸭上市。

  点评:宜信财富投资3个多月就实现IPO退出令人羡慕,IDG资本旗下的基金实现了并购退出也获得了丰厚回报,且不用承担IPO上市失败的风险。

实务操作

融资方应注意:

1.投资人关心其投资如何退出是正常的,应当正视和关心投资人的退出诉求,不要避讳谈及这个问题。

2.退出渠道应多元化,不能只有IPO一条通道。

第四章 股权融资协议的主要条款

本章导读

本章内容是对股权融资相关协议条款进行逐条拆解,包括对条款内容进行解读、提供示范条款和探讨融资方博弈策略等。

本章按以下顺序展开:

1. 股权融资协议的常规条款;

2. 股权融资协议中的十大保护投资人利益的特殊条款;

3. 股权融资协议中的对赌条款。

本章内容专业性较强,做股权顾问的专业人士可认真研读,非专业人士浏览即可。

第一节　股权融资协议的常规条款

通常情况下,一份完整的股权融资协议包含如下常规条款:

1. 鉴于;

2. 定义;

3. 交易标的;

4. 陈述与保证;

5. 先决条件(包含特定审批条款);

6. 交易对价;

7. 支付条款;

8. 过渡期;

9. 交割;

10. 交割后义务;

11. 公司治理;

12. 限制竞争;

13. 最惠国待遇;

14. 税费;

15. 违约责任;

16. 保密条款;

17. 不可抗力;

18. 法律适用及争议解决;

19. 其他。

一、鉴于条款

知识简介

阐述交易背景、合同目的和各方动因等,看似一堆"客套话",其实大有玄机。

实务操作

常见表述如下:

鉴于:

1. 目标公司成立于【　】年【　】月【　】日,现有注册资本为【　】万元,主要从事【　】(以下简称现有业务),并已经拥有从事上述现有业务的相关资质;

2. 截至签署日,【　】为目标公司的控股股东,【　】为目标公司实际控制人,目标公司现有登记股东共计【　】个,其持股比例详见【　】,现有股东持有目标公司100%的股权;

3. 目标公司因经营发展的需要,希望以增资的方式引进投资方(以下简称本次投资),且本次投资方有意在各方遵守本协议条件和条款的前提下进行本次投资,并与现有股东共同致力于目标公司现有业务的发展;

各方经友好协商,就投资方向目标公司投资事宜达成如下条款,共同信守。

鉴于条款是讲背景。一般认为鉴于条款没什么用,但有时候它是有用的。当协议的具体权利义务条款约定不明、法官/仲裁员需要根据合同目的推测签约各方真实意思时,鉴于条款就可能变得很重要。

我们再来看一个大家比较熟悉的货物买卖合同的鉴于条款。

- **案例链接**:鉴于条款里设陷阱

　　某采购合同的鉴于条款如下:

　　鉴于:

1、甲方是一家电信网络运营商。

2、乙方是一家实力雄厚、信誉卓著的电信设备的供应商且其能够确保其提供的设备不存在缺陷并符合甲方运营要求。

双方经友好协商,就设备供应事宜达成如下条款,共同信守。

点评:从乙方的角度看,这个条款存在如下问题:

1."实力雄厚、信誉卓著"的"美言",是为了掩盖甲方设置的陷阱,"乙方……确保……设备不存在缺陷并符合甲方运营要求"。通常,乙方可以保证设备符合国家和行业标准,但不能绝对保证设备不存在缺陷和符合甲方运营要求。

在谈判策略上,作为弱势的乙方,可以说鉴于条款通常只交代背景而不应约定具体的权利义务;关于乙方对设备质量的保证义务,建议在协议相关条款中系统另行约定。

2.该鉴于条款的标点符号使用有以下错误:

(1)该鉴于条款有三个句号,而规范的鉴于条款里面一般只有一个句号。如果我们用"剪枝阅读法"抽取鉴于条款的主干,会发现整个鉴于条款是一个完整的意思,所以只需要一个句号。

(2)上面讲原因的序号1、2后面不应该是句号,而应该是分号;西式序号中阿拉伯数字的1、2之后是小圆点而不应该是顿号。

(3)鉴于后面用冒号不能算错,但用逗号更规范。网上有很多关于"例如"后面用冒号还是用逗号的讨论,见仁见智。笔者认为用逗号更好,因为鉴于条款的"鉴于"二字后面跟的是名词性从句而非名词性短语。试比较以下两个句子:

①动物园里有很多动物,例如:狮子、老虎。

②动物园里的动物活动范围很小,很可怜,例如,小猴的房子也才几十平方米。

把上面两句的"例如"后面的冒号和逗号换一下,好像不太好。

在文字上追求极致,是律师的一种职业病。本书的主旨并不是文书写作,笔者在此处借题发挥,目的是提醒各位律师读者:做非诉讼项目时规范度和狭义的专业度同样重要(反之,在做诉讼时只要抓准了点,文书丑一点问题没那么大)。

另外,正规的合同在正文中最好用公司名称的简称如"海尔""格力"来指代合同主体,可以避免把甲方、乙方等主体写反,而且读起来更好懂。

在策略上,作为弱势的乙方,可以不向强势的甲方直接提及格式问题。贾锐博士戏说:"35岁以后,我的合同越改越丑。作为弱势的乙方的律师,要认清自己的地位,只要甲方给的条款不伤害乙方的实质性权利,丑点也没什么。以前我还帮着排排版,现在都不多事了。"因为不知道甲方经办人的性格,所以还是稳妥为上。

如果本身是条款起草者或者不考虑谈判地位问题,条款格式还是规范为好。

当然,当乙方也要有底线,不能让的坚决不能让,但是话要说好听一点。

二、定义条款

知识简介

篇幅较长的股权融资协议,往往会将高频、关键的词语集中在文首进行定义。

- **案例链接**:定义条款中的"伏兵"

  某《投资协议》正文约定,交割日当日,投、融资双方应当相互完成各自应当交割的款项、股权(办理股权变更登记)。但在定义条款中,"交割日"的定义为:"融资方及创始团队完成本协议项下约定的配合登记义务之日。"

  点评:上述定义条款实质上将"一手交钱、一手交货"的规则暗中修改为

149

"先货后款"的规则(先完成股权变更登记,投资人再交付投资款)。这对融资方不公平也严重不利。

双方律师谈判时,讲好是"同时履行"(先准备好股权变更登记文件,当日早上汇款,上午向市场监督管理局递交资料,并由融资方协调加急完成变更登记)。但投资方律师起草文本时,有意偏离谈判精神,夹带"私货"。笔者团队作为融资方律师在审查协议时发现了这个问题,后双方经沟通后按谈判精神修改了"交割日"的定义。

这说明几个问题:

一是定义条款也能设置陷阱。

二是股权融资协议文本通常很长,要发现问题需要仔细看条款。

三是再次说明融资方要请股权专业律师做外部顾问、看协议,不专业的律师没有这样的敏感性。从律师角度来看,如果没有一定的股权业务基础,建议不要去独立承办股权融资项目及其他股权项目,以免误人害己。

实务操作

项目不同,定义条款的表述方式也不同,常见表述如下:

"控股股东"是指其出资额占目标公司资本总额50%以上或者其持有的股份占股份有限公司股本总额50%以上的股东;出资额或者持有股份的比例虽然不足50%,但依其出资额或者持有的股份所享有的表决权已足以对股东会、股东大会的决议产生重大影响的股东。

"实际控制人"是指虽不是目标公司的股东,但通过投资关系、协议或者其他安排,能够实际支配目标公司行为的人。

"关联方"是指就任何人而言,符合中国《公司法》《证券法》及 A 股上市规则和中国公认会计准则所规定的有能力直接或间接控制、共同控制一方或对另一方施加重大影响的一方人士,以及同受一方控制、共同控制或重大影响的两方或多方人士。(1)对于某一实体而言,即直接或间接控制该实体的任何公司、非公司实体或自然人,或者被该实体直接或间接地控制或共同控制的任何公司、非公司实体或自然人,对于任何公司、非公司实体是指通过持有股票表决权、所有权或其他方式,直接或间接地被一方控制、与一方处于共同控制之下或控制一方的任何公司/企业;该等"控制"应被理解为可选举多数席位董事或者控制公司管理权的权利。(2)对于某一自然人而言,即该自然人的配偶、子女、兄弟、姐妹、父母、以该自然人或其直系家庭成员作为受益人或全权信托对象的任何信托的受托人,或者由上述人员控制或担任董事、高级管理人员的任何实体或公司。

"关联交易"是指关联方之间的交易,包括但不限于关于购买商品、服务或资产的合同,协议的签署、履行行为,资金的拆借、往来,担保行为,经营租赁或融资租赁行为,知识产权的研发、技术转移及许可行为,相互的代理及委托行为。

"重大不利影响""重大不利变化"是指对任何公司的财务状况、财产、资产、负债、业务、经营前景或业绩所产生的重大不利变更以及合理预计可导致该变更的任何事件或情况。如该等变更可以量化,则其总额应当超过人民币【 】万元,包括但不限于因下列事件所引起的重大不利变更:(1)因战争或恐怖活动引起的变化;(2)对业务产生普遍影响的事件、情况、变化或效应(包括法律和监管方面的变化);(3)公司与其客户、员工或供应商之间关系发生不利变化或损失;(4)在签署日后发生的、对交易构成影响且具有普遍适用性的中国会计准则或法律或政府命令的变化;(5)任何针对公司和/或控股股东、实际控制人的刑事侦查程序或任何具有相同影响的诉求。

融资方应特别注意:

1. 对交易节点的界定,需对照前后文反复确认;
2. 对"关联方""竞争"等对融资方进行限制的定义,应尽可能缩小范围。

三、交易标的条款

知识简介

股权融资项目中的交易标的是目标公司的股权。

实务操作

常见表述：

目标公司同意，按照本协议的约定以人民币【　】万元估值支付人民币【　】万元（增资款），取得项目公司增发的【　】%的股权。前述增资款中，【　】万元用于认购项目公司新增的注册资本合计人民币【　】万元，剩余现金出资即【　】万元的增资款将作为本轮增资的溢价款计入项目公司资本公积。

本次投资完成后，目标公司的注册资本将由人民币【　】万元变更为人民币【　】万元，届时目标公司全部股东认缴出资额及持股比例变更如下：【　】

各方同意，本条所述股权比例系根据各方认缴的注册资本额除以目标公司的总注册资本后取两位小数得出的近似值。

以后目标公司若发生股份制改造、增资或分红等情形，各方的持股数额、股权比例须依据各方认缴的注册资本额精确计算。

各方进一步同意，除非各方另行达成书面协议，各股东在目标公司的股权比例与各股东在目标公司的认缴出资比例应保持一致。

要点提示：

公司估值决定了投资款中进入注册资本金和资本公积金的比例。如第三章第一节所述，需注意投前估值和投后估值的差异。按惯例，协议中的估值会被默认为投资后估值，但并无法律依据，故这个条款的重点不是估值金额，而是投资方以多少资金认购多少融资方增发的多少注册资本。

四、陈述与保证条款

知识简介

这个条款类似于"发誓"，一般是针对尽调中没有发现或无法确定的问题进行设计；尽调"没发现不代表没有"，所以一般会要求融资方及其股东乃至高管进行兜底陈述。陈述和保证一般以协议条款的形式出现,如果篇幅过长,有时候会单独形成一份陈述与保证文件作为协议的附件之一。

主要内容包括两大方面:

1. 融资方及目标公司的陈述与保证:主要确认披露了哪些关键信息,保证这些信息的真实准确完整,无重大遗漏;除披露外,保证不存在哪些瑕疵。

2. 投资方陈述与保证:主要确认资格、内部授权、投资价款来源。

实务操作

常见表述:

本协议一方向其他各方作出陈述和保证如下:

1. 该一方是依据其成立地所适用法律法规合法设立、有效存续且状况良好的目标公司或企业,或一名具有完全民事行为能力的自然人。

2. 根据相关中国法律,该方拥有签署本协议所必需的所有权力、授权和批准,并拥有充分履行其在本协议项下每一项义务所必需的所有权力、授权和批准。

3. 该方签署本协议的代表已获得充分授权,并且本协议构成了该方在本协议项下合法、有效、有约束力且可执行的权利和义务。

4. 目标公司及控股股东、实际控制人以及原投资者之陈述与保证见附件一和附件二。

5. 前述每一项陈述和保证应被视为单独陈述和保证(除非本协议另有明确的相反约定),而且前述每一项陈述和保证不应因参照或援引任何其他陈述和保证条款或本协议的任何其他条款而受到限制或制约。

6. 前述任何及所有陈述和保证于交割日亦应真实、准确、完整,并具有相同的效力,如同该等陈述和保证于交割日当天作出一般。

7. 如发生任何违反本协议中陈述和保证之情况而对目标公司造成重大不利影响的,除本协议所约定的救济以及依据有关的中国法律中可得到的救济外,目标公司和/或现有股东应就由于其对本协议中的任何约定的任何违约，或由于对其在本协议中任何陈述或保证的任何违反或虚假声明而使本次投资方或其他各方遭受的所有损失（包括但不限于合理的律师费等）进行赔偿，使本次投资方或其他各方免于蒙受任何损害。

为避免疑义，如目标公司、控股股东、实际控制人中任一方违反的陈述、保证、承诺、约定或义务本身已含有重大不利影响之意，则违反该等陈述、保证、承诺、约定或义务本身将视为构成了本协议约定的对公司造成重大不利影响。

8. 目标公司和现有股东承诺，如果其知悉在签署日后、交割日前发生任何情况，使其任何陈述和保证在任何方面变为不真实、不准确或具误导性，则将立即书面通知本次投资方。

融资方应注意：

1. 陈述与保证条款表面上是一个对等的条款，投资方也会做出一些陈述与保证，如资金来源合法等，但这个条款主要还是针对融资方的。投资方通常会要求融资方和目标公司作出宽泛且详尽的陈述与保证。

2. 融资方违反陈述与保证涉嫌欺骗投资人，构成根本违约。在极端情况下，如果投资人指控融资方涉嫌欺诈甚至构成犯罪，在认定是否违约或是否存在欺诈时，陈述与保证条款是重要的认定依据。因此，融资方不应为了获得融资而接受无限制的陈述与保证内容要求。

融资方应主张陈述与保证应尽可能限定在"实质性瑕疵"范围，注意不对客观原因无法掌控或确定的信息进行保证，比如，保证某日前获得某项政府批文；又如，保证某核心技术人员不离职。此类约定超出了融资方股东的能力范围。

3. 在谈判地位允许的情况下，融资方可争取加入"按现状投资"条款，常见表述如下："投资方已对目标公司的资产负债情况以及目标股权的权益情况进行了独立和充分的了解，同意按照目标公司在交割时的状况进行本次投资。"这个条款是笔者在2013年做的一个并购项目中使用的。当时目标公司实际已经停止经营，名下唯一的资产是一块工业用地。投资方收购该公司的目的是获得对这块地的控制权。融资方原股东也是在本次交易发生的几个月前才从别人手上收购了这家公司的股权,对这家公司也不是特别了解。鉴于这种特殊情况,笔者团队作为融资方的律师,为了控制融资方的法律风险,设计了这个条款。

以下再分享一个更完备的陈述与保证条款:

A. 原股东、核心股东、实际控制人陈述和保证

原股东、核心股东、实际控制人向投资方陈述和保证如下:

(1) 原股东、核心股东、实际控制人具备签署及交付本协议以及其作为一方的其他交易文件和履行交易文件的民事权利能力及民事行为能力。

(2) 原股东、核心股东、实际控制人具有充分的权力及授权来签署、缴付和履行本协议、其作为一方的其他交易文件和本次交易。

(3) 原股东、核心股东、实际控制人合法拥有并有权处分其在目标公司中持有的相关股权。该等股权对应的出资义务已经根据法律和公司的章程履行完毕,不受制于任何权利负担,也不涉及任何未决或潜在的争议、诉讼或仲裁。

(4) 原股东、核心股东、实际控制人签署和履行本协议以及其作为一方的其他交易文件不违反法律;不违反其公司章程、合伙协议或其他组织文件;不违反对其有约束力或适用的法院判决、裁定、仲裁庭裁决、行政决定、命令;不违反其为签约一方的任何文件、合同或协议,或对其或其资产具有约束力的任何文件、合同或协议。

(5) 若其他各方已正式授权、签署、交付本协议及其他交易文件,则本协议及其他交易文件对原股东、核心股东、实际控制人构成合法、有效且有法律约束力的义务,可根据其条款对原股东强制执行,除非该等强制执行受到适用的破产、清算、重整或类似法律的限制。

(6) 原股东、核心股东、实际控制人签署和履行本协议以及其作为一方的其他交易文件无须获得任何批准或第三方同意。

(7) 目标公司原股东、核心股东、实际控制人同意并配合本次交易,并承诺放弃

行使优先购买权及优先认购权。

（8）不存在任何影响原股东、核心股东、实际控制人签署或履行本协议以及其作为一方的其他交易文件的任何诉讼。

（9）除中国法律和公司章程，以及各方一致书面确认认可的前轮投资协议所规定的股东权利外，不存在任何文件、承诺或其他安排给予前轮投资者作为公司股东的其他权利。

B.关于目标公司的陈述和保证

核心股东、目标公司和实际控制人（合称陈述方）连带向投资方陈述和保证如下：

（1）信息披露

基于本次交易之目的，目标公司、核心股东、实际控制人向投资方提供的全部书面文件资料和通过口头、电子等其他非书面方式提供的信息均是真实、准确、完整和有效的，没有重大遗漏或误导性陈述，其所提供的书面文件的复印件均与原件一致、副本均与正本一致。鉴于该等信息是投资方对目标公司进行投资决策所依赖的重要材料，如果出现任何虚假、隐瞒和不实，将承担一切赔偿责任。

（2）合法设立、有效存续并依法运作

除在披露附表所列明的之外，目标公司有效存续，不存在任何可能导致其终止、停业、解散、清算、合并、分立或丧失法人资格的情形或法律程序。

（3）注册资本、股权

除在披露附表所列明的之外，目标公司的任何一名股东已遵守其在目标公司章程项下的各项义务。除在披露附表所列明的之外，目标公司的所有股东应缴付的出资已全额支付并由注册会计师验证并出具验资报告，未发生任何抽逃注册资金的行为。至本协议签署日止并在本协议有效期间，目标公司股东所持有目标公司的股权/股份不存在亦不会设置质押、托管、被查封或其他限制股东行使股东权利的其他情形。

第四章 股权融资协议的主要条款

(4) 经营及资质

除在披露附表所列明的之外,目标公司拥有从事业务所需的相关的政府(包括境内和境外)批准、许可、登记备案、认证等相关文件。除在披露附表所列明的之外,目标公司在过往3年一直在工商部门核准的营业范围内从事经营活动,没有其他经营事项。

(5) 遵守法律

除在披露附表所列明的之外,目标公司均按照所有适用的中国法律及法规、政府批文和营业执照经营其业务。除在披露附表所列明的之外,目标公司不存在违反税务、工商、海关、外汇、环境保护、安全生产、劳动保障、行业管理、知识产权等中国法律的情形。

(6) 资产

除在披露附表所列明的之外,目标公司财务报表中反映的公司的各项资产均为目标公司的合法财产,可由目标公司按照中国有关法律转让、出售或以其他方式处置。除在披露附表所列明的之外,目标公司对其财务报表中反映的资产(包括知识产权、不动产、股权资产、债权资产等)享有完整、充分的所有权,在资产上不存在任何第三人的所有权、共有权、占有权、抵押权、质押权、留置权或其他担保物权。

(7) 重大合同

目标公司的全部重大合同均已在进行披露。除在披露附表所列明的之外,目标公司不存在违约行为,也不存在可能导致目标公司向合同对方承担违约责任及/或赔偿责任的情形。

(8) 关联方及关联交易

除在披露附表所列明的之外,目标公司没有与其核心股东、实际控制人及其控制的其他企业、董事、监事或主要管理人员及其关联人订立任何其他协议。既有的关联交易的商业条款均是公平和公正的,不存在损害目标公司利益或者不合理加重目标公司负担的情形。除在披露附表所列明的之外,目标公司的股东、董事、监事或高级管理人员以及该股东、董事、监事或高级管理人员的直系亲属(或其配偶的直系亲

157

属)未在目标公司的任何竞争者、供应商或者客户中拥有任何直接或间接的权益;或欠目标公司任何债务。

(9)负债

除目标公司提供的最近一期财务报表反映的债务外,目标公司不存在任何其他债务(包括已有债务及由于目标公司提供保证、抵押、质押或其他形式的担保所产生的或然债务)。

(10)税务

除在披露附表所列明的之外,目标公司已经依法办理税务登记和纳税申报手续,并及时、足额缴纳税款,不存在欠税、漏税及税务争议,也不存在任何可能招致目标公司遭受处罚的其他情形。

(11)员工

除在披露附表所列明的之外,目标公司不存在对员工(包括高级管理人员)待遇的其他承诺和义务;没有为任何管理人员或员工设定任何股权激励划或类似计划。如果由于增资完成之前的员工报酬、福利、社会保险的问题(且无论这些问题是否已披露)导致目标公司承担法律责任(包括但不限于补缴、承担罚款等),则核心股东愿意承担全部责任。

(12)不竞争

除在披露附表所列明的之外,全体核心股东、实际控制人以及其各自关联方在任何时候均未直接或间接地:①从事任何与目标公司业务相同、类似的业务或与目标公司业务构成直接或间接竞争的活动("竞争业务"),或向从事与竞争业务的任何企业进行新的投资;②为其自身或其关联方或任何第三方,劝诱或鼓动目标公司的任何员工接受其聘请,或用其他方式招聘目标公司的任何员工;或③就任何竞争业务提供咨询、协助或资助。

(13)诉讼仲裁

除在披露附表所列明的之外,截至本协议签署之日,没有发生以目标公司、核心股东或实际控制人为被告、被申请人、被处罚人、或第三人的诉讼、仲裁或行政处罚程序,也不存在可能引起前述诉讼、仲裁或行政处罚程序的纠纷或违法行为,并且目标公司、核心股东或实际控制人没有被采取任何司法保全措施或强制执行措施。

C.投资方的陈述和保证

(1)投资方具备签署及交付本协议以及其作为一方的其他交易文件和履行交易文件的民事权利能力和民事行为能力。

(2)投资方具有充分的权力及授权来签署、缴付和履行本协议、其作为一方的其他交易文件和本次交易。

(3)投资方签署和履行本协议以及其作为一方的其他交易文件不违反法律;不违反其公司章程、合伙协议或其他组织文件;不违反对其有约束力或适用的法院判决、裁定、仲裁庭裁决、行政决定、命令;不违反其为签约一方的任何文件、合同或协议,或对其或其资产具有约束力的任何文件、合同或协议。

点评:这些"功能性条款"通常按照模板套就行了,但也不能百分之百依赖。交易各方仍应根据自己的立场和谈判地位进行逐字逐句地研究。笔者认为,要警惕将这些条款教条化的不负责任的倾向,常见表现是:投资方过于强势,一个字也不让改;融资方直接躺平,不尝试提出对自己的陈述和保证进行范围或期限上的限制。

五、先决条件条款

知识简介

先决条件不是合同的生效条件,而是交割的前提。

有些时候,双方合作的条件并未完全满足,但双方相信可能会满足并且都有合作诚意,就把这些条件列为履行合同的条件。体现在股权融资的协议当中,双方先签合同并让合同生效,但是融资方满足了一些条件之后投资款才到位,这些条件就称作先决条件。

先决条件与陈述与保证条款有区别。陈述与保证一般是对交易当时及之前的情况的客观描述，主要是"面向过去"，核心目的是保证披露情况的真实性；先决条件是为了让对方履约而满足一些条件，主要是"面向未来"。二者也有交叉，通常情况下，"未出现违反陈述与保证情形"往往作为交易"先决条件"之一。

先决条件往往是投资人的"定心丸"，融资方的"拦路虎"。

主要内容通常包括：各项内部决议完成、尽调所发现的重大问题处理完毕或取得投资方豁免、无重大不利变化、未出现违反陈述与保证情形等。

部分项目根据其背景情况还可能包含一些特定审批条款，主要包括：是否涉及反垄断审查、是否涉及国家安全审查、是否涉及国资审批、是否涉及外汇管理批复等。

实务操作

常见表述：

各方同意，在以下先决条件均得以满足或被本次投资方书面豁免的前提下，本次投资方才有义务支付增资款人民币【　】万元：

1. 本次投资方顺利完成对目标公司的业务、法律和财务的尽职调查。

2. 目标公司已取得本次投资所必需的所有政府批准和批复（如有）。

3. 各方已适当签署并交付了关于本次投资的交易文件，其格式及内容令本次投资方满意。

4. 目标公司及其现有股东均已全面履行和遵守交易文件或交易文件提及文件要求其于交割日或之前履行或遵守的所有协议、义务和条件。

5. 目标公司已办理完毕本次投资的工商变更登记手续并取得体现本次投资的新营业执照。

6. 目标公司已按照本次投资方要求调整股权架构（如需）且其股权架构令本次投资方满意。

7. 现有股东已向本次投资方出具内容和形式如附件三的确认函。

8. 本次投资方认定为目标公司高级管理人员以及核心技术人员的员工（详见附

件四)已与目标公司签署了符合法律规定且令本次投资方满意的劳动/劳务协议或其他类似性质的协议以及 NDA 和竞业限制协议,并全职服务于目标公司。

9. 目标公司已聘请专职财务人员并与其签署符合法律规定且令本次投资方满意的劳动/劳务协议或其他类似性质的协议以及 NDA 和竞业限制协议,依法与其建立劳动关系,并相应建立健全公司财务管理制度。

10. 自签署日起至交割日,目标公司和控股股东、实际控制人在交易文件项下所作陈述和保证均为真实、准确和完整的(附件一和附件二)。

11. 自签署日起至交割日,没有发生或可能发生对目标公司及其下属子公司的控制权、股权稳定性、财务状况、经营成果、高级管理人员和核心技术人员、合法经营、盈利前景、资产、业务或技术等造成重大不利影响的事件。

12. 自签署日起至交割日,不存在任何不利于目标公司和/或现有股东的有关诉讼、仲裁、行政程序的裁定/判决,且该等裁定/判决将对其履行交易文件项下义务或对本次投资构成重大不利影响。

13. 自签署日起至交割日,不存在任何法院判决、政府机关裁决或者法律规定:(1)限制、禁止、延迟或者以其他方式阻止或者寻求阻止本次投资的完成;(2)导致本次投资的完成会使目标公司和/或现有股东和/或本次投资方遭受重大惩罚或承担法律责任;(3)限制目标公司的经营从而构成重大不利变化。

14. 目标公司向本次投资方递交了先决条件满足通知,确认本协议约定的增资款支付的先决条件均已满足或被本次投资方书面豁免,并提供所有令本次投资方满意的证明文件以及目标公司增资款收款账户的详细信息。

15. 本次投资已取得本次投资方董事会、投资决策机构、资产评估及国资委备案的相关程序(如需)的批准。

融资方应注意:

1. 一定要确保自己能够做到(满足先决条件)。

2. 先决条件尽可能少,范围尽可能窄。

3.限定先决条件的"截止"时间,一般指"签署日至交割日",至于交割日后的事件不应该在"先决条件"中出现。

4.对于某些先决条件不能满足的原因,要进行约定以便分清责任。例如,融资方承诺交割前保证核心技术团队的稳定,但在签约后交割前投资方居然试图"挖"走融资方的一位核心技术人员。对这种情况,就需要作出相应的约定,并明确投资方应对其不当行为承担违约责任。

六、交易对价条款

知识简介

交易对价的约定有固定价格和仅约定定价原则两种方式。如果采取约定定价原则(如约定价格的计算方法)的方式,应确保该约定明确具体。

实务操作

常见表述:

本次投资方按照本协议约定的条款和条件,以共计人民币【　】万元(以下简称增资款)认购公司新增的注册资本,取得本次投资后目标公司基于充分稀释基础上(包含了目标公司所有已发出或通过协议承诺的股份数量、所有股份期权安排、认购股权安排、各种可转换为股权的安排以及根据之前融资中可能含有的反稀释条款调整后的股权结构)共计【　】的股权(对应本次投资完成后目标公司【　】万元人民币的注册资本),增资款中人民币【　】万元计入目标公司注册资本,其余人民币【　】万元计入目标公司资本公积。

要点提示:

如采用非货币出资的,应注意评估价值的确定以及转移物权的时点,同时需要考虑非货币部分价值未来发生重大偏差情况下如何对出资差额部分进行弥合。

第四章　股权融资协议的主要条款

- 案例链接

　　2003 年,某公司从另一公司受让了另一家保险公司的部分股权,当时约定按照有资质的合格的审计机构确认的股权对应的净资产价值来确定股权转让价格。

　　合同履行过程中,双方签协议的时间和办股权变更登记的时间出现了几个月的时间差。因为这次交易涉及保险公司股权转让,审批时间比较长。几个月时间过去,保险公司的业务状况发生变化,标的股权的价值也发生了较大变化。

　　双方主要分歧在于:买方认为评估只能按照合同签署时点的评估价算交易价格,如果按照交割时点评估整体价格将上涨好几百万元;卖方认为肯定是要按交割的时候来算,因为这个时候才办理股权变更登记。双方对于评估基准日到底是协议签署日还是交割日产生争议。

　　点评:这个案例是贾锐博士办理的第一个贸仲仲裁案。尽管这个案例讲的是股权转让,但可以很好地说明非货币资产评估时点的重要性。在写股权融资协议的交易对价条款时,如果无法确定具体金额而只约定了价格确定办法,则在措辞上一定要清楚明确,并特别注意基准日问题。

七、支付条款

知识简介

　　如果直接采用现金支付一般争议不大。如果采用非现金支付需要约定清楚什么时点(标志)才视为支付完成。

　　同时需要考虑:

　　先办理股权变更登记还是先支付投资款?

　　办理股权变更登记后投资方不支付投资款或投资款到位后融资方不办理股权变更登记怎么办?

163

📄 **实务操作**

常见表述：

各方同意，本次投资方应于本协议第2.1条约定的先决条件全部得以满足或被其书面豁免后的【　】个工作日内，将本次投资的增资款支付至目标公司指定的银行账户，完成其在本协议项下的付款义务。

目标公司及控股股东、实际控制人保证，除非取得本次投资方事先书面同意，目标公司应将本次投资增资款全部用于现有业务发展及运营。

控股股东、实际控制人保证，其不会以任何形式直接或间接挪用或占用任何目标公司的资金或资产，亦不会将增资款挪作他用（包括但不限于偿还现有股东或者关联方的债务等）。

融资方希望投资款一次性到位，投资方希望投资款根据融资方经营需要分期到位，且留下足够尾款作为"解决其他遗留问题"的保证金。如何解决双方的"不信任"从而促成交易？融资方可以有五种选择：

1. 如果投资方是有实力的大机构，则融资方可以接受先办理变更登记、投资方再打款，只是需要明确约定逾期付款的违约金等违约责任。

2. 要求投资方先打款再办理变更登记。

3. 要求投资方先支付一部分投资款再办理变更登记，投资方在变更登记完成后再支付剩余的投资款。如果投资方违约，其股东权益将受到影响且其已投资到位的款项可作为违约金。

4. 在跟登记机关协调好的情况下，同日交割，即当日打款，当日办理股权变更登记（先提交材料—登记机关确认材料无误—投资款到位—完成股权变更登记）。

5. 设置"共管账户"。投资人先将投资款支付到"共管账户"，一旦投资条件满足，投资款自动划出或划回。关于共管账户，要注意以下几点：

（1）"共管账户"以谁的名义设立很重要。如果是以投资方的名义设立，则共管效果相对较差些，因为虽然银行需要融资方代表的印鉴才能"动"共管账户里的钱，但在法律上,这笔钱既然归属于投资方名下账户,其所有权仍然属于投资方所有,无法对抗第三方冻结扣划。

(2)如果融资方要求以融资方的名义开设共管账户,投资方通常不会同意,因为这实质上已经形成了支付,只不过在解除共管之前融资方无法动用该账户内的资金。

(3)有时候双方会希望设立"联名"的共管账户,但银行通常不接受。笔者处理的案例中曾就此咨询过部分银行,得到的答复是一个账户通常只能有一个户名。

(4)尽管以投资人名义设置共管账户对融资方有风险,但这种方式对融资方仍然是有意义的。首先,愿意设共管账户,说明投资方有一定程度的履约诚意;其次,融资方可以要求指定自己熟悉的银行来开设共管账户(这很公平),从而获得进一步的安全感。

(5)找律师事务所监管资金,是目前越来越常用的共管方式。在这方面,知名的、大型的律师事务所更有优势。

(6)有些公证处正在试图提供项目交易中的资金监管服务,但存在收费高、监管能力(对付款节点的判断能力)较弱的问题;也有很多公证处直接表示做不了。

八、过渡期条款

知识简介

过渡期指的是从签署协议到交割完成这段时间。交易不同,过渡期有长有短,但签约和交割之间始终存在一个时间差。投资方往往担心在过渡期内出现影响本次交易的事件或导致目标公司价值贬损的事件。例如,经营业绩大幅下滑、对经营有重大影响的诉讼发生等。因此,投资方一般会要求针对过渡期约定融资方及相关方的过渡期义务,主要包括:维持公司现状、妥善经营义务、禁止行为、不发生重大不利变化等。

📄 **实务操作**

常见表述：

目标公司和控股股东、实际控制人共同且连带地向本次投资方承诺,自签署日起至交割日止：

第一,目标公司现有业务将在正常的状态下持续运行；

第二,目标公司的经营性质、范围或方式不会发生重大变化；

第三,目标公司将继续合法经营,获取、保持其经营所需要的所有政府批文和其他准许及同意。

要点提示：

重大不利变化一般包括：处置资产、非正常提高工资、核心员工离职、对外担保等；通常还需要对未列举的"其他重大不利变化"进行可量化的界定,以免产生歧义。对于目标公司而言最好要求将"重大"的量化标准提高,从而将"重大不利变化"的涵盖范围尽可能缩小,而投资方则应反其道而行之。

九、交割条款

📄 **知识简介**

交割条款主要指股权变更登记和投资款到位这两个"关键动作",也包括变更董事会等履行投资协议约定的其他工作。

📄 **实务操作**

常见表述：

在遵守本协议各项条款和条件的前提下,本次投资之交割应于本协议第3.1条载明的先决条件均得以满足或被本次投资方书面豁免后的10个工作日内或者各方另行书面同意的其他时间(以下简称交割日),通过纸质文件、电子邮件等书面方式或者各方同意的其他方式完成(以下简称交割)。

目标公司及控股股东、实际控制人应促使公司在交割日后 10 个工作日内为本次投资办理验资手续,并在公司会计账簿上,将本次投资方的投资款项登记为实收资本和资本公积。

要点提示:

1. 注意董事、监事的变更程序的完成,包括原部分董事的辞职(如有)以及新推荐董事的任命,一般而言该变更程序会伴随章程的变更同步实施。

2. 注意股东名册以及出资证明书的出具,尤其对于股份有限公司而言,市场监督部门的登记系统并不会显示股份有限公司变更后的股东,也不会显示或准确显示其实缴出资的情况,所以投资方一般会要求出具单独的股东名册以及出资证明书。

十、交割后义务条款

知识简介

股权融资项目中,融资方在交割之前有时候难以完成全部的约定义务,而且部分义务只能在交割后才能实施,因此一般会将此类重要的义务约定在"交割后义务"条款中,主要明确交割后融资方需要完成的重要事项。

实务操作

常见表述:

原始股东、创始团队及目标公司承诺,其将按照本协议约定完成如下事项:

(1)本次投资交割完成后 24 个月内,目标公司原始股东应当还原其代持的股权;

(2)本次投资交割完成后 12 个月内,目标公司应当引入下一轮投资人,融资金额不低于【 】元,投前估值不低于【 】元;

(3)本次投资交割完成后 24 个月内,目标公司应当制定针对核心技术人员及核心高级管理人员的股权激励方案,并完成股权激励平台的搭建。

交割后义务条款不仅针对融资方,还可以针对投资方,比如要求投资方提供相应的资源。这类要求越具体越好,但如果不能做到具体明确,泛泛而谈的约定也聊胜于无,因为这可能是未来融资方对抗投资方的砝码。如果融资方未能达成对赌承诺而同时存在投资方提供资源不到位的情况,融资方就可主张投资方未完成交割后义务,要求就未完成对赌业绩目标免责。

十一、公司治理条款

知识简介

在有新股东加入的情形下,通常存在公司治理结构的重新安排,重点是股东会、董事会、经理层各自权利义务的安排,主要包括各自的权限、表决机制、特殊约定等。一般而言,投资方可能要求在股东会和/或董事会享有重大事项的一票否决权。

这里重点讲讲不大引人关注但其实比较重要的知情权条款。

一般来说,投资人不仅拥有一般意义上的知情权,而且其知情权具有优先性。投资人通常会要求公司向其提供超过法定标准或超过其他股东要求的更详尽的经营信息,且会设置特定的信息提供频率和时限。

通常而言,投资人知情权的内容主要包括:

1. 财务数据,如要求公司提供经审计的年度财务报告,未经审计的季度和月度的财务报告,下季度和下年度的预算计划等;

2. 经营情况,如要求公司提供年度、季度经营报告,要求检查公司的设施、账目和记录,与董事、管理人员、员工、会计师、法律顾问等讨论公司的经营情况。

从人事安排角度看,知情权的内容和行使方式还取决于投资人是否有权提名董事。如果投资人有权提名董事,则可通过该等董事获得公司的财务数据和经营情况。如果投资人无权提名董事,则可退而求其次要求向公司委派观察员。观察员没有投票权,但可列席董事会相关会议,并要求公司提供会议记录、通知、决议等资料。

实务操作

常见表述：

本协议签署后，投资人有权向董事会推荐一名董事。

本协议签署后，公司应将以下报表或文件，在规定时间内报送投资人，同时建档留存备查：(1)每日历月度结束后20天内，提供月度管理账（含资产负债表、利润表）；(2)每日历季度结束后30天内，提供季度管理账（含资产负债表、利润表和现金流量表）；(3)每日历年度结束后45天内，提供公司的年度管理账（含资产负债表、利润表和现金流量表）；(4)每日历年度结束后120天内，提供公司的年度审计账（含资产负债表、利润表、现金流量表、所有者权益变动表、财务报表附注等）。

公司应就可能对公司造成重大义务或产生重大影响的事项，及时通知投资人。

投资人如对任何信息存有疑问，可在给予公司合理通知的前提下，查看公司相关财务资料，了解公司财务运营状况。除公司年度审计外，投资人有权自行聘任会计师事务所对公司进行审计。

在投资人作为公司股东期间，投资人可以对公司及附属公司行使检查权，包括但不限于查看公司及附属公司的财务账簿和记录。

就投资方的特殊知情权要求，融资方可考虑从如下两方面进行博弈：

1. 竞业限制

出于市场竞争的考量，公司会限定主张知情权的投资人非公司的直接竞争者，即该投资人不与公司的主营业务存在竞争关系，或其不是与公司存在竞争关系的公司的董事或股东。在实操中，部分投资人因为某个赛道较为火爆，可能会"广撒网"选择投资同一赛道内的多家公司。这种情况下，强势的投资人就会要求在投资协议中明确自己在同一赛道投资多家可能存在竞争关系的公司不应该受到限制，融资方对此应审慎权衡利弊。

2. 保密义务

出于保护商业秘密的考虑，在同意投资人通过行使知情权时，公司应要求投资人承担严格的保密义务。除此之外，公司也应设法限制投资人查看属于公司高度机密的信息（范围需明确界定）或延后查看该等信息的时间。

十二、限制竞争条款

知识简介

限制竞争条款是指投资方要求目标公司原股东、创业团队及其他骨干承诺在一定期限内不从事与目标公司存在竞争关系的业务。

限制竞争条款的合理性在于，投资人向目标公司投资，有理由期待原股东及核心团队专注于目标公司的发展而非另起炉灶。

融资方也可反向要求投资人不得从事或投资于与目标公司存在竞争关系的业务。有些投资人，特别是非财务投资人，会采取"先投资，再抄袭"的策略发展新项目，融资方不得不防。

● 案例链接

某企业在花14亿元收购了一家电缆厂，结果卖方拿到钱后，花7亿元在离老厂不远处新建了一家电缆厂，并从老厂挖人、抢业务。

收购方本想维权，但卖方用了"马甲"，而且收购协议对此没有约定明确的违约责任，最后不了了之。

点评：限制竞争条款在股权融资、股权激励、股权收购等涉及新老股东关系的项目中都比较常用，可以说是必备条款之一。

针对技术含量较高或者对资源、人才依赖较大的项目，投资方尤其应该重视限制竞争条款，并约定较严厉的违约责任。对融资方而言，在这个问题上去做文章有违诚信，原则上不必过多博弈，但仍应注意以下三点：

1. 对违反竞业限制情形的认定标准要约定清楚，违约责任不宜超过融资方的承受能力。

2. 融资方应争取约定：在投资方违约的情况下，限制竞争条款相应失效。

3. 有时候，弱化限制竞争条款，实际上是给了融资方一条退路，即在跟投资方合作不愉快的时候不跟投资人在老公司纠缠，而是可以另起炉灶。由于很难在道义上评价投、融资双方的对错，所以融资方努力通过弱化限制竞争条款（如不约定违约责任或约定较轻的违约责任）为自己留退路也无可厚非。

实务操作

常见表述：

目标公司创始团队成员、创始人股东及其亲属、关联方不得在未经投资者书面许可或豁免的情况下，通过自己或任何第三人的名义直接或间接地从事与目标公司存在竞争关系的业务，包括但不限于：

1. 从事任何与目标公司业务有关的业务，或向从事目标公司业务相同、相似、相关联或相竞争业务（包括一切与目标公司业务相同、相似、相关联或相竞争的业务有关的研发、生产、销售活动，合称"竞争业务"）的任何实体进行新的投资（无论是通过股权、协议或任何其他方式）；

2. 为其自身或其关联方或任何第三方，劝诱或鼓动目标公司的任何员工接受其聘请，或用其他方式招聘目标公司的任何员工；

3. 就任何竞争业务提供咨询、协助或资助；

4. 安排或促成其自身或关联方与目标公司开展可能有损于目标公司利益的交易或活动；

5. 目标公司的高级经营管理人员、高级技术人员及其他主要雇员应与目标公司签订劳动协议、NDA和不竞争协议，并书面约定在其任职期间及离职后2年内不得从事与目标公司有竞争的行业，且该等人事文件不会违反其作为一方的仍在有效期内的协议，不会导致目标公司遭受任何损失。

特别说明，限制竞争条款与劳动法领域的竞业限制条款是不同的法律关系，不需要以劳动关系的存在为前提,也没有期限和支付补偿金等限制。

- **案例链接**:小股东行使知情权"受阻"

    某设计公司引进了天使投资人 A 的投资,该投资人持股仅为 5%。在签署的投资协议中,该投资人并未要求"额外"的知情权,平时该投资人也并不实际参与公司的经营。某一天该投资人突然发函要求公司提供近 3 年所有的财务资料以及业务资料,包括公司近 3 年签署的大额合同的具体合同及其履行情况的信息。后面经查询后发现该投资人近期陆续投资了多家同行业的设计公司,且在其他设计公司的持股比例远远高于 5%。

    点评:该投资人行使知情权至少存在两个问题:

    一是存在潜在的利益冲突,可能损害公司利益,可能构成"《公司法》司法解释四"第 8 条规定的"非法目的"(股东自营或者为他人经营与公司主营业务有实质性竞争关系业务的)。

    二是该小股东所要求的信息范围超过通常认为的法定范围,尤其是日常签署的经营合同的详细信息,一般不被认为属于股东知情权的信息范畴。

十三、最惠国待遇条款

知识简介

在多轮融资的情况下,前轮投资人可能会担心融资方给予后轮融资人更为优惠的待遇,因此有时会要求在投资协议中约定后续引入投资人的某些条件不得优于本次投资者,如有更优条件则自动适用于前轮投资人。

实务操作

常见表述:

目标公司接受本次投资后,投资者在任何时候有权享受并获得公司前轮或本次融资中目标公司提供给其他投资者除增加董事会成员外的至少是同等的条款待遇。

对于融资方而言,需要为此设置例外情况。例如,可争取约定在实施股权激励计划、引入战略投资者、重要技术团队等对公司发展极具影响的投资者时,不适用此条款。

十四、税费条款

知识简介

如果交易中存在税费,需要约定清楚承担主体。

实务操作

常见表述:

本协议项下交易涉及的相关税费,由相关方以及目标公司按照相关法律、法规各自承担。

关于股权融资中的税收承担,有三种具体情况:

(1)如原股东以转让股权的方式达到融资目的(取广义)且有溢价(转让价格高于实缴注册资本的部分),则需就溢价部分缴纳所得税;转让双方还需缴纳印花税。

(2)如投资方以货币实施增资,通常只需由被投资公司缴纳印花税;注意该印花税的纳税义务人是被投资公司而非投资方。

(3)如投资方以非货币资产支付增资对价且有溢价,则可能涉及该等资产因溢价而需要缴税的问题,纳税义务人为投资方。根据资产性质的不同,具体缴税办法也有所不同。专业投资机构实施股权投资通常是以货币为支付对价,以资产出资的情况较少。

特别注意,如果投资方以非货币资产作为获得被投资公司股权的支付对价,则意味着交易难度成倍增加,因为被投资公司也需要对该等资产进行反向调查、价值评估并通过协议条款及其他措施控制相关风险。对这种项目,律师及其他股权顾问应告知股权融资方(或投资方)该交易结构会导致交易成功率明显降低。

另外,对于股权等非诉讼项目,专业顾问通常采取先收取一部分前期费用、项目合作成功再收取后期奖励性费用的收费模式(常见的做法是先付一半)。如客户坚持采用上述以非货币资产支付股权对价的交易结构,股权顾问通常应提高前期顾问费用的比例,以免因项目未成功而无法收到后期费用。

说到税收,这里顺便提一下股权激励、股权转让的税收安排原则,以便大家与股权融资的税收安排原则对照理解。

1. 股权激励的税收安排主要是根据财政部、国家税务总局《关于完善股权激励和技术入股有关所得税政策的通知》(财税〔2016〕101号,以下简称101号文)。101号文对居民企业(含上市公司和非上市公司)股权激励有关所得税事项进行了明确规定,基本精神是对于符合条件的股权激励模式,受激励对象可以经主管税务机关备案后,适用递延纳税政策。换言之,员工在取得股权(行权)时并不需要缴纳个人所得税,而是可以递延至转让股权套现时缴税。对于符合递延纳税条件所获得的股权,在转让时按照"财产转让所得"适用20%的税率计征个人所得税。

关于如何理解和应用101号文,这里讲三个要点:

(1)为什么?股权激励中员工获得股权是低价的甚至免费的,类似于获得了一笔奖金,所以应该纳税(按照"薪资、收入所得"纳税)。但是,公司将来可能经营不善导致股权贬值甚至归零,这时候员工之前纳的税是不会退的。这种情况下,101号文给了一条新路,只要备案,就可以暂不缴税,等未来股权转让的时候赚钱了再缴税(按"财产转让所得"纳税)纳税。这样做很合理,因为股权的价值难以确定,只有转让套现时赚钱,才是真正赚钱了。

(2)操作关键词:符合条件、税局备案、递延纳税。

(3)在备案环节有障碍:为了避免公司股东人数过多以及其他原因,专业顾问通常会建议公司把被激励对象获得的股权放在有限合伙持股平台,即被激励对象担任持股平台的 LP 从而间接持有项目公司的股权。问题在于,多数税务机关(也有例外)不认可有限合伙持股平台去进行 101 号文的备案,而只接受被激励对象(自然人)去备案。因此,很多公司的有限合伙持股平台无法进行 101 号文的备案。

在未备案的情况下,被激励对象把行权对价交到有限合伙持股平台,持股平台再向项目公司增资。这个增资环节本身不产生所得税。严格来讲,这样做存在一定的风险,因为股权激励如果不符合备案条件或没有去备案,被激励对象是要缴纳个人所得税的。这就形成了矛盾。建议需要有关部门出台新的补充规定,对有限合伙持股平台可否进行 101 号文备案的问题予以明确。

关于 101 号文的其他细节,由于本书主题并非股权激励,此不赘述。

2. 股权转让的税务安排压力最大,主要问题是在转让获利越大,所得税交得的越多。这里面问题很多。因股权转让也并非本书主题,这里只讨论一个争议较大的问题:以公司法人股东身份和以自然人身份转让股权,二者的税收安排哪个对卖方最有利?

一般认为,以公司法人股东身份转让股权,要按获利金额的 25% 缴纳企业所得税;以自然人股东身份转让股权,只需按获利金额的 20% 缴纳企业所得税。看起来似乎以自然人身份转让股权更好。但是,以公司法人股东身份转让股权,在税收方面有自己的优势:

一是纳税时点更晚。现行《个人所得税法》(2018 年 8 月 31 日发布)第 15 条规定,个人转让股权办理变更登记的,市场主体登记机关应当查验与该股权交易相关的个人所得税的完税凭证。据此,个人转让股权需要先缴税,再凭完税凭证办理股权变更登记。这个规定自 2018 年发布以来一直没有得到各地税务机关和市场监管机关的全面贯彻执行,但到 2022 年全国基本落实到位了。相反,如果是公司转让其持有的股权,其纳税时点是在次年统一汇算清缴,而且是先办理股权变更登记再纳税,无须先行提交完税凭证。

二是如果企业有亏损,则即便转让股权获利,也可跟转让方的其他亏损冲抵,从而在合法的前提下事实上降低了相关税款金额。

十五、违约责任条款

知识简介

投资方主要违约情形：逾期支付投资款、违反陈述与保证。

融资方主要违约情形：逾期办理交割、违反陈述与保证。

实务操作

常见表述：

1.本协议各方均应严格遵守本协议及其他交易文件的约定，以下每一件事件均构成违约事件（以下简称违约行为）：

（1）如果本协议任何一方未能履行本协议和/或其他交易文件项下任何约定或违反本协议和/或其他交易文件项下作出的任何承诺和义务，或者违反本协议和/或其他交易文件导致本次投资目的无法实现。

（2）如果本协议任何一方在本协议和/或其他交易文件中所作的任何声明、保证、陈述被证明为虚假、不真实、有重大遗漏或者有严重误导的。

构成违约的每一方（以下简称违约方）同意对各方中守约的其他方（以下简称守约方）因违约方对本协议和/或其他交易文件任何条款的违反而可能发生或招致的一切权利主张、诉讼、损害、损失及花费（包括但不限于律师费、诉讼费、保全费、公证费、鉴定费以及对权利主张进行调查的成本）进行赔偿。此种赔偿不应对守约方根据法律、法规赋予的或各方间关于该违约的任何其他协议产生的其他权利和救济造成影响。守约方因该违约而享有的权利和救济应在本协议和/或其他交易文件废止、终止或履行完毕后继续有效。

2.控股股东、实际控制人和/或公司存在第4.4条约定的违约行为的，且在收到本次投资方书面通知后10日内未能纠正或补救,以致给目标公司或本次投资方造成重大不利影响或本次投资方认为本协议目的无法实现的,本次投资方有权单方面书面通知目标公司和现有股东解除本协议,同时要求控股股东、实际控制人回购本次投资方因本次投资获得的全部或部分股权或通过要求目标公司整体出售的方式出售本次投资方因本次投资获得的全部股权或采取其他法律允许且本次投资方认可的方式。

3. 如控股股东、实际控制人在不竞争期限内违反本协议约定的不竞争义务条款且未能及时补救的或控股股东、实际控制人违反本协议约定未在本协议约定期限内促使【　】和【　】完成该等持股平台份额转让的,本次投资方有权要求控股股东、实际控制人向其支付违约金,违约金按照公司实际收到的本次投资方增资款的【　】%计算。

要点提示：

1. 应区分不同违约情形设置不同的违约责任:轻微违约通常是设置违约金;如出现严重违约则应设置单方解除权及违约金。在这方面,股权融资与其他交易的处理原则相同。

2. 融资方应特别注意防范投资方不能按期支付投资款,并争取对此约定较严厉的违约责任。这种情况属于"诈投",我们将在第五章详细介绍。

十六、保密条款

知识简介

保密条款一般包含如下内容:保密信息及其范围、保密义务、保密期限、违约责任。融资方如果在技术、资源等方面确有需要保密的信息,则应特别关注保密条款。有些投资方可能是竞争对手派来的,或者已经投资于竞争对手,只是打着投资的旗号来窃取保密信息。

实务操作

常见表述：

本协议所述的"保密信息"，是指由融资方或融资方提供条件或以融资方名义开发、创造、发现的，或转移至融资方的、对融资方有商业价值的所有信息，包括但不限于技术秘密和商业秘密。

本协议提及的技术秘密，包括但不限于技术方案、工程设计、电路设计、制造方法、配方、工艺流程、技术指标、计算机软件、数据库、开发计划、研究开发记录、技术报告、检测报告、实验数据、试验结果、图纸、样品、样机、模型、模具、操作手册、技术文档、相关的函电等。

本协议提及的商业秘密，包括但不限于客户名单、行销计划、采购资料、定价政策、财务资料、进货渠道、法律事务信息、人力资源信息、其他员工的报酬、与融资方业务有关的客户的信息、融资方从他方获得并负有保密义务的信息等。

除事先取得另外各方同意的情形外，本协议的任何一方均不得向任何人泄露由于其是本协议的一方、公司的员工或任何一方而为其知晓的有关投资、目标公司或任何一方的业务的任何保密信息，也不得允许其任何关联公司、董事、高级管理人员、监事、员工、股东、代理人或代表等人进行泄露，除非该等信息属以下情况的信息并以以下情况为限：

1. 法律、法令、命令或上市规则要求，法院、政府监管部门或证券交易所要求披露的信息；

2. 非因违反本协议而为公众所知的信息；

3. 从对该等信息没有保密义务的第三方获取的信息；

4. 为实现投资目的而适当使用保密信息的情形，包括但不限于披露给各自的关联方以及该方及其关联方的董事、相关工作人员、专业顾问，但必须告知信息披露的接收方该等信息的保密性并且要求其遵守保密义务。

融资方作为保密信息的披露方，应尽可能将保密信息范围进行广阔而明确的界定（例如，将商业创意、未申请专利的技术秘密、上下游渠道信息等列入），并明确约定较严厉的违约责任。

实践中,融资方证明投资方泄密的难度很大,因为融资方自身也有可能泄密,且投资方想泄密通常不会自己出面。因此,融资方应特别注意寻找可靠的投资方,并注意在信息披露中把握分寸。

尽管如此,保密条款仍然是有意义的。例如,有些泄密有迹可循,这时候融资方就可以依据保密条款维权。又如,有些投资方并非有意泄密,而只是不重视保密工作,这时候保密条款就能够让投资方更重视保密工作。

十七、不可抗力条款

知识简介

不可抗力是一项常见的免责条款,是指合同签订后,不是由于合同当事人的过失或疏忽,而是由于发生了合同当事人无法预见、无法预防、无法避免和无法控制的事件,以致不能履行或不能如期履行合同,发生意外事件的一方可以免除履行合同的责任或者推迟履行合同。

该条款主要约定出现特殊情形(不可归责于任何一方的情形)导致各方义务无法完成时,如何进行责任划分。

实务操作

常见表述:

1. 如发生诸如地震、台风、洪水、火灾、军事行动、罢工、暴动、战争或其他一方所不能合理控制的不可预见之不可抗力事件(每一项均称为"不可抗力事件"),阻碍该方履行本协议,该方应毫不延迟地立即通知其他各方,并在通知发出后 15 日内提供该等事件的详细资料和证明文件,解释不能或延迟履行其在本协议项下全部或部分义务的原因。各方应通过协商寻求找到并执行各方均能接受的解决方法。

2.如发生不可抗力事件,受不可抗力影响的一方无须对任何其他方因本协议项下的义务由于不可抗力事件而未能履行或延迟履行而遭受的任何损害、成本增加或损失负责,而该等未能履行或延迟履行协议不应被视为违反协议。声称发生不可抗力事件的一方应采取适当措施减少或消除不可抗力事件的影响,并尽可能在最短的时间内尝试恢复履行被不可抗力事件延误或阻碍履行的义务。

3.如不可抗力事件或不可抗力事件的影响阻碍一方或各方履行其在本协议项下的全部或部分义务为期1年以上,则未受不可抗力影响的协议方有权要求终止本协议并免除本协议约定的部分义务或延迟协议的履行。

要点提示:

发生不可抗力事件时应及时履行通知义务并采取止损措施。股权融资协议中的不可抗力条款与其他类型的协议并无本质区别,且不可抗力事件的发生比一般买卖合同、运输合同相对较小。另外,在对赌情形下,如因不可抗力因素导致融资方业绩不达标是否可以豁免对赌回购义务?这一点我们将在后文对赌条款专章中分析。

十八、法律适用及争议解决条款

知识简介

该条款主要约定股权融资协议应当适用的法律依据,以及出现争议时采用何种方式进行争议解决。

实务操作

常见表述:

1.法律适用

本协议的订立、效力、解释、履行和争议的解决受中国有关法律法规的管辖,并据其解释。

2.争议解决

(1)因签署或履行本协议引起或与之有关的任何争议,存有争议的各方应通过友好协商予以解决。

(2)如果在一方向另一方发出书面通知要求就争议开始进行协商后30日内仍未能得到解决,则任何一方均可将争议提交上海仲裁委员会,按照当时有效的仲裁规则在上海仲裁解决。

(3)仲裁庭由3名按照仲裁规则指定的仲裁员组成,申请人指定一名仲裁员,被申请人指定一名仲裁员,第三名仲裁员由前两名仲裁员协商指定或由上海仲裁委员会指定。仲裁语言为中文。

(4)仲裁裁决应为终局裁决,对各方均具有约束力。

3.继续履行

在协商和仲裁期间,除争议事项以外,各方应继续不中断地履行本协议。

4.争议解决成本的承担

因解决争议所产生的相关费用,包括但不限于律师费、仲裁费用、保全费等应全部由败诉方承担。

要点提示:

1.选择中国法还是外国法?主要考虑需要是否具有涉外因素,如选择适用外国法同时应考虑对该国法律的熟悉程度以及寻找东道国法律资源的便捷性。

2.选择诉讼还是仲裁?需要考虑争议解决的效率、保密性及跨境执行的可行性(国际仲裁通常更便于跨境执行)。

3.应注意对争议解决费用的承担方式进行明确约定。

十九、其他条款

知识简介

该条款主要包括通知、转让与承继、可分割性、全部协议、协议文字、签署生效及其他常规条款。

📄 实务操作

常见表述：

1. 通知

任何一方向另一方发出与本协议有关的通知，以及因本协议产生纠纷诉至法院或仲裁机构后法院或仲裁机构发出的法律文书，可以以挂号信、特快专递、电子邮件等书面方式发往另一方在本协议首部所确认的通知地址。通知被视为收到的日期约定如下（无论寄送到该地址的信件、特快专递是否有人签收或是否被退回，均视为已送达）：以挂号信件发出的，投递日（以寄出的邮戳日为准）后的第7天视为收件日期；以特快专递发出的，发出当日（以快递目标公司签收日为准）后的第3天视为收件日期；以电子邮件发出的，发出当日视为收件日期。

如果一方的通知地址发生变更，该方应在3日内将其通知地址变更的情况按上述方式通知另一方，之后该方的新通知地址方能生效。否则按本协议确定的通知地址发出通知即视为已履行通知义务，变更方应自行承担相应法律责任。

若一方认为邮件"内件品名"载明的内容与邮件中的实际文件内容不符，应在收到邮件之日起3个工作日内书面通知对方，逾期未通知对方则视为邮件"内件品名"载明的内容与邮件中文件内容一致。

2. 生效

本协议自各方签署日起生效。各方在本协议项下的赔偿义务并不因本协议的终止而结束。其他方保留继续根据本协议约定或其他法律规定追究其责任的权利。

3. 弃权

本协议的任何一方未能或延迟行使本协议或与本协议有关的任何其他合同或协议项下的任何权利、权力或特权不得被视为对该权利、权力或特权的放弃；对该等权利、权力或特权的任何单独或部分行使并不排除对该等权利、权力或特权的将来任何其他行使。

4. 可分割性

如果本协议中的任何约定由于任何原因在任何方面全部或部分地成为无效、非法或不可强制执行,本协议中其余约定的有效性、合法性和可强制性不应以任何方式受影响或被削弱。

5. 适用性

本协议应使各方及其各自允许的继承人、受让人和关联公司受益,并且对各方及其各自允许的继承人、受让人和关联公司均有约束力。

6. 完整协议

本协议(包括本协议附件)及其他交易文件应是所有各方合意之最终表达,是各方对于本次投资的合意与谅解之完整的、排他性的陈述,取代之前各方之间关于本次投资的(书面或口头的)商议、合意及谅解。

为避免疑义,本协议各方于本协议签署日前达成的其他协议、合同等文本内容与本协议约定存在不一致的,应以本协议约定为准。

7. 转移、转让

本次投资方可以在经过现有股东的书面同意下将其在本协议项下的任何权利和义务转让给第三方。除此之外,未经本次投资方事先书面同意,任何一方不得向第三方转让其在本协议项下的权利和义务。

8. 补充协议

本协议的补充协议与本协议具有同等法律效力。

9. 连带责任

控股股东、实际控制人及目标公司的董事、高管应就目标公司在本协议下的义务及责任向本次投资方承担连带责任。

10. 优先性

若各方为履行本协议而依照相关法律法规、市场监督行政管理部门或其他相关政府部门要求签署了任何登记文件(以下简称登记文件),则本协议之约定应视为对登记文件的补充和/或变更,与登记文件具有同等的法律效力。若登记文件与本协议有任何冲突,则仍应以本协议之约定为准。

11. 正本

本协议正本一式【　】份,各方各持【　】份,其余正本用于目标公司办理本次投资的登记、审批手续(如需)时使用。

要点提示:

(1)通知条款关系争议解决的效率,建议尽量明确;

(2)全部协议条款关系各个协议之间文义的最终解释;

(3)协议文字条款关系多语种文件文义的最终解释;

(4)签署生效条款关系生效的形式要件;

(5)优先性条款关系登记部门的登记版本与其他版本不一致时如何确定谁的效力更为优先。

股权融资协议中的"其他"条款,与其他类型协议中的类似这些条款没有本质区别,故仅简述。但应注意,"其他"二字相当于一个"箩筐",其中的子条款才是关键。有的子条款有时本来也可单列,只是为了弱化对方的注意力被起草者有意放入了"其他"这个"箩筐"。例如,上述"连带责任"子条款无疑十分重要,但被投资方"藏"在了"其他"条款中;如果融资方及其顾问不仔细研读该子条款,可能就会导致其股东、实控人、董事、高管被套牢。

- **案例链接**:对赌失败18人承担连带责任

某融资方公司因未能完成约定业绩触发对赌,投资方根据连带责任条款要求追究目标公司股东、董事、高管合计18人的连带责任。

该公司财务总监说:"我不是股东,老板让我签我只好签。"

该公司一小股东说:"我持股才2%,一听说能拿投资需要配合,我就配合了。"

该公司主持谈判的大股东说:"是投资方给的文本,关于连带责任的条款放在末尾【其他】部分,我没注意,所以谈条款的时候我也没对这个点提出异议;到签合同的时候我才发现要这么多人签字,再想提出异议感觉不太合适,就只好动员大家签字。"

点评:阴差阳错之下,不持股的财务总监、持股2%的小股东也要为巨额的对赌赔偿承担连带责任,这件荒谬的事就这样发生了。这是笔者遇到的真实案例,融资方是一家创业公司,投资方是一家上市公司。职业队打业余队,没发生奇迹。

这些小股东、高管固然应该为自己的不谨慎付出代价,但融资方大股东及其顾问对于连带责任条款的忽略也是重要原因。融资方当时没有就这个项目请专业的股权顾问介入,而是请常年法律顾问看了一下合同,也没有就该项目单独付费。这样的悲剧很常见,笔者团队经常为这种项目善后,有时候能够有所帮助,有时候爱莫能助,比如这一次。

谁应该被责备呢?

融资方说:"我们是创业公司,没有钱在常年顾问费之外另行支付高额的专项顾问费用。"

融资方的常年顾问说:"又没有单独付费,协议我不看又不好,就随便看了看。"

从宽容的角度来看,要求节俭惯了的创业者为聘请专业的股权顾问而支付较高的顾问费,或要求融资方的常年顾问律师直接拒绝审查股权融资协议(这可能导致该律师丢客户),确实有点强人所难。我们的建议是:

(1)融资方如果不想或无力支付较高的顾问费,自己就多学一点。如果本案中的融资方事先看过类似案例,就不会接受这样霸道的连带责任条款了。

(2)常年顾问律师如果对股权业务比较熟悉就应主动建议客户就股权融资项目单独立项付费,如不熟悉就应推荐其他的专业股权律师,如不想钱被别人赚到就应自己多学一点股权业务知识；千万不要因为碍于情面、怕丢客户等原因而像本案中的那位律师那样不敢要求单独收费、硬着头皮上手。

我们认为，做常年法律顾问以前只需要懂合同法、劳动法就可以了，现在懂公司法也要成为标配。

笔者创作了一些适合企业人士和律师的专业人士快速入门的股权书籍（代表作有《投资并购法律实务》等）和课程（代表作有发布于智拾网的"股权五部曲"等）并正在持续创作更多类似作品，正是基于对上述学习需求的回应。

第二节　十大投资人特权条款

本节主要回答下列五个问题：

1. 投资人特权条款是什么？

2. 为什么设置投资人特权条款？主要阐述设置这些特权条款的目的。

3. 投资人特权条款怎么写？这些条款在现实当中，在最终的法律文本当中如何进行表述？

4. 投资人特权条款是否有效？这些所谓的特权条款，从本质上讲可以说是"舶来品"，最初的来源主要是风险投资业发展最为蓬勃的美国。美国的律师们为了满足投资机构的投资要求，设置了较多特权条款，这些条款最终在中国私募投资行业发展后部分"移植"到了中国。

5. 融资方如何应对投资人的特权主张？投资方通常较为强势，一般不会轻易放弃这些条款。融资方需要思考如何在不影响股权融资的前提下尽可能地维护自己的权益。

根据前述对投资全流程的分析，一般在初步洽谈以及投资谈判这两个阶段会分别签署 TS（投资意向书）以及 SPA（股份购买协议）。这两份文件中一般都会约定投资人特权条款。

投资人特权条款大致可分为以下六类。

第一类,控制投资比例条款:优先认购权;反稀释条款;优先购买权。

第二类,锁定创始团队条款:禁售条款;共售条款。

第三类,争取投资收益条款:优先分红权;优先清算权。

第四类,避免代理风险条款:否决权。

第五类,争取退出权利条款:领售权;回购权。

第六类,终极风控安排条款:对赌条款。

本节主要阐述前面五大类的 10 项特权条款,最后一大类的对赌条款在后文专节探讨。

一、投资人特权条款的合理性与合法性

(一)投资人特权条款的合理性

投资方股权投资决策时主要的考虑有两个"不对称"和三大关切。

两个"不对称"主要指:

1. 双方信息不对称。对于目标公司,尽管投资方可能会进行尽调,但不可能比融资方更了解目标公司。

2. 双方管理权不对称。投资方一般仅持有目标公司较小比例的股权,并不寻求对目标公司的控制权,也不会过多介入目标公司的日常经营管理。

三大关切是指:投资安全、投资收益、投资退出。

投资安全和投资收益的含义不言自明。投资退出主要是针对财务投资人。市场上主要的财务投资人大多是以 PE 基金的形式出现的,这类基金所投资的钱主要是从市场中向 LP 募集而来且有期限安排,到期必须退出。近年来由于经济形势影响,已经出现不少 LP 起诉基金公司不能按时退出的案件。

上述两个"不对称"和三大关切,就是投资机构主张特权条款的原因,从投资人的角度看,主张特权条款有其合理性。从融资方的角度看,如果估值给得高,投资人

要特权是合理的；反之就不合理。

例如，一个项目注册资本和净资产都是100万元，投资后估值5000万元，投资人花了500万元才持有项目公司10%的股权，而原股东100万元就持有90%的股权，这种情况下让投资人有点特权，融资方也想得通。

（二）投资人特权条款的合法性

关于投资人特权条款的合法性，以下问题值得探讨：

1. 投资人特权条款对应的股权是优先股吗？

特权条款在协议文本中往往被称为"优先权"条款，从而让人联想到优先股。两者是一回事吗？

证监会曾出台《优先股试点管理办法》，该管理办法针对的是上市公司以及非上市公众公司，上述特定主体的公司可以发行优先股。但市场当中的大部分主体不是上市公司以及非上市公众公司，只是一般的有限责任公司或股份公司，无权依照该管理办法发行优先股。退一步讲即便是上市公司以及非上市公众公司所发行的优先股，所体现出来的优先性，跟投资人特权条款所列的特殊权利也存在一定程度的区别。所以，投资人特权条款并不是《优先股试点管理办法》所称的优先股。

2. 投资人特权条款对应的股权是类别股吗？

2023版新《公司法》首次规定了类别股，其144条规定："公司可以按照公司章程的规定发行下列与普通股权利不同的类别股：（一）优先或者劣后分配利润或者剩余财产的股份；（二）每一股的表决权数多于或者少于普通股的股份；（三）转让须经公司同意等转让受限的股份；（四）国务院规定的其他类别股。公开发行股份的公司不得发行前款第二项、第三项规定的类别股；公开发行前已发行的除外。"

新《公司法》在股份公司中直接引入类别股。类别股是与普通股相对应的一种股份，其与普通股在流通性、价格、股东权利义务上有所不同。

该规定只是针对股份公司，对于有限责任公司而言则无法直接发行类别股。

换言之,投资人特权条款对应的股权也不是类别股。

3.投资人特权条款的法律基础是什么?

我们认为,投资人特权条款对应的股权既不是优先股,也不是类别股,而是"同股不同权"的特殊安排。"同股不同权"的核心点是持股比例与表决权比例可以不一致,对应着股东对公司的产权与控制权可以不一致。

再看看美国的情况。美国对于"同股不同权"的态度经历了19世纪末开始的接受,到20世纪30年代开始的否定,再到20世纪80年代再次肯定的复杂过程。近几十年来,美股一直是接受"同股不同权"的。这使创始人在公司上市之后还能保持对企业的控制权,这对创始人的吸引力很大。阿里巴巴、京东、百度等巨头选择赴美上市,跟美股接受"同股不同权"有很大的关系。相比之下,亚洲地区对"同股不同权"一直比较保守,但最终还是选择了放开。2014年,日本首先放开;2018年,中国香港特别行政区和新加坡先后放开;2019年上海证券交易所科创板放开。

新《公司法》第116条规定:(股份有限公司)股东出席股东大会会议,所持每一股份有一表决权,类别股股东除外。但是,公司持有的本公司股份没有表决权。第65条规定:(有限责任公司)股东会会议由股东按照出资比例行使表决权;但是,公司章程另有规定的除外。从上述规定看,只有有限责任公司章程可以自由约定股东的表决权比例,股份有限公司则不可以。

由于公司申请境内IPO时须转为股份有限公司,因此在科创板新规面世之前,中国境内资本市场适用的仍是同股同权的原则。

2018年9月18日,国务院出台的《关于推动创新创业高质量发展打造"双创"升级版的意见》(国发〔2018〕32号)第26条规定,"……推动完善公司法等法律法规和资本市场相关规则,允许科技企业实行'同股不同权'治理结构"。该意见从此改变了我国资本市场中被遵循了近30年的同股同权原则。

2019年1月28日,证监会依据国务院的要求出台了《关于在上海证券交易所设立科创板并试点注册制的实施意见》。2019年3月,证监会又发布了《科创板首次公开发行股票注册管理办法(试行)》《科创板上市公司持续监管办法(试行)》。上海证券交易所也陆续发布了《上海证券交易所科创板股票发行上市审核规则》《上海证券交易所科创板股票上市规则》等规定。以上规定均明确了股份有限公司在特定情况下可以作出"同股不同权"安排。

2019年6月21日,最高人民法院发布了《关于为设立科创板并试点注册制改革提供司法保障的若干意见》。该意见尊重科创板上市公司构建与科技创新特点相适应的公司治理结构,在司法层面首次肯定了"同股不同权"的公司治理安排。

笔者认为:尽管上述科创板相关文件已经对"同股不同权"安排予以了确认,但严格从《公司法》来看,只有国务院才有权利对公司发行公司法规定以外的其他种类的股份作出规定。2018年国务院的意见只是明确"推动完善公司法等法律法规和资本市场相关规则,允许科技企业实行同股不同权治理结构"。根据该意见,严格来讲应该是先修订《公司法》相关规则或另行由国务院出台专门规定,方可允许股份公司发行同股不同权的其他类股份,而上海证券交易所,甚至证监会均无权直接同意发行其他类股份。实践中,我们只能姑且认为上述上海证券交易所依据证监会的授权发布的一系列关于"同股不同权"的规定事实上已经得到了国务院的授权和认可。

新《公司法》在原文"股东出席股东大会会议,所持每一股份有一表决权"之后增加了"类别股股东除外",补上了上述"缺口"。可见,科创板的"同股不同权",确实比《公司法》的修改跑得快了一些。

二、十大投资人特权条款详解

(一)优先认购权条款——下轮增资我先来

知识简介

优先认购权又称优先认缴权(Right of First Offer),是指公司在发行新股时,投资方作为原始股东可以按照原持有的股份数量的一定比例优先于他人进行认购股权的权利(甚至要求按新一轮估值的打折价认购)。例如,某公司 A 轮投资人要求该公司在 B 轮及之后轮次的股权融资中,给予其按后续轮次认购价格 80% 的价格优先认购一部分股权的权利。

投资人要求约定优先认购权的主要目的在于:

(1)保护投资方股东的比例性利益。如果公司在后续增资时,不赋予投资方股东优先认购权,投资方股东的股权比例将会被不断稀释。

(2)保护中小股东权益。一般情况下,私募投资基金占股比例较小,为了保护其中小股东的弱势地位,需要赋予中小股东新股优先认购权,以此来制约大股东通过认购新股来强化其控股地位的目的。

本条一般与"反稀释条款"同时作为"反摊薄机制",核心目的在于让投资人可以保证自己在目标公司占有一定的持股比例,防止投资人的股权被不合理地稀释。

- 案例链接:优先认购权的排他性

> 某公司注册资本为 100 万元,原来有甲、乙、丙三位股东,甲投资 60 万元占 60% 的股份、乙和丙各投资 20 万元各占 20% 的股份,投资人丁在 A 轮按照 1000 万元的投资后估值投资 100 万元给该公司,投资人戊在 A 轮按照 1000 万元的投资后估值也投资 100 万元给该公司,A 轮投资后股权结构变为:注册资本增加到 125 万元,甲投资 60 万元持股 48%、乙和丙各投资 20 万元各持股 16%,投资人丁和戊投资 200 万元各持股 10%。
>
> 在 A 轮投资后,公司通过股东会决议决定按照投后估值 1200 万元增资 200 万元,其中 25 万元进注册资本,其余 175 万元进资本公积,这里增加的 200 万元中,如果投资人丁以及投资人戊设置了优先认购权,且没有约定其他例外情形的情况下,投资人丁以及投资人戊有权利各自要求认缴 50%,一旦行使该优先认缴权,该公司股权结构将变更为:注册资本增加到 150 万元,甲投资 60 万元持股 40%、乙和丙各投资 20 万元各持股 13.33%,投资人丁和戊各实际投资 300 万元(前轮加本次增资共计投入资金)各持股 16.66%。

点评：新一轮的增资中，本来是当时的全体股东(甲、乙、丙、丁、戊)按持股比例行使认购权，但却被A轮投资人丁和戊独占了，甲、乙、丙将其法定的增资认购权通过特别约定让渡给了A轮投资人丁和戊。

实务操作

融资方可以从如下角度对投资方股东行使优先认缴权进行限制：

1. 行使期限

《公司法》及相关法律没有对优先认购权的行使期限作出规定，但根据最高人民法院的公报案例等资料，一般认为股东优先认缴公司新增资本的权利属于形成权，为维护交易安全和稳定经济秩序，该权利应当在一定合理期间内行使。如股东得知公司拟发行新股后未在合理期间内作出行使优先认购权的意思表示，且在公司将新股增发给新股东时未表示反对，则通常认为原股东放弃了优先认购权。

2. 比例限制

股东对新增资本的优先认缴权通常不能导致该股东的持股比例过多超出其原持股比例。如果超出原持股比例过多会损害其他股东的利益，甚至导致创始股东逐步失去控股地位。因此，实操中融资方可以针对投资方优先认购权设置一个最高比例限制或最高增资数额限制。

3. 除外情况的约定

融资方应争取约定在下列情况下，投资方不享有优先认购权：

（1）为实施董事会通过(包括投资方董事批准)的任何员工股权激励计划或涉及股权的薪酬计划而新增的注册资本或发行的股权期权，或基于该等股权期权而新增的注册资本。

（2）经股东会通过(包括投资方批准)的，为实施对另一主体或业务的收购或与其他实体合并而增加的注册资本。

（3）引入对目标公司发展至关重要的战略投资者或技术团队所引发的增资。

常见表述：

（1）如公司增加注册资本或类似行为（以下简称增资），投资人有权利，但无义务，以同等条件按投资人之间在本次增资后的持股比例（投资人各自所持有的公司注册资本金数额占所有投资人持有的公司注册资本金数额之和的百分比）优先从公司购买新发行的股权（以下简称新股）。该新股的价格应不低于本次增资的认购价格。

（2）公司应向投资方不可撤销的授予其在下轮对外融资时，投资方可以以其他投资方对项目公司估值的80%作为估值基础追加投资人民币1000万元的权利。

（二）反稀释条款——降价融资要赔股

知识简介

反稀释条款又称反摊薄条款（anti-dilution provision），是指在目标公司进行后续项目融资或者定向增发过程中，私募投资人为了避免自己的股权贬值或份额被过分稀释而采取的措施。

反摊薄条款有广义和狭义之分，广义的反摊薄条款包含三类权利：转换权（指公司股份发生送股、股份分拆、合并等股权重组情况时，转换价格随之作相应调整）、优先购股权（优先购买权和优先认股权）、降价融资保护。狭义的反摊薄条款又称棘轮条款，仅指在目标企业降价融资时，投资人为防止自己持有的股票价值降低而采取的措施。鉴于转换权和优先购股权已经独立成为私募投资人的权利要求，当前对反摊薄条款的理解更多侧重于狭义的角度。

狭义的反摊薄条款分为"完全棘轮"条款和"加权平均棘轮"条款。

（1）完全棘轮条款

完全棘轮条款（full ratchet anti-dilution provision），是指若公司后一轮融资的股权价格低于前一轮投资人当时投资时适用的每股价格，那么前一轮投资人的实际每股价格也要降低到新的发行价格，因此投资人需要按照新的发行价格重新计算其应获得的股权比例或股权数量。

计算公式为：

投资人新的持股比例＝投资人出资额/后一轮融资的每股价格

● 案例链接

> 某公司A轮融资200万元，按每股优先股1元的初始价格共发行200万股A系列优先股。由于公司发展未达预期，在B轮融资时，B系列优先股的发行价跌为每股0.5元，则根据完全棘轮条款，A系列优先股的转换价格也调整为0.5元，则A轮投资人的200万元优先股可以转换为400万股，而不再是原来的200万股。
>
> **点评**：B轮估值（价格）比A轮还低，A轮投资人当然不高兴。但是，如果阻止目标公司进行B轮融资，公司又会垮。所以，A轮投资人只好与融资方约定，A轮投资的估值（价格）按照B轮的算。这很合理。这让笔者联想到货物买卖中的降价退款（价格保护）条款，如买电视机降价退差价。更聪明的商家则约定降价后不退款，直接按新的低价给电视机或其他货物。例如，4000元的电视机降价到了2000元，再赔一台电视机。

（2）加权平均棘轮条款

加权平均棘轮条款（weighted average anti-dilution provision），是指在目标企业后续发行股权的价格低于前一轮投资人购买股权的价格时，以所有股权的加权平均价格重新计算前一轮投资人和目标企业原始股东的股权，这样目标企业原始股东的股权稀释就没有那么严重。

● 案例链接

> 当A轮投资人以每股10元的价格投资100万元时，投资人持股为10万股（100万元/10元），为计算方便，假定此时创始人股东的持股数量是20万股，按照8元每股计算，创始人股东共投入160万元。之后，目标公司因经营未达预

期但又不得不再次进行融资寻找 B 轮投资者,B 轮融资以每股 5 元的价格增发 10 万股,再次融资 50 万元。如果采用上述完全棘轮条款的方法计算,B 轮融资完成后,A 轮投资人获得 10 万股的补偿,持股数量从原来的 10 万股增加为 20 万股(100 万元/每股 5 元),则公司的股权比例变为:A 轮投资人 20 万股+创始人 10 万股(创始人赠送 10 万股给 A 轮投资人)+B 轮投资人 10 万股;A 轮投资人持股比例增加到 50%,创始人的持股比例则从 50%降低为 25%,B 轮投资人的持股比例为 25%。谈判中,创始人经律师提示意见后认为,如果采取这种算法,投资人在这种情况下能够获得 10 万股的补偿,占的"便宜"太大,于是经过跟律师商量,建议采用加权平均的方法计算应该补偿给 A 轮投资人的股数,具体为:

(1)核定总股数。创始人持股 20 万股,A 轮投资人持股 10 万股、B 轮投资人持股 10 万股,在 B 轮融资完成时公司总股数为 40 万股。

(2)核定总价值。A 轮投资人持股 10 万股对应投资 100 万元,创始人股东持股 20 万股对应投资 160 万元,B 轮投资人投资了 50 万元也是持股 10 万股,故公司总的投入是 310 万元。

(3)计算每股价格。B 轮融资完成后,公司股权总的投入为 310 万元,总股数为 40 万股,则公司此时的每股价值为 7.75 元(310 万元/40 万股),比 A 轮投资时的 10 元每股贬值了一些。

(4)计算应该补偿给 A 轮投资人的股数。A 轮投资人投资了 100 万元,B 轮投资完成时每股价值为 7.75 元,故在 B 轮融资完成的状态下,A 轮投资人应得的股数为 100 万元除以 7.75 元,等于 129,032 股。而此前 A 轮投资人持股 10 万股,故公司应补偿给 A 轮投资人的股数是 29,032 股,而不再是完全棘轮条款之下的 10 万股。补足后,公司的股权比例变为:A 轮投资人 129,032 股+创始人 170,968 股+B 轮投资人 10 万股;A 轮投资人持股比例为 32.3%,创始人的持股比例为 42.7%,B 轮投资人的持股比例为 25%。可见,完全棘轮和加权平均棘轮的区别是比较大的。在加权平均棘轮的计算方式下,上述模拟案例中创始人股东的持股比例至少还可以继续保持第一大股东的地位。

点评:完全棘轮也好,加权平均棘轮也好,用于补足前一轮投资人股权的份额一般都是由创始人股东转让而来,通常只是由创始股东当中的核心股东进行补偿,其他非核心的小股东一般不愿意承担补偿义务,尤其是不愿就补偿义务承担连带责任。实践中,有些小股东为了支持公司做股权融资而签署了承担补偿义务及连带责任的文件,往往是因为并不清楚相关法律后果。

还有一种安排是所有该轮投资人之前的股东(无论股权比例大小)按照持股比例承担补偿义务,具体由各方根据谈判情况确定。

原股东在向前一轮投资人进行补偿时往往采取无偿股权转让的形式。这可能导致产生税收负担。从税务机关角度看,这种股权转让的零对价与股权的公允价值不符,有可能要求按照其所核定的该等股权的公允价值征税。这里的公允价值到底应该是 A 轮融资的价格、B 轮融资的价格还是公司的净资产价格可能也存在不同的意见(一般认为是离转让最近的一次转让或增资的价格)。建议投、融资双方提前咨询当地税务部门或财税专业人士的意见,如确有税负,则应将税费分担条款写入投资协议。

法律依据及可行性:

该补偿本质上是原股东(大股东)对投资人的"私下"补偿,其愿意在某种情况下以零对价让渡部分股权,在法律上和实践中均不存在障碍。

本条款的内涵:估值只能逐步增加,不能减少,一旦估值降低意味着之前的估值判断失误,投资人需要设法"找补"。

本条款的主要功能:

(1)保护投资人的股权利益。在风险投资中,创业企业往往会进行多轮融资;每一轮新的融资中,投资人都可能面临股权被稀释的风险。如果没有本条款的保护,投资人可能被创始人通过低价增资的方式大量稀释股权,甚至被淘汰出局。

（2）激励创始人。反摊薄条款对创业企业及其创始股东也有激励作用，能够促使创始股东更加科学合理地做出经营决策，从而保证企业增值，并可预防企业的低价增资行为。

（3）利益平衡。反摊薄条款可以用来平衡创始股东与投资人之间的利益。如果投资人在投资时，创始股东利用其掌握更多信息的优势地位"不正当"地获得了投资人过高的估值，那么反稀释条款就可以平衡创始股东与投资人之间的利益关系，使其还原到应有的"公平"状态。

实务操作

融资方可以从如下角度对投资方股东提出的反稀释条款进行限制：

（1）设置一个底价，低于该价格融资才触发该条款（允许一定程度的估值波动）；

（2）设置一个范围，增资超过一定比例才触发该条款（比如增发只有一股，显然不应该触发）；

（3）设置一个目标，要求在公司达到设定经营目标时，去掉棘轮条款或取消对棘轮条款引起的股权稀释进行补偿；

（4）设置例外情形，尽可能扩大并约定清楚其"豁免适用"的范围，比如在实施股权激励或拥有特定资源的新股东加入时，不适用反稀释条款。

常见表述：

1. 完全棘轮条款

在中国法律法规允许的范围内并受限于必需的中国政府批准或登记，公司在首次公开发行日或挂牌日之前决定引进新投资方或采取其他任何行动导致摊薄本轮投资人在公司中的股权比例，应经过本轮投资人事先书面同意。如果该等新股的每百分比股权单价（以下简称新低价格）低于本轮投资人每百分比股权单价，本轮投资人将有权获得反稀释保护，本轮投资人有权按照本次增资交易的每股价格等同于新低价格对本次增资交易的每股价格进行调整,进一步获得公司发行的股权(以下简称本轮投资人额外股权),以使得发行该等新股后本轮投资人对其所持的公司所有股权权益(包括本次增资交易和本轮投资人额外股权)所支付的平均对价相当于新低价格,但 ESOP 下发行股权,或经董事会及本轮投资人批准的其他激励股权安排下发行股权应作为标准的例外情况。

例如:某公司注册资本为 200 万元;A 轮融资的投资人按投后估值 1200 万元投资 200 万元到公司(其中 40 万元计入注册资本,其余计入资本公积)。因此 A 轮融资后,公司持股比例为 A 轮投资者持股 40 万/240 万 = 16.7%,原股东持股剩余的 83.3%。在 B 轮融资时,因公司经营不善而又必须继续融资,投后估值降低为 1000 万元,B 轮投资者投资 100 万元持股 10%。根据完全棘轮条款,公司股权比例为:A 轮投资者持股比例从 16.7% 增加到 20%(因投了 200 万元而新的估值为 1000 万元),原股东持股减少为 70%,B 轮投资者持股 10%。

2. 加权平均棘轮条款

在目标公司完成合格 IPO 之前,未经任何投资人股东事先书面同意,目标公司不得以低于该投资人股东就其所持股权的每股购买价格(或每单位注册资本的购买价格或每元注册资本购买价格)(以下简称原每股购买价格)增加注册资本或发行新股(无论是股权类证券还是债券类证券);但下列情况除外,即(1)目标公司根据其董事会依照本协议约定批准的员工股权激励计划增加注册资本或发行新股(无论是股权类证券还是债券类证券),或(2)目标公司作为收购或合并其他企业(该等交易须已经股东会及董事会依照本协议约定批准)的对价而发行的证券。即使取得该投资人股东的同意,若目标公司增资或增发的每股价格(以下合称贬值发行价格)低于该投资人股东的每股购买价格时(以下简称贬值发行),则该投资人股东(以下简称被摊薄投资人股东)有权选择本协议所约定之"反摊薄措施"对其所持目标公司股权数额(或注册资本数额)进行调整以使其每股购买价格降至以下价格(以下简称调整后每股认购价格),具体公式如下:

调整后每股认购价格＝原每股购买价格×(X/Y)

其中：X＝a＋b，Y＝a＋c

a 是指目标公司进行贬值发行前，目标公司注册资本额；

b 是指潜在投资人拟用于认购新增注册资本的总价款若按照原每股购买价格可认购的注册资本额；

c 是指潜在投资人拟用于认购新增注册资本的总价款按照贬值发行价格可认购的注册资本额。

例如：某公司注册资本同样还是为 200 万元，每股 1 元；A 轮融资的投资人按照投后估值 1200 万元投资 200 万元到公司，每股价值增加到 5 元，因此 A 轮融资后，公司持股比例为：A 轮投资者持股 16.7%，原股东持股剩余的 83.3%。在 B 轮融资时，因公司经营不善且需要继续融资，投后估值变为 1000 万元，B 轮投资人投资 100 万元占 10%。则根据上述加权平均棘轮条款，公司每股加权平均后的价值约为：4.88 元，A 轮投资者占股数量增加到约 409,836 股。公司股权比例调整为：A 轮投资者持股比例从 16.7% 增加到 17.08%，原股东持股比例减少为 72.92%，B 轮投资者仍持股 10%。

● 案例链接

2013 年 11 月，上海屹某投资管理合伙企业（投资方）与东莞市凯某德电子科技股份有限公司（以下简称凯德科技）的控制股东吴某海（出让方）签订了《股权转让协议》，约定：

（1）出让方向投资方出售凯德科技注册资本 200 万元，每元注册资本价格为 6 元，投资方持有凯德科技注册资本的 3.2787%。

（2）投资完成后，对于凯德科技以任何形式进行新的股份融资时，价格及条件均不得优于投资方，投资方有权优先购买。

2013 年 12 月上海屹某与吴某海签订了《补充协议》，约定：

吴某海补偿上海屹某因粤科公司对凯德科技增资导致被稀释的股权，计算

199

公式如下：稀释补偿股权数量 =（200/6100 − 200/6766.67）× 6766.67 = 21.85万股。

吴某海承诺，凯德科技在全国股权转让系统挂牌后且选择做市交易当天起3个月内，凯德科技的市值不低于上海屹某投资凯德科技时的估值3.6亿元，若低于该估值，则必须无条件承担估值调整股权补偿责任。

2015年1月21日，凯德科技作出《关于股票挂牌并采用协议转让方式的提示性公告》，载明凯德科技股票将于2015年1月22日起在全国股权转让系统挂牌公开转让。

2016年5月，凯德科技召开2015年年度股东大会，会议审议通过了《公司2015年度资本公积转增股本的预案》。2016年7月，凯德科技以资本公积金向全体股东每10股转增10股。

合同签订后，吴某海未按约定补偿因增资被稀释的股权，上海屹某遂提起诉讼。

法院观点：

（1）被告应补偿原告因稀释减少的股票

《补充协议》约定，吴某海补偿原告因粤科公司对凯德科技增资导致被稀释的股权，共计21.85万股。该约定未违反法律强制性规定，被告亦确认该约定是其真实意思表示，对原告主张该21.85万股股权的补偿请求，法院予以支持。

（2）被告应补偿因转增股份而减少的股票

法院认为，如果原告基于《补充协议》于凯德科技在全国股权转让系统挂牌（2015年1月22日）后6个月内获得了被告承诺补偿的21.85万股，因凯德科技在2016年7月转增股份时并没有特别条件限制，原告在正常情况下会获得转增的21.85万股。只因被告未按《补充协议》的约定补偿原告该21.85万股，导致原告存在21.85万股预期损失，该损失亦未超出被告之预期，应由被告补偿给原告。

综上,对原告主张被告补偿原告凯德科技43.7万股股票的诉讼请求,法院予以支持。

点评: (1)本案中双方采取了投资人购买大股东股权的方式进行股权投资,虽不如增资方式常用,但基于投资人购买股权的目的和所持有的股权份额,此次交易同样属于股权融资。

(2)双方签订的《股权转让协议》及《补充协议》均为有效协议,主要争议是"反稀释条款"的效力。法院认为反稀释条款有效。

(3)上述反稀释条款采用的是加权平均棘轮条款,目的是使被稀释方的股比回到稀释前的状态。该方式比完全棘轮条款温和很多,相当于仅仅是消除稀释后果即可,同时也相对更为公平合理,更容易被投融资双方所接受。

(三)优先购买权条款——老股转让我先买

知识简介

优先购买权(right of first refusal),是指在原股东转让被投资公司股权时,投资人有优先购买的权利,否则原股东的股权不得转让给其他方(包括公司其他股东)。

该优先是指优先于公司其他股东,而非第三人,因公司股东天然享有优先于第三人的购买权。尽管如此,还是要区分在股东之间转让和向股东以外的人转让两种情况。

案例链接

某公司原有甲、乙、丙三位股东,投资人丁投资后成为第四位股东,则甲转让其股权时,如果是转让给其他三位股东之外的人,则投资人丁与乙、丙两位股东一样本就有优先购买权,只不过需要约定丁与乙丙所享有的优先权哪一个更优先。如果甲打算将股权转让给其他三位股东之中的人,投资人丁就需要约定自己享有优先购买权。

点评：(1)当股东甲拟将股权转让给股东乙时,股东丙和投资人丁并不享有优先购买权。这时,投资人丁如果想要获得优于乙、丙的优先购买权,显然需要跟甲、乙、丙在股东协议中进行特别约定或另行达成特别约定。这一点没有争议。

(2)当甲拟将股权转让给四位股东以外的戊时,股东乙、丙、丁依法都享有优先购买权;如果都要行使,还需要按比例分配。这种情况下投资人丁还是需要与甲、乙、丙进行特别约定,要求乙、丙放弃优先购买权或约定自己享有比乙、丙更加优先的购买权。

法律依据及可行性：

对有限责任公司股东的优先购买权问题,根据新《公司法》第84条规定,股东向股东以外的人转让股权应当尊重其他股东的优先购买权(但不再需要其他股东过半数同意)。

对股份有限公司投资人的优先购买权问题,属于股东之间自由约定范畴。

此条款在法律上和实践中均不存在障碍。

在投资人看好目标公司发展,同时目标公司原股东有一定套现需求的情况下,容易触发此条款。

实务操作

融资方可以从如下角度对投资方股东行使优先购买权进行限制：

(1)限定其优先仅是"同等条件下"的优先。

(2)限定其须在"合理期限内"明确是否行使优先权,如果超过该期限视为该权利丧失。

(3)设置例外情形,例如,在实施员工持股计划或引进具有特别资源的新的投资方时,不适用此条款。

常见表述：

公司除投资人以外的其他股东（以下简称转让股东）拟向第三方（以下简称预期买方）出售其拥有的部分或全部股权（以下简称拟出售股权）时，投资人有权以同等条件及价格优先购买全部或部分拟出售股权。转让股东就上述股权出售事宜应提前15日通知公司及投资人，投资人应于5个工作日内回复是否行使优先购买权，如投资人未于上述期限内回复转让股东，视为放弃行使本次优先购买权。

现根据最高人民法院《关于适用〈中华人民共和国公司法〉若干问题的规定（四）》对如下常见问题进行解读：

1. 继承是否影响优先购买权？

该司法解释第16条规定，有限责任公司的自然人股东因继承发生变化时，其他股东主张依据公司法第71条第3款规定行使优先购买权的，人民法院不予支持，但公司章程另有规定或者全体股东另有约定的除外。这意味着如果没有约定，则优先购买权不能对抗继承，但有约定除外。

法律规定很清晰，但实践中股权继承有时会遇到两种障碍：

（1）有些登记机关认为股权继承可视为股权转让，其他股东有优先购买权，甚至要求继承人按公司其他股东的要求向其他股东转让股权，这是错误的。优先购买权的前提是股东向股东以外的人转让股权，继承不属于这种情况。

（2）有些登记机关根据相关登记管理规定，强行要求继承人提供股东会决议，只要公司其他股东有一个不配合，就没法办理继承。事情的发展逻辑是：

股权继承需要办理变更登记——变更登记又需要股东会决议——所以需要其他股东的配合——其他股东不配合则无法办理继承。

如果遇到这种情况，继承人首先可协调登记机关直接办理，请登记机关本着便民的原则直接将继承人登记为新股东，因为公司其他股东对被继承股权并无请求权，故办理该变更登记不会损害其他股东的利益（实践中难度较大但继承人可以尝试）。如登记机关坚持不予办理，继承人可起诉其他股东，要求其配合办理相关手续。

- **案例链接**

　　张三与李四合资成立公司，各持股50%，两年后张三去世，其继承人要求李四协助办理股权变更登记，李四拒绝，张三的继承人将李四和公司诉至法院。

　　法院认为，由于公司章程未对股权继承作出约定，且原告确系张三的继承人，故原告依法可以继承张三的股东资格，被告公司对原告办理股权变更登记的要求有协助义务。

　　点评：继承人不能说服登记机关，起诉公司及其他股东也不失为一个办法。登记机关可以凭法院判决直接为继承人办理变更登记，无须再要求提交股东会决议。但是，该判决只说了被告公司对原告办理股权变更登记而没有提到李四的协助义务，可能是因为找不到明确的法律依据。深究起来，既然办理股权变更登记必须提供股东会决议，而这个判决并没有要求李四配合签署股东会决议，可见问题没有得到彻底解决。如果登记机关工作人员"认死理"或怕担责，还是有可能会说该判决未写明"无须提供股东会决议即可办理股权变更登记"，仍然不予办理。我们认为，《公司法》及其司法解释在股权继承问题上的规定仍然不够细致，并且在实践中导致了不少的混乱和不必要的讼累，建议有关部门进一步明确相关规定，简化继承人申请办理股权变更登记的手续。

2.什么是"同等条件"？

人民法院在判断是否符合新《公司法》第84条所称的"同等条件"时，应当考虑转让股权的价格、支付方式及期限等因素。

3.表态期限是否有限制？

有章程约定按约定，如无约定，其他股东自接到书面通知之日起30日内未答复的，视为放弃优先购买权。

（四）禁售条款——老股出售我把关

知识简介

禁售条款（prohibition on the sales of shares），是指未经投资人书面同意，创始股东不可出售其持有的公司股权，无论是采取对内转让还是对外转让的方式。

● **案例链接**：有限责任公司限制股东进行股权转让

西安市大华餐饮有限责任公司（以下简称大华公司）成立于1990年4月5日。2004年5月，宋文军作为大华公司员工出资2万元成为大华公司的自然人股东。大华公司章程第14条规定，"公司股权不向公司以外的任何团体和个人出售、转让。公司改制1年后，经董事会批准后可在公司内部赠予、转让和继承。持股人死亡或退休经董事会批准后方可继承、转让或由企业收购，持股人若辞职、调离或被辞退、解除劳动合同的，人走股留，所持股份由企业收购……"

2006年6月3日，宋文军辞职并申请退股。2007年1月8日，大华公司召开股东会通过了宋文军的退股申请并决议"其股金暂由公司收购保管，不得参与红利分配"。后宋文军以大华公司的回购行为违反法律规定为由，请求依法确认公司章程关于股权转让限制的约定无效。

最终该案经过多级法院审理，法院认为：基于有限责任公司封闭性和人合性的特点，由公司章程对公司股东转让股权作出某些限制性规定，系公司自治的体现。大华公司章程第14条关于股权转让的规定，属于对股东转让股权的限制性规定而非禁止性规定，宋文军依法转让股权的权利没有被公司章程所禁止，大华公司章程不存在侵害宋文军股权转让权利的情形。

点评：大华公司的章程为股东在1年后在有限范围内转让留了"出口"，并没有把转让的路完全堵死，故法院认为该章程第14条的规定有效。反之，如果没有留这个出路，就有可能被认定无效。

同理,如果章程规定某股东的股权永久性不能转让,有判例亦认为完全堵死了股权转让的路,伤害了股东转让股权的固有权利(处分自己财产的权利),相关规定无效。在股权激励、股权融资中,禁止转让条款很常用,这时候要注意设定一定的时间限制。当然,有人设定100年,这和永久性不能转让差不多,大概率也会被认定无效。

新《公司法》第84条规定有限公司的章程可对股权转让规则作出约定,并在第157条新增股份公司章程可对股份转让作出限制性规定的内容,似有完全尊重股东在这个问题上的意思自治的倾向。因此,章程能否规定股权或股份永久性不能转让,仍有待进一步讨论。

再看一个股份有限公司的案例。

- **案例链接:股份有限公司限制股东进行股份转让**

2015年10月13日,张某与某股份公司签订《投资协议》,主要条件为:该股份公司本次增资扩股拟增资3000万股,增资价格每股1.2元;张某以现金方式投资12万元购买公司10万股股份。同日,双方签订《投资协议之补充协议》,约定自本次增资入股实施完成之日(张某在上海股权托管交易中心被登记为公司股东之日)起2年内不得向第三方(某股份公司或某股份公司指定的第三方除外)转让其在某股份公司的股权。

2017年5月1日,张某(转让方)与徐某(受让方)签订《股份转让协议》约定张某将所持该公司全部股份转让给徐某。随后,双方就股份转让产生争议,争议焦点之一在于:股份在转让的时候是在禁售期内,能否进行交易?

法院经审理后认为,涉案股份存在2年禁售期,系基于张某与该股份公司之间签订的《投资协议之补充协议》中的约定,该约定系发生于该股份公司与张某之间;该禁售期的约定不同于我国法律体系中关于特定身份人员在特定期间禁售所持股份的规定,因此《股份转让协议》并未出现违反我国法律强制性规定的情形,该股份公司主张《股份转让协议》无效,缺乏法律依据,不予支持。

点评:(1)本案的关键在于,股份公司的股权转让并没有限制老股东享有优先购买权。因此,要判断系争股份转让协议的效力,只能看该股份转让协议是否违反了《投资协议之补充协议》中关于2年禁售的约定。

(2)根据合同相对性原理,股份受让方徐某并不受《投资协议之补充协议》的约束,故该股权转让协议有效。

(3)张某确实违反了《投资协议之补充协议》的约定,应当向相关方承担违约责任。这也提醒我们,禁售条款及其他任何义务性条款必须配备相应的违约责任条款(有义务必有违约责任)。

最高人民法院《关于适用〈中华人民共和国公司法〉若干问题的规定(四)(征求意见稿)》第29条规定:"有限责任公司章程条款过度限制股东转让股权,导致股权实质上不能转让,股东请求确认该条款无效的,应予以支持。"但正式稿删掉了。对此法院有相互矛盾的判例,理论界亦有争论,有的认为不可以限制股东转让股权,有的认为可以自由约定限制条件。如前文所述,这个问题仍无确定答案。

对于投资方而言,本条款的主要目的在于尽可能锁定原股东,让其不得随意对外出售公司股权,不允许其轻易套现退出目标公司,同时也可以防止投资人不认可的股东进入公司。

实务操作

融资方可以从如下角度对投资方股东提出的禁售条款进行限制:

(1)设置约束对象。可选择仅约束实控人或所有原股东。

(2)设置时间限制。一定期限内(尽量缩短期限)禁售,超过期限后不再禁售。

(3)设置比例限制。大股东转让股权导致其丧失控股地位时才适用该条款,应允许大股东仅转让小比例股权进行套现。

常见表述：

在投资者持有公司股权期间，未经投资者书面同意，公司持股比例超过 10% 的原股东不得转让其直接或间接所持有的公司的股权，但公司原股东转让的股权不超过其持股比例的 20% 且该转让不会导致大股东持有的表决权不低于 51%（不同于持股比例）的情形除外。

（五）共售条款——老股出售勿忘我

知识简介

全称为共同出售权（co-sale right），是指目标公司首次公开发行之前，如果创始股东或其他普通股股东向第三方转让股权，投资人股东有权按照拟出售股权的股东与第三方达成的价格和协议参与到这项交易中，按照其在目标公司中目前的持股比例向第三方转让股份。前文提到的"普通股股东"是指无优先权的股东。尽管前文提到有特权的投资人股东并非法律意义上的"优先股"股东，但专业投资机构往往在协议条款中自称"优先股股东"，称没有优先权的股东为"普通股股东"。这都是在实践中存在但在法律上不严谨的提法。

● 案例链接

2018 年 4 月，A 股上市公司奥瑞德光电股份有限公司（以下简称奥瑞德）发布公告，宣布终止收购合肥瑞成 100% 的股权。

万众瞩目的上市公司收购项目为何半途而废？先看前因：

1. China Wealth、合肥瑞成分别持有香港瑞控 22.59%、77.41% 股权。

2. China Wealth 与合肥瑞成曾有协议约定，China Wealth 享有与合肥瑞成同比例共同出售直接或者间接持有的香港瑞控股权的权利（共售权）。

3. 合肥瑞成的股东想把持有的合肥瑞成的 100% 的股份卖了，虽然没有直接卖香港瑞控的股权，但实际上造成了合肥瑞成持有的香港瑞控的 22.59% 的股权的产权转移。故 China Wealth 作为共售权人认为合肥瑞成实质性地违反了共售权条款。

4.上海证券交易所接到 China Wealth 的 LP 举报,其主张参与到本次交易中来。

5.上海证券交易所就此向奥瑞德出具《问询函》,要求奥瑞德补充披露合肥瑞成及相关股东是否已征求 China Wealth 出资人意见并行使共同出售权,是否已履行相应的内部决策程序。

6.随后,奥瑞德与 China Wealth 展开了谈判,就收购 China Wealth 所持香港瑞控股份的安排达成了一致,但最终该起交易仍然因多方面因素而未能完成。

点评:(1)China Wealth 主张行使共售权及其 LP 的举报行为,阻碍了该交易的推进,最终搅黄了奥瑞德的收购计划。

(2)China Wealth 为什么不自己出面举报而要由其 LP 出面举报?这可能是因为 China Wealth 作为基金公司担心卷入诉讼影响自己的形象。反之,LP 是真正的出资人,关注自己的投资权益无可厚非。

(3)China Wealth 为什么不选择起诉而选择举报?这可能是因为本案中合肥瑞成并没有直接出售其手中的香港瑞控的股权,而是"自卖自身";该行为是否违反其与合肥瑞成的共售权约定,在诉讼结果上存在不确定性。当然,打官司损害自身形象,费钱、费力、费时也应该是一部分原因。

点评:China Wealth 主张行使共同出售权,逼迫相关收购方不得不直接跟享有共售权的"小股东"进行谈判,维护了自身权益。

- **案例链接**:最严厉的共售权条款

原告北京富汇天使高技术创业投资有限公司(以下简称富汇天使)、原告北京富汇科融创业投资中心(有限合伙)(以下简称富汇科融)与被告深圳市瑞合鑫业创业投资有限公司(以下简称瑞合鑫业)、第三人上海百家汇投资管理有限公司(以下简称上海百家汇)、第三人北京祥瑞生物制品有限公司(以下简称祥瑞公司)合同纠纷案中,富汇天使和富汇科融作为投资方在投资瑞合鑫业时所签署的《增资协议》第3.8条约定:各方在此确认,本次增资后至公司变更为上市股份公司之日止,在同等条件下,公司控股股东、创始股东及管理层股东拟出售股权时,公司其他股东有权优先出售其所持公司的部分或全部股权,所出售的股权数额不超过公司控股股东、创始股东及管理层股东拟出售的数额;如多个股东行使该权利,则按照其在公司注册资本所占比例分配。随后,瑞合鑫业与第三人因债务问题达成以股抵债相关协议,约定瑞合鑫业将股权转让给第三人后,各方相应债权债务抵销。

随后,各方因上述行为产生争议,争议焦点为《增资协议》第3.8条约定是否合法。对此,法院认为,"结合增资协议合同各方的立约本意,3.8条的优先出售权约定,是小股东在控股股东退出公司时对其利益的保障约定。一旦公司经营状况恶化,小股东可以优先于控股股东全身而退",并最终判定被告违反增资协议有关优先出售权的约定。

点评: 上述条款被触发的起因是创始股东想转让股权,跟一般共售权条款的触发事由一样。但严格来说,上述条款约定的并不是共售权,而是"优先出售权",这一约定对投资方权益的保护更到位。

相比而言,共售权条款约定各方可以按照比例出售,而不是必须由投资方优先出售,这样更加公平。

共同出售权实际上是目标公司的股东之间就股权转让所作的特别约定。在《公司法》没有明确禁止的情况下,共同出售权条款在目前的中国法律框架下并没有实质性的障碍,投、融资双方可以在投资协议中对此约定。

原股东退出或"减持",会动摇投资的信任基础;如果价格合适,投资者有权跟随"减持",这在一定程度上也加大了原股东出售股权的难度。

"共同出售权"条款与"优先购买权"条款都是针对创始人出售股权时使用的条款。如果创始人满足出售股权的前提条件,投资人不行使优先购买权的同时,投资人可以通过行使共同出售权以实现与创始人同比例出售。共同出售权的主要作用有：

第一，防止创始股东随意退出公司。投资人对公司的投资，在看好公司成长性的同时也看重创始股东（团队），通过主张共同出售权可以有效阻止创始股东退出公司。

第二，在拟进行的交易中获利。共同出售权为投资人创造了一个退出的机会；如果创始股东发现了优质的潜在买家并希望通过出售部分股权的方式获取高额收益，则投资人亦可通过行使共同出售权的方式分享这份利益。

实务操作

融资方（创始股东）可以从如下角度对共同出售权的行使设置限制：

第一，约定投资人股东不得行使共同出售权的附加条件。如创始股东在投资交割完成后的12个月内出售公司10%以内的股权，且保持其持有的公司股权在60%以上，不影响其管理公司的，则不触发共同出售条款，投资人股东不得行使共同出售权。

第二，投资人股东往往要求创始股东承担通知股权转让事宜的义务，与之相对应，创始股东可约定在通知送达投资人股东之后合理时间内，投资人股东没有明确表示的，则视为放弃共同出售权。

第三，由于不可抗力、法院判决、继承等原因需要创始股东向第三人转让相应股权的，投资人股东无权要求行使共同出售权。

常见表述：

公司在合格资本市场首次公开发行上市前，在不违反本协议其他条款的情况下，创始股东出售其拥有的部分或全部股权时，投资人有权行使优先出售权，否则创始人不得转让。

任一行使共同出售权的投资方（以下简称共售行权投资方）可行使共同出售权的股权数额为：转让方拟转让的股权的数额×该共售行权投资方届时所持有的公司

股权÷(各共售行权投资方届时所持有的公司股权之和＋转让方所持有的公司股权)。

创始股东就上述股权出售事宜应提前通知投资人,投资人应于一定期限内回复是否行使共同出售权,如投资方未于上述期限内回复创始人,视为放弃行使本次共同出售权。

(六)优先分红权条款——公司赚钱我先分

知识简介

优先分红权(dividends preference),是指投资方有权先于其他股东分取被投资公司的利润。

优先分红权可以分为参与性优先权和非参与性优先权。

参与性优先权,是指当投资方股东在分得固定红利后,仍可按持股比例与其他股东一起分配剩余的利润。

在该权利为非参与性优先权,是指该投资方股东只能获得固定数额的股息,之后不可以再参与剩余利润的分配。

● 案例链接

某公司在A轮融资时引入投资方A,在投资协议中约定,投资方A享有如下权利:如公司在未来进行分红,则投资方A有权按照基准收益率8%优先获得利润分配,在分配满足投资方上述基准收益后剩下的利润部分,投资方不再参与分配,由剩余股东按照各自股权比例进行分配。

点评:(1)上述约定属于典型的优先分红权约定。在刘联群、刘未未返还原物纠纷再审审查与审判监督民事裁定书中,最高人民法院认为,"《公司法》[1]规定,'公司股东依法享有资产收益、参与重大决策和选择管理者等权利';'股东

---

[1] 本案发生于2023年《公司法》修订之前,适用当时的法律规定。

按照实缴的出资比例分取红利;公司新增资本时,股东有权优先按照实缴的出资比例认缴出资。但是,全体股东约定不按照出资比例分取红利或者不按照出资比例优先认缴出资的除外'。在公司存在可分配利润的前提下,全体股东约定,以定向分红的方式向特定股东派送红利的,符合《公司法》规定,属于股东间不按出资比例分配公司利润的约定,系有效之约定"。可见,法院认为该类优先分红权的约定合法有效。

(2)上述有关优先分红权的约定属于"非参与性优先权",而非"参与性优先权"。如果是"参与性优先权"投资方会要求在获得基准收益后,依然与其他股东一起按照各自持股比例分配剩下的利润。如果投资满1年后待分配的利润为100万元,投资方按照8%计算的基准收益为10万元,占股比例为10%;那么,如果按照"非参与性优先权"计算,投资方只能获得10万元的利润分配,剩下90万元的利润由其他股东按比例获得;如果按照"参与性优先权"计算,投资方可以获得19万元(基准收益10万元+剩余90万元利润的10%),剩下的81万元利润由其他股东按比例获得。

本条款的目的是在目标公司经营状况良好、可以分红的情况下,给予投资方优先于其他股东的分红权。新《公司法》第210条对于不按持股比例分红的合法性继续予以确认,只是对有限责任公司要求全体股东同意,对股份公司则只需章程另有规定即可。

> 实务操作

融资方可以从如下角度对投资方股东行使优先分红权进行限制:

1. 尽量争取约定投资人仅享有非参与性优先权(投资方获得固定股息后不可再参与分红)。

2. 设置限额,即分红达到多少额度或股息比例后,不再适用本条款。

常见表述：

各方同意，在目标公司每年年度审计报告出具之日起 10 个工作日内，目标公司按照下述方式进行利润分配：

(1)在目标公司宣告分配的股息数额不超过投资额的 8% 时，投资方的分红权比例为 8%，原股东的分红权比例是 0。

(2)在目标公司宣告分配的股息数额超过投资额的 8% 时：首先，对于所分配的股息数额的 8%，投资方的分红权比例为 100%，原股东的分红权比例为 0；其次，对于所分配的股息数额的剩余部分，双方再按照股权比例进行分配。

(七)优先清算权条款——清算有余我先分

知识简介

优先清算权(Liquidation Preference)，是指投资方有权在其他股东之前按照事先约定的方式获得企业清算价值的全部或部分。

根据投资方股东是否可以参与后续分配，优先清算权可以分为如下几类：

1. 无参与权的优先清算

无参与权的优先清算也称"不参与分配优先清算权"（Non – participating Liquidation Preference），是指投资人仅获得自己股权对应比例的剩余财产分配或分配到某一个回报数额，不参与后续分配。

2. 有参与权的优先清算

有参与权的优先清算也称"完全参与分配优先清算权"（Full – participating Liquidation Preference），是指享有参与分配权的投资人在获得自己股权对应比例的分配或某一个回报数额之后，还有权根据其持股比例和其他股东按股权比例分配剩余财产。

3. 附上限的优先清算参与权

附上限的优先清算参与权，也称"附上限参与分配优先清算权"（Capped –

Participating Liquidation Preference),是指投资人优先参与分配剩余财产,然后按其持股比例和其他股东按股权比例分配剩余财产,但所获回报有一个约定上限。这个定义看起来比较绕,我们看一个示范条款:

在支付给 A 系列优先股股东(注:投资人)清算优先权回报之后(注:投资人先分一次),剩余资产由普通股股东与 A 系列优先股股东按相当于转换后股份比例进行分配(注:投资人按其持股比例再分一次);但 A 系列优先股股东一旦其获得的回报达到地【　】倍于原始购买价格以及宣布但尚未发放的股利,将停止参与分配。之后,剩余的资产将由普通股股东按比例分配(注:为再分一次设定了一个上限)。

这是一种对完全参与清算优先权的不公平性做出限制性的折中,即投资人回报达到一定上限后停止参与分配。

实践中,在目标公司有足额剩余价值的情形下,优先清算回报上限一般是优先股股东原始购买股权价格的一个固定收益回报数额;但触发清算时,目标公司往往已经经营不佳,并无足额剩余价值可分。

上述三种分配模式中,第一种更有利于融资方,第二种更有利于投资方,第三种相对公平。

- 案例链接:笼统的优先清算

　　校园电影院线公司注册资本为2650万元,股东为林宇等人。2015年9月,北科中心(甲方,投资人)与林宇(乙方)及其他相关方签订《增资协议》,约定:北科中心进行增资,认购新增105万元的注册资本(占增资后总注册资本的3.81%),《增资协议》约定了投资人的优先清算权,具体为:

　　如果因破产或其他原因实施清算,则在分别支付清算费用、职工的工资、社会保险费用和法定补偿金,缴纳所欠税款,清偿公司债务后,对剩余财产进行分配时,乙方、丙方、丁方应保证甲方优先获得本次增资中其全部实际投资加上该等实际投资对应的已公布分配方案但还未执行的红利中投资方应享有的部分。

　　后由于经营不善,北科中心将林宇等告上法庭。

审理过程中，北京市第三中级人民法院认为：根据《公司法》规定，公司清算时，清算费用、职工的工资、社会保险费用和法定补偿金、所欠税款、公司债务优先于股东分配。本案中，案涉《增资协议》第15条"优先清算权"约定，目标公司在分别支付清算费用、职工的工资、社会保险费用和法定补偿金，缴纳所欠税款，清偿公司债务后，北科中心在股东分配中优先于其他股东进行分配，该约定并不违反《公司法》的规定，故属有效。

点评：上述案例中关于优先清算权的约定较为笼统，只是说明了清算分配时应当先支付给投资方直至其收回投资以及应分配的利润。该分配方案与传统意义上的"无参与权的优先清算"比较类似。

- **案例链接：三种清算模式的区别**

某公司在引入投资方A后，签署了《增资协议》并约定：如公司触发清算，投资方A有权选择以下任意一种清算优先权：

方式1：投资方在获得全部投资款并按照年利率8%获得基准收益后，不再对剩余财产参与分配；

方式2：投资方在获得全部投资款并按照年利率8%获得基准收益后，有权继续按照持股比例与其他股东一起分配剩余财产；

方式3：投资方在获得全部投资款并按照年利率8%获得基准收益后，有权继续按照持股比例与其他股东一起分配剩余财产，但当投资方获得的分配财产达到投资本金+15%年收益后，则不再继续参与后续分配。

上述三种方式分别就是前面提到"无参与权的优先清算""有参与权的优先清算"和"附上限的优先清算参与权"。

假定公司在投资满2年后进行了清算，其清算的剩余资产为100万元，投资方投资的金额为10万元，投资年化基准收益8%，投资比例为10%，那么：

方式1：选择"无参与权的优先清算"，投资方可获得的资金为11.6万元（10万元+10万元×8%×2）；

方式 2：选择"有参与权的优先清算"，投资方可获得的资金为 20.44 万元 [10 万元 + 10 万元 ×8% ×2 + (100 − 11.6) ×10%]；

方式 3：选择"附上限的优先清算参与权"，投资方可获得的资金为 13 万元 (10 万元 + 10 万元 ×15% ×2)。

点评：本项目中，投资人对三种模式都进行了罗列，并约定投资人可自由选择最有利的模式，显得比较强势。

法律依据及可行性：

1. 能否约定"视同清算事件"？

法定解散：新《公司法》第 231 条规定，公司经营严重困难，继续存续会使股东利益受到重大损失，通过其他途径不能解决的，持有公司全部股东表决权 10% 以上的股东，可以请求人民法院解散公司。

约定解散：新《公司法》第 229 条规定，公司可因公司章程规定的营业期限届满或者公司章程规定的其他解散事由出现解散。这里的"其他解散事由"就属于可以约定的"视同清算事项"。

2. 能否约定清算后部分股东优先分配？

《民法典》第 72 条第 2 款规定："法人清算后的剩余财产，按照法人章程的规定或者法人权力机构的决议处理。法律另有规定的，依照其规定。"

新《公司法》规定，公司清算时，清偿债务后的剩余财产，有限责任公司按股东的出资比例分配，股份有限公司按股东持有的股份比例分配。有观点认为，因《公司法》作为特别法应优先适用，而"按照出资比例或股份比例分配"的规定属于强制性规定，优先清算权违反该规定，应认定无效。

司法实践中不少法院倾向于认定该条款有效，理由：公司清算后的剩余财产性质上属于公司全体股东的共有财产，新《公司法》规定的清算剩余财产分配方式不属于效力性强制性规定。

条款内涵及目的：

投资者要求约定清算。另外,投资人要在公司被收购、出售控股股权或出售主要资产("视为清算")时,也能获得一定的回报保障。

通常情况下,触发清算时,投资方的投资就已宣告"失败",约定优先清算权只是一种聊胜于无的止损措施。

> 实务操作

一般而言,清算事件是指导致公司控制权变更的重大资产或股权的变动情况,诸如公司投票权转移、公司被兼并、合并、公司全部或实质性全部资产的出售、租赁等。融资方应尽量争取缩小清算事件的范围,约定仅发生重大不利事件(仍需明确界定,缩小范围)方可视为清算事件。

常见表述:

1. 各方同意,本次增资完成之后,清算事件发生时,公司应按照法律以及公司章程的有关规定和程序向投资人足额支付股息红利。如公司当年拟向股东分配利润(以下简称可供分配总利润)的,投资人有权在公司其他股东分配利润前优先分取当年的利润。在向投资人足额支付红利之前,公司不得向任何其他股东以现金、财产或以公司股权的方式支付任何红利。

2. 当年的可供分配总利润在扣除上述投资人优先分取的利润后,投资人和公司其他股东将按持股比例共同享有公司的利润(包括但不限于本次增资完成前公司实现的所有净利润以及以前年度的滚存未分配利润)。

(八)否决权条款——重大事项我把关

> 知识简介

否决权条款(veto right)又称保护性条款(Protective Provision),是指投资人出于保护自身作为小股东的利益的考虑,以董事会成员或股东的身份要求对公司的重大事项以及与投资人重要利益相关的事项拥有否决权,或者说反向的决定权。

常见的有必要争取否决权的事项有:

(1)公司业务范围和/或业务活动的重大改变;

(2)公司增资、减资、合并、分立、重组、改制、并购;

(3)出售、抵押、担保、租赁、转让或以其他方式处置公司账面价值超过100万元的资产;

(4)关于知识产权的购买、出售、租赁及其他处置事宜;

(5)批准年度业务计划/年度预算计划或就已批准该等计划进行重大变更;

(6)公司向银行或其他机构或个人单笔贷款超过100万元或年累计1000万元的额外债务;

(7)公司对外提供担保或对外提供贷款;

(8)对公司及子公司的股东协议、备忘录和章程中条款的增补、修改和删减;

(9)任何关联交易行为;

(10)提起将改变任何股东的权利、义务或责任,或稀释任何股东持股比例的诉讼;

(11)分红及公司分红政策的任何改变;

(12)任何期货、期权交易或其他投机性投资;

(13)提起涉案金额超过100万元的诉讼或仲裁;

(14)聘请、更换审计师、律师;

(15)组织机构重大调整、管理制度重大改变;

(16)公司清算、解散;

(17)设立注册资本或投资金额超过100万元的子公司,合资、合伙企业或其他对外投资,及在各子公司等投资实体的股权或合伙份额变动;

(18)公司重大业务合同(单笔占全年销售金额10%以上)的签署;

(19)超过经批准的年度预算10%的资本性支出;

(20)公司新的股权融资计划；

(21)公司的上市安排,包括中介公司的聘用、上市时间、地点、价格等；

(22)制定或修改公司劳动合同范本；

(23)制订或变更高管福利计划、年度薪酬总额、高级管理人员年度薪酬标准；

(24)股权激励计划的制订、实施或中止；

(25)给予任何董事、管理人员或其他雇员的贷款。

法律依据及可行性：

1.有限责任公司股东会的表决

新《公司法》第66条规定："股东会的议事方式和表决程序,除本法有规定的外,由公司章程规定。股东会作出决议,应当经过代表过半数表决权的股东通过。股东会作出修改公司章程、增加或者减少注册资本的决议,以及公司合并、分立、解散或者变更公司形式的决议,应当经代表三分之二以上表决权的股东通过。"

因此,公司合并、分立、解散或者变更公司形式这四类事项,必须经代表2/3以上表决权的股东通过。3/4、4/5、100%都在2/3的范围内。投资人要求增加自己的否决权,是在原有表决权比例要求之上"加码",不会导致公司章程违背《公司法》的规定。

2.有限责任公司董事会的表决

新《公司法》第73条规定："董事会的议事方式和表决程序,除本法有规定的外,由公司章程规定。董事会会议应当有过半数的董事出席方可举行。董事会作出决议,应当经全体董事的过半数通过。董事会决议的表决,实行一人一票。董事会应当对所议事项的决定作成会议记录,出席会议的董事应当在会议记录上签名。"

基于此,投资人可以将若干重大事项纳入董事会一致通过的范围。需要注意的一点是,在将这些事项列入董事会或股东会决议的范围时,需要考虑法律关于公司股东会和董事会的基本分工。我们认为,股东会、董事会的职权只能在《公司法》规定的法定职权基础上增加,而不能减少。在新《公司法》中,经理职权已不再列举,而是规定由章程规定或由董事会授权决定,不存在增减问题。

股权投资中的保护性条款,是为保护作为小股东的投资人权益而作出的一种表决机制安排,这种安排既可能涉及股东会会议投票,也可能涉及董事会会议投票;通过此种安排,使特定行为非经投资人同意不得实施。其作用有:

1. 维护投资人的利益。投资人在多数情况下都是公司的小股东,往往不参与公司的经营管理,存在严重的信息不对称。在公司后续运营过程中,如果创始股东作为大股东滥用对公司的控制权,投资人在公司的利益将会受到损害。投资人通过行使保护性条款,可以在一些与其利益息息相关的事项上掌握一定的控制权以维护自身的利益。

2. 控制公司风险,保障公司正常运营。否决权是投资人控制风险的一个重要措施,投资人把诸多重大事项的否决权握在手中,核心考虑就是防止公司业务"出轨"。目前,我国《公司法》和司法实践对小股东的权利保障还很薄弱,因此投资人主张享有否决权有其合理性。

另外,投资方以及其委派的董事通常不会对目标公司业务进行深度参与,再加上该等委派董事可能并不具备相关的专业背景,投资方的否决权过大有时反而可能制约目标公司的决策效率甚至导致僵局。因此,一票否决的事项不是越多越好。

实务操作

创始股东可以采取如下措施对投资人提出的否决权条款进行限制:

1. 尽可能明确"否决权"的适用范围(尽可能窄),界定什么是"重大事项"(尽可能少)。

- 案例链接

  某公司有两个股东,持股比例为7:3。公司章程规定:"公司所有重大经营事项均需要全体股东同意。"

后两股东发生矛盾,大股东通过股东会将小股东委派的总经理罢免(注:章程并未约定小股东对总经理拥有提名权)。

小股东起诉至法院,大股东抗辩称:"经营"事项应理解为公司对外的业务经营,而公司内部的人事任免并非"经营"事项,无须经过全体股东同意。

一审、二审法院认同了大股东的抗辩,判决小股东败诉。

点评:大股东的代理律师当时曾经想过将总经理任免理解为需要持有2/3以上表决权的股东同意的重大事项,但法律依据不足。2/3规则针对的重大事项,是指"合并、分立、增资、减资",修改章程,解散清算等,并不包含人事任免。后经团队讨论,决定把抗辩重点放在"经营"二字上,最终获得了法院的支持。

2. 明确约定实施本条款的投票比例。若公司投资人股东较多且各投资人话语权相当,否决权条款可设置为当投资人股东中一定比例的投资人同意时相关事项即可通过表决,"同意"票的比例通常设为"多数"或"超过50%",即公司要执行否决权条款约定的事项之前,要获得持有多数或超过50%"同意"票的投资人股东同意。

有时候,投资人会要求设置更高的"同意"票比例,这会降低公司的决策效率,对投资人也不见得有利。最差的安排是对每个投资人都给予否决权,很容易让公司陷入僵局。曾经红极一时的OFO小黄车就是因为对多个重量级投资人都给了否决权,导致公司难以及时作出重大决策;这也是其失败的原因之一。

3. 要求公司运营达到阶段性目标之后,去除某些否决权条款。

常见表述:

各方同意,在公司合格上市或合格挂牌之前,公司以下重要事项须经公司股东会持有超过50%以上表决权的股东同意且经【某投资人】同意方可通过(属于董事会决议事项的,应经该投资人委派董事同意方可通过):

具体事项请参见前文。

(九)领售权条款——我卖股权你要跟

知识简介

领售权又称拖带权(drag-along right)、强卖权、强制随售权,是指如果被投资企业在一个约定的期限内没有上市,或双方事先约定的出售条件成就,则投资人有权要求创始股东和自己一起向第三方转让股权,创始股东必须按投资人与第三方达成的价格和条件,按照投资人在被投资企业中的股权比例向第三方转让股权。

领售权是一种约定的权利,是股东之间就股权处置行为进行的一种特别约定。《公司法》虽然规定股权转让必须经其他股东过半数同意,但是"公司章程对股权转让另有规定的,从其规定"。换言之,我国《公司法》原则允许投资人与创始股东自由约定股权转让的触发条件。

领售权的目的是投资人为了主导后续交易,强制创始股东接受投资人后续交易安排,保证投资人作为小股东话语权。

投资人主张领售权的意图主要是增加其出售股权的价格筹码,获得控制权溢价,亦可以给创始股东施加压力。

第一,投资人一般是小股东,其单独将股权出让,通常不会有人愿意"接盘",即使有,在受让价格上也会有很大差别。如果能拖带上创始股东一起卖,出让股权的优势明显加大,实际上就把出售股权行为变成了转卖公司的行为,有利于产生控制权溢价,有效提高股权转让的价格。

第二,领售权实际上使投资人掌握了公司的转卖权,如果投资人将公司转卖给同行业的大公司,则会获得较高的投资回报。在难以通过IPO退出时,领售权无疑为投资人提供了一条高价退出的途径。

第三,投资人也可以借助领售权给创始人股东施加压力,要求其在"失去"公司和听从投资人的建议之间做选择。

📄 **实务操作**

实践中,创始股东对领售权比较抵触因为这意味着创始股东失去了对公司的控制甚至彻底出局。创始股东即使愿意转让股权,也希望能够由自己决定,而不是受投资人的"拖带"。因此,创始股东往往会对投资人行使领售权设定一系列的条件。

实践中可以从下列角度进行限制:

1. 限制领售权的触发条件

例如,可约定满足下列条件时方可行使领售权:

(1)被投资企业在一个约定的期限内没有上市(往往是一个较长的期限);

(2)未完成上市之前既定的财务指标(税后净利润);

(3)在达到既定投资期后退出不明朗及管理层决定不实行上市等情况;

(4)只有出售股票才能达到投资的预定最低回报率;

(5)设定出售股权的最低价格;

(6)其他事先约定的条件成就时。

2. 防止恶意拖带

投资人不得恶意行使拖带权,例如将股权低价出售给自己的关联方。这种情况下,创始股东就可能会血本无归。当然,向关联方出售股权,并非都归于无效,只要满足价格公允、程序合法、信息披露充分的原则即可。

3. 限制投资人行使权利的期限

可以约定一定期限届满投资人才能行使领售权,让行使领售权成为投资人退出的最后渠道。

4. 限制股权转让对象

一方面,创始股东可以要求在条款中限制股权转让的对象,例如,不得转让给其竞争对手或者其他让创始股东不能接受的受让方。另一方面,在投资人股权转让时,如果有几个购买人可以选择,在价格条件相同的情况下,创始股东应当有选择权。

第四章 股权融资协议的主要条款

常见表述：

各方同意，在本协议签署日起 48 个月届满后，若(i)公司合格上市或合格挂牌无望，同时又有任何第三方(收购方)拟收购公司的股权，且届时公司估值大于人民币 20 亿元时，或(ii)公司陷入经营困境、业绩连续 2 年下滑，同时又有任何收购方拟收购公司的股权，在本轮投资人和天使投资人共同批准该出售行为(定义见下文)的情况下，则公司的其他股东均应投票同意该出售行为，采取所有必要措施配合完成该出售行为，并且不再寻求评估并放弃法律赋予的寻求其他救济方式的权利。

为本协议之目的，"出售行为"指通过合并、重组或其他方式出售公司股权，或出售公司资产等。

本轮投资人和天使投资人行使强制出售股权时，应就出售行为书面通知公司和其他股东，该通知应包括：(i)受让方的名称；(ii)出售价格；(iii)该出售的其他条款和条件。在书面通知交付公司和其他股东后 30 日内，其他股东应当同意该出售且应促使其委派的董事在董事会上批准该出售，其他股东应以出售通知中规定的同等条款和条件及价格出售其持有的股权。如果其他股东不同意出售股权，则需要以等同于第三方的价格收购本轮投资人和天使投资人持有的全部公司股权。

- **案例链接：张兰痛失俏江南**

  2008 年，鼎晖基金向俏江南投入 2 亿元资金，拿到了俏江南 10.526% 的股份；对赌条款要求俏江南在 2012 年年底实现上市。

  2011 年俏江南申请 A 股 IPO 被否，原因是："采购端与销售端都是现金交易，收入和成本无法可靠计量，无法保证会计报表的真实性。"

  2012 年，为了规避商务部十号文的限制(境内自然人境外 SPA 公司并购境内主体需商务部审批)，俏江南实际控制人及大股东张兰变更国籍为某加勒比岛国，后市场继续恶化俏江南上市被迫终止。

  鼎晖基金投资期届满，需要给自己的 LP 支付投资退出回报，于是希望转让所持有的俏江南的股份；其所寻找的投资方(受让方)要求实现控股，如果仅仅

225

收购鼎晖基金所持股份,无法实现转让交易。

因此,鼎晖基金行使领售权,要求张兰与自己共同向欧洲私募股权基金 CVC 出售股权;CVC 最终以 3 亿美元的价格收购俏江南 82.7% 的股份。

通过行使领售权,鼎晖基金成功实现了转让退出,而实际控制人及大股东张兰则丧失了对俏江南的控制权。

点评:本案例说明,领售权条款对于投资人通过转让股权实现投资退出作用明显。

另外,张兰在签协议的时候可能根本没有认真思考以上市为触发对赌条件的巨大风险,也没有认真研究领售权这种特殊权利。在本书付印时,我们还看到了张兰的境外信托被击穿的报道,可见张兰在资本运作方面确实不够谨慎。

(十)回购权条款——撤回投资没商量

知识简介

回购权(redemption rights),是指投资人在特定情况下,要求公司或创始股东以特定价格购回其持有的股权的权利。投资人要求的特定价格一般为投资人股本投入加一定溢价。需要强调的是,此处的回购权与对赌条款下的回购权不一样,这里是指约定在一定情况下(一般是某期限内),由被投资企业或原股东按一定价格赎回基金所持有的股权。

回购义务人通常包括创始股东和/或目标公司。

• 案例链接

某国有基金在投资某物联网企业时,除了约定"回购型对赌"条款之外,还增加了一个"到期回购"条款,即在投资款到位满 3 年后,无论公司业绩如何,投资人均有权要求创始人团队按照年回报 8% 的标准回购投资人持有的目标公司股权。

第四章　股权融资协议的主要条款

> **点评**：笔者团队在代表融资方谈判过程中，指出既然有了"回购型对赌"条款，再加这一条并无必要，而且这一条涉嫌"名股实债"。投资方解释称：作为国有基金，对资金的安全性有更高的要求，希望融资方不要纠结。后融资方接受了这个条款。

尽管这种单纯的回购条款给了创始人很大的压力，但创始人需要这笔投资，也需要国有基金的背书；最坏的结果，也就是借了一笔年息 8% 的贷款。——融资方创始人就这样说服了自己。

关于回购权条款的法律依据及可行性，我们从法理、监管和司法裁判角度分析如下：

1. 从法理角度看。"名股实债"与单纯的股权投资或借贷债权均不相同，其以到期无条件回购、定期分红等形式获得资金保障和固定收益，且其收益并不与目标公司业绩挂钩，投资方亦不追求对目标公司的股权进行管理和支配。换言之，投资方并不承担投资风险。

2. 从监管角度看。2018 年 1 月 12 日，中国证券投资基金业协会发布《私募投资基金备案须知》，要求私募基金不能偏离投资本质，禁止私募基金从事借贷活动，否则不得备案。

3. 从司法裁判角度看。(2019)最高法民终 355 号案例中，尽管投资者通过增资入股对目标公司进行投资，并以逐年退出及回购的方式收取固定收益，最高人民法院依旧认为，"基金通过增资入股、逐年退出及回购机制对目标公司进行投资，是符合商业惯例和普遍交易模式的，不属于为规避监管所采取的'名股实债'的借贷情形"。除非存在明显违反"风险共享、利益共担"原则之情形的，法院并不会轻易否定新型投资模式的合理性。

在(2021)京 0111 民初 9100 号案例中，北京市房山区人民法院认为，双方签订《入股协议书》后，被投资方 G 公司并未有实际履行《入股协议书》的意思表示，投资方杨某也并未有欲成为 G 公司股东的真实意思表示，即催告 G 公司积极履行《入股

227

协议书》，并积极行使股东权利和履行股东义务，且其股东身份也未以一定形式被相关公众所认知，如参与公司的经营、参与股东会表决等。换言之，杨某并未成为G公司的股东。我国法律规定行为人与相对人以虚假的意思表示实施的民事法律行为无效，故应认定双方成立民间借贷关系。

从上述两则典型司法判例可以看出，不同裁判机构可能根据不同背景情况对该类行为到底是构成"投资"还是"借贷"进行定性。

📄 **实务操作**

融资方应尽量避免原股东对回购义务的连带责任的约定；同时对于回购的触发条件的约定应尽量明确具体，并约定除外条款，例如：投资方承诺的投资基金及引入的资源未按时到位的，或发生不由原股东团队掌控的突发事件的，可以豁免回购触发条件。

常见表述：

各方同意，在投资款到位48个月以后本轮投资方有权要求原股东回购投资方的股权，回购价格为下列金额中较高者：

（1）本轮投资人投资款自交割日起在投资期间以12%的年投资回报率计算出收益和投资款本金的总额（扣除公司已支付给本轮投资人的利润分配或股息红利）；

（2）本轮投资人股权比例对应的公司截至向本轮投资人支付全部回购价款之日的公司净资产。

除上述比较常见的十大特权条款外，还有一个"土豆条款"不像上述十大条款那样常用，但非常有特色。现简述如下：

📄 **知识简介**

创始人的婚姻状况开始成为投资者关注的事项。相应地，在风险投资交易文件中增加与创始人和其配偶之间对夫妻共同财产（特别包括其持有的公司股权）之权属进行预先规划的条款，便被称为"土豆条款"。一般而言，投资者会要求在协议中增加约定：公司创始人如果离婚或结婚，只能分现金给配偶，不能分股权给配偶。

- 案例链接

    土豆网成立于2005年，曾经是我国网络视频行业的领军企业。

    在经过了5轮融资后，土豆网于2010年向纳斯达克申请上市。但是，就在递交申请的第二天，创始人王微的前妻杨蕾，一纸诉状将王微告上法庭，要求分割土豆网38%的股权。

    在打官司的半年里，王微的资产和股权被冻结，土豆网的上市进程中止。

    最终在压力之下，王微以700万美元作为补偿，与前妻达成离婚协议并和解。

    其间优酷抢先登陆资本市场，等土豆网成功上市时，资本市场早已变冷，但是，由于此次离婚纠纷事件的影响，土豆网错过了当时最好的上市时机。2011年土豆网重启IPO时，遭遇了美国资本市场的下行周期以及对"中概股"的看空风潮，上市当天下跌12%，市值7.1亿美元，和老对手优酷的差距越来越大。最终土豆网上市后不到一年，竟然被优酷并购。

    点评：这场土豆网创始人兼实际控制人的离婚案在当时的资本圈影响广泛，被认为是"中国国内资本市场离婚第一案"，因为在此之前国内的投资圈内并未遇到过因为实际控制人离婚而影响公司上市的实际案例。

    因此，很多投资机构受此影响，在对被投企业尤其是对即将申请上市的企业进行投资时，希望在投资协议中增加要求"被投企业的自然人大股东、实际控制人承诺：结婚、离婚均要征得董事会或者股东大会的同意"之类的约定。这类特别约定也被王微本人调侃为"土豆条款"。

实务操作

常见表述：

配偶声明

本人(姓名:【 】,居民身份证号码/护照号码:【 】),为【 】的合法配偶。

本人就【 】转让其持有的【 】股权事宜(以下简称投资事宜)在此无条件且不可撤销地同意：

1.【 】进行投资事宜。

2.【 】与其他方就上述投资事宜签订、履行、变更、终止相关交易文件,且无须本人另行确认。

3. 如有需要,本人将以配偶身份配合办理投资事宜相关手续,否则愿承担违约责任(注：为避免刺激创业者的配偶,此处往往不具体约定违约金金额)。

4. 同意以夫妻双方的个人以及共同财产为履行相关交易文件项下的义务承担责任。

5. 如本人与【 】离婚或结婚,只能以【 】对价分得现金,不能主张分配股权,确保公司股权结构不变。

签名：

签署时间：

根据《民法典》及相关司法解释的规定,夫妻在婚姻关系存续期间的生产、经营收益归夫妻共同所有;夫妻一方个人财产在婚后产生的收益,除孳息和自然增值外,应认定为夫妻共同财产。因此,不仅创始人婚后设立的公司之股权属于夫妻共同财产;对于创始人婚前设立的公司,若在婚后实现价值增长,有关股权增值亦存在被认定为夫妻共同财产的可能。

在公司股权被认定为夫妻共同财产的情况下,基于土豆网创始人离婚事件的前车之鉴,投资人往往希望通过在交易文件中设置"土豆条款"来降低创始人婚姻状况变化对公司未来资本运作可能产生的风险。

"婚姻自由"(包括结婚自由和离婚自由)是我国公民的个人权利,他人不得干涉。直接要求创始人的结婚/离婚需经过公司董事会/投资人同意,很可能被认定为无效,进而无法实际起到约束创始人的作用。

在该等情形下,为在符合法律规定的情形下平衡各方利益(特别为满足投资人规避投资风险之目的)、实现类似效果,实践中"土豆条款"的内容经历了一定改进。通常来说,目前"土豆条款"一般体现为如下内容:

1. 明确约定财产分割方式

《民法典》允许夫妻双方约定婚姻关系存续期间所得的财产以及婚前财产归各自所有,共同所有或部分各自所有、部分共同所有;约定应当采用书面形式。因此,为防范创始人婚姻关系变动对公司的不利影响,在可行的范围内,投资人可要求创始人与其配偶以书面方式明确约定公司股权的归属。例如,在VIE架构的情形下,因创始人往往为实际经营业务的境内VIE之股东,而境外投资人间接控制的外商独资企业将通过协议关系控制该境内VIE,在搭建架构时,投资人也会考虑要求令创始人的配偶出具一份承诺函,内容要点如下:

(1)列明并由配偶确认其知悉创始人持有的境内实体股权的取得时间、股权增值过程等,以证明创始人配偶对其可分割财产具有充分及正确的理解;

(2)配偶承诺不对创始人持有的境内实体股权提出主张;

(3)同意为控制协议的签署、变更和履行提供必要的配合。

该方式要求配偶提前放弃对于部分财产的权利,有可能破坏创始人与其配偶之间的信任关系,对创始人构成了较大的压力。从创始人配偶的角度看,该方式给了创始人的配偶提前思考、安排自己与创始人财产分配关系的机会,也有一定的积极意义。

2. 采取公司控制权稳定措施

公司股权赋予其持有人一系列权利,其中既包括财产性权利(如对公司利润的分红权、对公司剩余清算财产的分配权等财产收益权），也包括非财产性权利（如在公司股东会上进行表决的权利），且财产性权利可与非财产性权利分离。因此，若创始人的配偶出于财产收益方面的考虑不同意签署上述承诺函，为确保公司控制权不至于因婚姻关系变动而发生不利变化，投资人可根据具体情况考虑是否要求创始人及其配偶签署有关文件或作出承诺：

若创始人与其配偶未来发生离婚，在办理离婚相关手续的同时，创始人配偶应当且创始人应促使其配偶：签署一致行动协议等相关文件，明确创始人配偶与创始人保持一致行动，按照创始人的意见对公司事项进行表决；或签署表决权委托协议等相关文件，明确创始人配偶将其届时所持公司的表决权委托给创始人行使。

各方也可考虑是否提前约定创始人拥有一定购买选择权，即若配偶因财产分割等原因获得公司股权，则创始人届时有权以一定价格购买配偶持有的公司股权，且配偶应予以必要配合。

值得说明的是，无论采取上述哪种措施，我们均建议最好在公司发展初期（甚至架构搭建时）尽早采取有关措施，以降低实践中的完成难度以及最大限度地削减对公司运作的潜在不利影响。

第三节　对赌条款

知识简介

在中国的投资圈有句话：风险控制基本靠"赌"。对于很多投资方而言，对赌属于"终极风险控制手段"，也是一些投资人掩盖自己调研和决策无能的手段。在中国投资圈，对赌非常普遍，加之对赌比较复杂，所以本书专节介绍。

一、什么是对赌？赌什么？

对赌条款又称估值调整机制（Valuation Adjustment Mechanism，VAM）。

在最高人民法院《全国法院民商事审判工作会议纪要》发布之前,司法实践中对于对赌条款并没有统一的认识。《全国法院民商事审判工作会议纪要》首次从司法机关角度,对于对赌条款进行了界定:"实践中俗称的对赌协议,又称估值调整协议,是指投资方与融资方在达成股权性融资协议时,为解决交易双方对目标公司未来发展的不确定性、信息不对称以及代理成本而设计的包含了股权回购、金钱补偿等对未来目标公司的估值进行调整的协议。"

其要点如下:

(1)对赌条款主要是为了解决三大问题:对目标公司未来发展的不确定性、信息不对称、代理成本;

(2)对赌条款包含的对赌形式表现为:股权回购、金钱补偿等;

(3)对赌条款的本质是各方对估值差异的一种调整方式。

很多对赌条款的设定并非只是为了估值的调整,其已经进一步发展为保障投资人在特定情形下"撤资退出"的手段,对赌触发条件变得日益丰富。常见的可能触发对赌的情形有:

(1)未实现合格IPO;

(2)业绩未达到预期;

(3)违反重要的陈述与保证/交割后重要义务/其他重要约定;

(4)创始人、核心团队的离职;

(5)其他情形。

上述第(1)项属于"赌上市"。这里一般需要明确什么叫合格IPO,例如上市地等细节都需要明确界定。对于融资多轮、有上市潜力的公司,投资人在给出高估值的同时,往往要求创业者"赌上市"。因为IPO是投资者实现投资退出的最重要、最"暴利"的渠道。同时,由于上市审核结果存在较大的不确定性,这个对赌条件对创业者而言相当危险。融资方常见的反制手段之一是只承诺业绩指标达到一项上市地的上市门槛并"申报上市"而不承诺"成功上市"。

上述第（2）项属于"赌业绩"。常见的业绩指标有营收、利润、互联网项目的用户数量及其活跃度等。融资方常见的反制手段是要求投资方的投后服务和支持也要到位。

上述第（3）项属于"赌违约"。在投资协议中，一般会约定很多目标公司即创始团队对投资人的保证以及其他义务，如陈述与保证、交割后重要义务、禁止行为等。一旦目标公司或创始团队出现违约情形，对赌条款即被触发。

上述第（4）项属于"赌人才"。有些项目，投资方投资更多是在"投人"。如果对目标公司发展至关重要的核心团队成员离职，对赌条款即被触发。

上述第（5）项属于"赌其他"。是一个兜底条款，一般会把对公司发展比较重要的其他事项约定为触发对赌的因素，如某项技术研发的突破等。

二、对赌的三种"赌法"

（一）调整持股比例或"赔钱"

因为投资方之前给目标公司的估值过高或者过低，都可能会触发估值调整，具体又有两种调整方式，以下举例说明。

• 案例链接

某一家公司净利润500万元，投资人同意按10倍PE计算，为该企业给出5000万元的投后估值，并投资500万元持股10%，该公司创始人承诺下一年度的净利润仍不会低于500万元。然而，实际只实现了250万元，同样按10倍PE计算，公司估值仅2500万元。这时候投资方相当于亏了250万元。对这种情况或者说对投资者的这种顾虑，投、融资双方可以约定两种处理方式：

1. 赔偿股权。5000万元的估值变成了2500万元，投资人投资500万元就应该获得20%的股权。原来只占10%，创始人股东另外还要给投资方补偿10%的股权。

2. 赔钱。按照新的估值2500万元，投250万元就能占10%，而投资人实际投了500万元，相当于多投了250万元。创始人需要把这250万元加利息退还给投资方作为补偿。

点评：估值调整是对赌最基础的方式，其目的是让估值回归公平。

有人说，赔偿股权这种方式跟上一节里面讲的棘轮条款（反稀释条款）好像是一样的，也是因公司经营不善导致创始人向投资人"赔股"。二者确实很相似，但还是有区别，主要是触发事由不一样。棘轮条款的触发事由是下一轮融资的估值降低，而对赌当中创始人向投资人补偿股权，其触发事由是约定的目标公司业绩或其他经营指标不达标。赔偿股权这种方式的对赌，无论有没有下一轮融资都可能触发，或者说是否触发与下一轮融资无关，而反稀释下的棘轮条款的触发必须以下一轮融资估值低于上一轮为前提，跟双方约定的公司业绩指标不直接挂钩。

● **案例链接：蒙牛对赌成功**

为了扩大企业规模，蒙牛从2001年年底开始与摩根士丹利等机构接触，期望引入国外资本。2003年摩根士丹利向蒙牛注资3523万美元，同时双方签署了对赌协议。双方约定，从2003年到2006年，蒙牛的复合年增长率若低于50%，蒙牛（创始股东）无偿转让给摩根士丹利7830万股；反之若高于50%，摩根士丹利转让给蒙牛7830万股。结果蒙牛完成了协议约定的条件，获得了摩根士丹利给予的股权奖励。

该案中，由于融资方完成了协议约定的条件，故成为对赌协议的赢家，获得了投资机构所奖励的股权，当然对于投资方从某种意义上而言其实也乐意看到融资方成为赢家，因为一旦融资方赢，往往意味着融资方业绩很好，融资方整体估值就会提高，投资方持有的股权相应地也会更值钱。

点评：1.对赌的随意性。蒙牛和摩根士丹利直接以蒙牛股权为赌注展开豪赌，最终皆大欢喜。还好蒙牛是赌赢了，如果蒙牛业绩未达预期，就变成蒙牛创始股东损失7830万股。这个案例也说明,虽然对赌的原理是估值调整,但调整的幅度并不一定遵循严谨的计算公式,而有可能是双方"拍脑袋"的结果。显然,达标就获得7830万股的奖励,这个奖励与公司真实的价值变化并不对应。假如蒙牛在考核期内的复核增长率达到49%但没有达到50%,这时候公司的价值其实仍然不错,但结果却是损失7830万股。一进一出接近1.6亿股的出入,这样的对赌的确刺激。

2. 对赌"可单可双"。对赌可以是单向的,即融资方及其创始人承诺达到某项指标,达不到要"受罚";如果达到了,没有特别的奖励。对赌也可以是双向的,即如果融资方达到了其承诺的指标,不但不"受罚",而且投资方还要给予某种奖励,典型如上述蒙牛与摩根士丹利的对赌。目前市面上的对赌,大多是单向的,其原因是大多数投资方认为既然已经给了高估值,融资方达标就是应该的,不需要另给奖励。

再看一则蒙牛对赌的姊妹案例:

- **案例链接:永乐家电对赌失败**

永乐家电为了吸引资本市场融资,于2005年与投资方摩根士丹利及鼎晖投资签订了对赌协议。双方约定永乐家电2007年净利润若超过7.5亿元,则投资人向融资方转让4697.38万股,若净利润小于6.75亿元,则融资方转让给投资人4697.38万股,若小于6亿元,则融资方转让给投资人9394.76万股。但结果永乐家电始终无法完成约定的条件,在与资本方的对赌中失败,只能通过与最大竞争对手国美合并保存实力。

点评:1. 跟蒙牛一样,永乐也是与摩根士丹利对赌,赌法都是这种令人心跳的双向对赌模式。可以推测这种"赌法"是摩根士丹利提出来的。

2. 摩根士丹利尽管无偿获得了股权,但永乐的业绩不达标、估值下滑,摩根士丹利也不是真正的赢家。

（二）业绩补差

业绩补差，也称业绩补偿，是指在目标公司业绩或其他经营指标不达标时，投、融资双方也可以选择不对股权比例进行调整，而是由创业者和/或目标公司按照投资人可分得利润和实得利润的差额，对投资人进行补偿。

- 案例链接

> 延续之前的案例，若目标公司承诺净利润500万元但只做到250万元，投资人持股10%本来可以享有50万元（暂不考虑具体分红办法），但现在只能享有25万元。这时候，创始人就要向投资人补偿这25万元。
> **点评**：这种对赌方法给创业者的压力相对较小。如果融资方必须接受对赌，可以尽量选择这种"赌法"。

（三）股权回购

这里讲的股权回购与上一节讲的投资人特权条款中的回购条款不同。单纯的回购条款的触发条件一般是某个期限届满，类似于明（名）股实债的安排。对赌中的股权回购是指在目标公司业绩或其他经营指标未达标的情况下，原股东和/或目标公司要将投资方持有的股权按照某个价格（一般是投资款加一定比例的年回报）买回去。

对赌中的回购跟《公司法》所规定的法定回购也不同。新《公司法》第89条规定了股东在公司连续5年盈利却不分红等情况下可以要求公司回购股份，其触发事由是法定的而非约定的，而且回购义务人是公司而非创始人。对赌中的股权回购，其触发事由是投融资双方约定的，而且主要的回购义务人一般是创始人。

三、对赌的起源

有人认为"对赌协议"是一个完全的舶来品，源于境外市场上的棘轮条款或者盈利支付条款（earn‐out clause）。棘轮条款在上一节已经介绍过，这里简单介绍一下盈利支付条款。盈利支付条款是一种分期、附条件支付股权对价的方法。例如，投资方给出的估值是2500万元，创业者期待的估值是5000万元（注：创业者预测公司净利润为500万元，按照10倍PE估值为5000万元）。双方商定，投资方先按照2500万元的投后估值支付250万元投资款获取目标公司10%的股权，如果下一年度目标公司的净利润确实达到了创业者所声称的500万元，则投资人追加投资款250万元。

但也有人认为，我国的"对赌协议"是本土化的条款。

硅谷的泛伟律师事务所（Fenwick & West）是技术类律师事务所中的佼佼者，苹果和Facebook都是其客户。泛伟称，基于其长达十几年的追踪数据，在硅谷地区发生的投资案例当中，没有看到估值调整这个条款，仅有一般的回购条款。

笔者认为，棘轮条款和盈利支付条款本身确实有对赌的性质，很难说对赌没有受到这两个条款的影响。但在中国投资圈，对赌条件的种类确实更为丰富，对赌的运用也更为广泛。可以说，中国投资圈里的对赌条款既有全球智慧的因素，也有本土创造的因素。

四、投、融资双方关于对赌的错误倾向

1.融资方对于对赌有两种极端倾向。一类融资方认为对赌是一种类似"赌博"的行为，是投资方为了自己的投资收益所采用的不择手段地逼迫创业者的方式，因此"谈赌色变"，完全不接受任何对赌条款。另一类融资方认为先拿到钱再说，先把投资人套进来，出了问题再协商解决，对赌条款怎么签都可以接受。显然，这两种倾向都是不对的。正确的做法是积极运用对赌条款争取投资机会以及较高估值，同时谨慎设定对赌条件。

2.很多投资方将对赌条款视为最终风险控制手段，上一节讲的十大特权条款都可以跟融资方协商，但唯独对赌条款无法协商。有这种想法的投资人，往往对自己的调研和决策能力不自信。正确的做法是以提高自己的调研和决策能力为主，以对赌为辅来选择项目和控制投资风险。只要项目好，在对赌问题上，适当的松动也未尝

不可。

五、对赌条款的合理与不合理

对赌能够被广泛运用,肯定有它的合理性。尽管投资人可以对目标公司及其创始人做尽调,但确实很难保证能够发现所有的问题,也很难保证目标公司未来能够发展良好。这时候,投资人希望通过对赌来加一重保险,无可厚非。对赌的合理性具体体现在:

第一,对赌条款是更好调整和平衡投、融资双方信息不对称的手段。

投、融资双方对于企业的历史遗留问题和发展的前景往往看法不同,进而导致对企业估值的看法出现分歧,对赌条款可以比较有效地弥合这个分歧。

第二,对赌条款是投资人有效落实投资后管理的无奈之举。

投资方在投资项目时,尤其作为财务投资者,股权占比不会很大,一般在10%—30%,往往也不方便过多干预企业的日常经营管理。但是,大笔的钱进了目标公司,投资人总是希望对资金的使用进行监管以及对经营团队是否勤勉进行了解和督促。尽管有时候投资方会委派董事,甚至于该委派董事对于目标公司重大事项的决策还有一票否决权,但其实投资方对目标公司的掌控力还是比较弱的。投资方往往担心融资方拿到投资款以后不认真经营好目标公司,甚至挥霍和挪用资金。对赌条款可以给创业者戴上"紧箍咒",比较有效地帮助投资人落实投资后管理。

第三,对赌条款也可以是激励措施。如前所述,蒙牛与摩根士丹利的双向对赌让蒙牛创业团队为了股权奖励而迸发出了更大的创业热情。

从融资方来讲,对赌条款有其不合理性。有创业者抱怨,投资人通过对赌条款(特别是"回购型对赌"条款),把所有的投资风险都转嫁给了创业者。既然是投资行为而不是借款,为什么不能共担风险?为什么遇到经营困难后投资机构可以凭借对赌条款"全身而退"?这个质疑也很有道理。

对赌也有可能给目标公司造成负面影响。很多时候融资方因为想要得到融资,不得不签对赌条款并盲目承诺达到各种业绩指标。这些指标跟公司业务发展的实际需要并不相符,可能会导致创业者的短期行为,例如为了达到眼前的指标而拼命烧钱,透支企业的发展后劲。这种做法最终将伤害企业的长远发展。这里也要提醒融资方,设置业绩指标时应尽量说服投资方不要设定影响公司长远发展的短期目标。

总之,对赌条款有利有弊,在运用的时候需要趋利避害。

六、对赌条款的效力

1. 从法理的角度看

对赌条款无效和有效,都有它的理由,从法理上都找得到的一些支撑依据:

(1)对赌条款无效,其理由:对赌条款形式上是股东出资,实质上属于资金借贷,属于"名为联营、实为借贷"的违法行为;对赌条款中的固定回报,违反《公司法》关于股东要共享利益、共担风险的基本要求,属于法律所禁止的"保底条款";业绩补偿条款性质亦属固定回报,违反《公司法》"无盈不分"的分配规则;股权回购条款违反《公司法》对股权回购严格限制的规定,不在《公司法》允许异议股东请求回购的法定情形之内。同时,其回购价款(原始投资+固定利息或收益)具有固定回报的性质,亦违反《公司法》的分配规范;对赌条款违反《公司法》的股东平等和风险共担原则,损害其他股东合法权益等。

(2)对赌条款有效,其理由:该条款属于当事人自愿协商、意思表示真实一致的结果;具有普遍需求,具有内在公平性和合理性;不违反法律、法规的效力性的强制性规定、不损害国家和社会公共利益。

2. 从判例的角度看

从如下重要司法判例可以看出司法实践中对于该问题所持观点的演变过程。

(1)最高人民法院"海富案"(2012年)

此案号称"中国对赌第一案",一审法院和二审法院均以涉案补偿约定违反法定分配规定和风险共担原则等理由否定了对赌条款的效力,认为与股东对赌和与目标公司对赌均无效。最高人民法院再审改判,提出了"和目标公司股东对赌有效、和目标公司对赌无效"的裁判原则,这一原则在此后一段时期成为人民法院主流的裁判观点。

(2)中国国际经济贸易仲裁委员会某仲裁案(2014年)

在"海富案"已成为主流裁判观点的情况下,该仲裁机构对此案仲裁裁决却作出了"和目标公司股东对赌有效、和目标公司对赌也有效"的判断。

(3)最高人民法院"瀚霖案"(2018年)

在该案中,最高人民法院在坚持"与目标公司股东对赌有效"的基础上,肯定了目标公司对股东所签对赌条款向投资人提供担保的效力,此判决虽未正面认定与目标公司对赌的效力,但却在某种程度上突破了"海富案"确立的原则,使目标公司事实上承担了对赌条款项下的义务。

类似的案件还有"通联案"【案号:(2017)最高法民再258号】。2010年6月,投资人通联公司与目标公司久远公司,以及目标公司股东新方向公司《增资扩股协议》约定,若久远公司不能在2013年年底前完成IPO上市,则投资人通联公司有权要求目标公司或其股东新方向公司回购股份,目标公司及原有股东对该股权回购义务承担履约连带责任。

久远公司果然没有如期上市,于是诉讼发生了,还打了三个"回合"。

第一回合:成都市中级人民法院一审,判定新方向公司作为目标公司股东以3000万元本金加上年利率15%的价格回购股份,目标公司久远公司承担"连带支付责任"。换言之,和目标公司的对赌也有效。

第二回合:四川省高级人民法院二审,判定目标公司不承担责任。

第三回合:最高人民法院再审,判定目标公司股东新方向公司承担回购责任,目标公司即久远公司承担新方向公司本息不能清偿部分1/2的赔偿责任。虽然目标公司的责任少了一半,但实际上是确认了投资人跟目标公司的对赌有效。

(4)江苏省高级人民法院"华工案"(2019年)

该案中,法院判决"与目标公司对赌有效,但应当结合目标公司实际情况确定是否支持履行",该判决成为法院系统内作出的第一个完全肯定对赌条款效力的司法判决。该判决与最高人民法院"海富案"所确立的原则并不一致。

由上述案例可见,从2012年到2019年,从法院体系到仲裁体系,对于对赌条款的有效性,尤其对于与目标公司进行对赌的效力,各个机构的观点有一个逐步演变的过程。

● 案例链接

　　1. 海富案

　　(1) 规则:与公司对赌无效,与股东对赌有效。

　　(2) 背景:2007年,海富投资作为投资方与世恒有色、世恒有色当时的唯一股东香港迪亚有限公司(以下简称香港迪亚)、香港迪亚实际控制人陆波,共同签订《增资协议书》,约定海富投资以现金2000万元人民币对世恒有色进行增资。

　　如果世恒有色2008年实际净利润达不到3000万元,海富投资有权要求世恒有色予以补偿,如其未能履行补偿义务,海富投资有权要求香港迪亚履行补偿义务。补偿金额 = (1 - 2008年实际净利润/3000万元) × 本次投资金额。

　　因世恒有色2008年度净利润仅为26,858.13元,未达到《增资协议书》约定的该年度承诺净利润。海富投资向兰州市中级人民法院(一审法院)提起诉讼,请求判令世恒有色、香港迪亚、陆波向其支付补偿款1998.21万元。

　　(3) 最高人民法院观点:海富投资就其投资资金获得相对固定的收益,且不会受世恒有色经营业绩的影响,这一约定会损及世恒有色及其债权人的利益,一审法院和二审法院根据《公司法》第20条和《中外合资经营企业法》第8条的规定认定《增资协议书》中的这部分条款无效是正确的;香港迪亚对于海富投资的补偿承诺并不损害世恒有色及其债权人的利益,不违反法律法规的禁止性规定,是当事人的真实意思表示,故而有效。最高人民法院判决撤销此案的二审判决,并由香港迪亚向海富投资支付协议补偿款1998.2095万元。

因此,最高人民法院认为,投资方与公司的对赌协议因为涉及侵犯公司债权人的利益而无效,但其与股东的对赌协议因为是双方真实的意思表示且不损害公司债权人的利益而有效。

2. 江苏华工案

(1)规则:与目标公司对赌的条款有效。

(2)背景:"华工案"的交易结构并不复杂,案情也与"海富案"几乎如出一辙。华工公司通过增资的方式向目标公司扬锻公司投资,并与扬锻公司包括潘云虎等创始股东在内的老股东、淮左投资中心等前轮投资方共同签署了《增资扩股协议》和《补充协议》。

各方在《补充协议》中约定了对赌条款:若乙方(扬锻公司)在2014年12月31日前未能在境内资本市场上市或乙方主营业务、实际控制人、董事会成员发生重大变化,丙方(华工公司)有权要求乙方回购丙方所持有的全部乙方的股份,乙方应以现金形式收购。

乙方回购丙方所持乙方股权的价款按以下公式计算:回购股权价款=丙方投资额+(丙方投资额×8%×投资到公司实际月份数/12)-乙方累计对丙方进行的分红。

甲方(各老股东)、乙方应在丙方书面提出回购要求之日起30日内完成回购股权等有关事项,包括完成股东大会决议,签署股权转让合同以及其他相关法律文件,支付有关股权收购的全部款项,完成工商变更登记。

若甲方、乙方在约定的期间内未予配合并收购丙方所持有公司股份,则乙方应按丙方应得回购股权价款每日0.5‰的比率支付罚息,支付给丙方。

本协议生效后,乙方的违约行为导致丙方发生任何损失,甲方、乙方承担连带责任。

(3)针对上述条款的效力问题,"华工案"的一审和二审法院均秉持了"海富案"延续下来的裁判观点,即认为投资人与目标公司对赌的回购条款无效。

243

但是,江苏省高级人民法院的再审判决却完全颠覆了一审、二审乃至"海富案"的裁判观点。该判决认为:虽然约定的回购方式实际上让投资人获得了脱离公司业绩的固定收益,但是这种收益的存在本身仍然并不损害公司及公司其他股东的利益,这直接推翻了"海富案"判决的核心逻辑,甚至也颠覆了很多人对于"股权投资"这一概念的根本认识。该判决进一步认为,只要这种相对的固定收益相比于正常的融资成本没有明显过高、没有脱离目标公司正常经营下所应负担的经营成本及所能获得的经营业绩的企业正常经营规律,就仍然是有效的。这个判决从一定程度上开创了股权投资的新时代,为后来《全国法院民商事审判工作会议纪要》对此类约定有效性的正式确认打下了基础。

从上述案例可以感觉到司法尺度的伸缩。基于此,在实务操作中,一般投资方律师会建议将公司以及原股东都列为回购义务人且要求两者承担连带责任,无论最后这样的约定能不能得到全部支持或者仅仅是部分支持,那是以后在诉讼过程中进行争论的事情,至少从投资协议层面先把两者都列上去,对投资方而言更为保险。

3. 从《全国法院民商事审判工作会议纪要》的角度看

《全国法院民商事审判工作会议纪要》站在鼓励投资、尊重当事人意思自治的角度,肯定了江苏省高级人民法院关于投资方与目标公司对赌有效的裁判观点,同时从兼顾"资本维持原则和保护公司债权人利益"的角度,就投资方与目标公司对赌条款的可履行性进行了规范。

(1) 对赌条款的效力及履行的基本原则

对于对赌条款的效力认定,《全国法院民商事审判工作会议纪要》确立了审判的基本原则:人民法院在审理对赌条款纠纷案时,不仅应当适用合同法的相关规定(注:《民法典》施行后应为适用《民法典》相关规定),还应当适用《公司法》的相关规定;既要坚持鼓励投资方对实体企业特别是科技创新企业投资的原则,又要贯彻资本维持原则和保护债权人合法权益原则,依法平衡投资方、公司债权人、公司之间的利益。

(2)对赌条款的效力及履行的裁判规则

对于对赌条款效力的认定,无论是投资方与目标公司股东或实际控制人,或是与目标公司对赌,只要不存在法定的无效事由,均应认定对赌条款有效。

关于对赌条款的履行,如果是投资方与目标公司股东或实际控制人"对赌",应严格履行。

如果是投资方与目标公司对赌,则需要根据股权回购和业绩补偿两种对赌情形分别处理。对于股权回购,如果目标公司未完成减资程序的,则视为无法履行,应驳回投资方请求目标公司回购股权的诉讼请求;对于请求目标公司进行金钱补偿的,应按照新《公司法》第53条关于"股东不得抽逃出资"和第270条关于利润分配的强制性规定进行审查,目标公司没有利润或者虽有利润但不足以补偿投资方的,人民法院应当驳回或者部分支持其诉讼请求。今后目标公司有利润时,投资方还可以依据该事实另行提起诉讼。

(3)《全国法院民商事审判工作会议纪要》裁判规则的悖论

《全国法院民商事审判工作会议纪要》确认,在没有法定无效事由情形下,目标公司与投资方对赌有效,但却设置了履行前提,需要满足特定的条件才可以实施。换言之,《全国法院民商事审判工作会议纪要》把对赌条款的效力与实际履行进行了区分。即便有效,但不满足减资等特定条件还是履行不了。

这里就出现了两个悖论:

悖论1:投资方如果请求目标公司回购,需要满足减资的条件。

因为投资方作为公司股东要求公司回购其股权,公司就应该减资,减资就应该按公司的章程来办,需要持有2/3以上表决权的股东同意,还要走通知债权人以及对外公告等程序。如果减资的这些程序出现障碍,法院虽认可对赌有效,股权回购还是无法实施。问题是这时候减资很难实施,因为作为回购义务人的创始人股东往往不会配合。即便承担回购义务的创始股东配合,也有可能出现投资人的持股和创始人股东的持股所对应的表决权加起来达不到全部表决权的2/3的情况。

悖论2：金钱补偿义务，必须要目标公司有钱才可以履行。

在已经触发对赌条件的情况下，往往目标公司发展不如预期，没有利润或利润不多；或者是目标公司还处于成长阶段，需要继续烧钱。总之，目标公司没钱。这时要求目标公司必须有足够利润才可以判定目标公司承担金钱补偿义务，那又是一个悖论。

投资人跟目标公司对赌确实可能损害其他股东以及债权人的利益，《全国法院民商事审判工作会议纪要》在相关对赌条款的履行上设置一些障碍，也在情理之中。

投资方往往会在协议中增加其他股东的配合义务，包括配合减资、配合出具利润分配决议等，以求尽可能消除上述悖论。融资方及创始股东应谨慎对待投资人的这类要求。

七、对赌条款纠纷案件观察

1. 对赌纠纷案件的数量

隆安律师事务所邱琳律师曾撰文提到"千亿级对赌"的概念，意思是对赌纠纷市场可以达到千亿级，计算方法为：

上市公司层面，2014年上市公司投资并购交易就超过了2万亿元，2017年上市公司投资并购交易就超过了4万亿元，增长势头很猛；过往10年（从2020年回看）上市公司并购涉及的重大资产重组的交易中，约定了对赌条款的约有50%；在私募股权基金投资领域更是大部分交易都会约定对赌条款。

这么大的资金量，这么多的对赌，完成情况怎么样？根据邱琳律师团队的统计，2017年没有完成的对赌的数据量大概在30%以上，之后的数据逐年攀升。2020年新冠疫情发生后，对赌完成量更低。

完不成对赌的怎么办？一部分是通过和解解决（如有些投资人同意目标公司延期完成相关业绩或延期上市），还有相当一部分是通过诉讼或仲裁来解决，由此产生了大量的对赌纠纷案件。

因为仲裁是保密的,仅看裁判文书网的公开数据,2010—2020 年涉及对赌的诉讼案件就超过了 1000 件。

2. 对赌的法律纠纷案件的特点

邱琳律师团队从这 1000 多个判决中选了 150 份左右来做梳理,梳理的维度包括争议焦点、判决结果、所涉及的地区和行业等。这些案件呈现如下特点:

(1)《全国法院民商事审判工作会议纪要》出台前公布的判例中,关于对赌协议的效力争议的案件,占比超过 50%。

(2)从行业来看,影视、医疗等行业的对赌纠纷比较多。

(3)从地域的集中性来看,北京、上海、广州、深圳、江苏、浙江等发达地区的对赌纠纷案件数量较多。

(4)在以上市公司作为原告的案件中原告胜诉率超过 99%,在以 PE、VC 作为原告的诉讼案件中原告胜诉率也超过了 90%。

● 案例链接:投资机构在对赌纠纷中败诉

国内某知名的投资公司在跟创业者约定了股权回购对赌条款(如目标公司未能在约定期限内完成某个里程碑式的非财务指标,则触发对赌),并约定在投资方要求创业者回购股权之前,投资方应给予创业者一个宽限期,让创业者在宽限期内再做一次努力。

后创业者未能如期完成该指标,投资方并没有第一时间发函给予创业者以宽限期,而是隔了几个月后直接发函要求创业者履行回购义务。创业者说这个发出回购函的时间点已经过了完成该指标的最佳调整期,现在不可能调整,不可能再实现原来的指标。所以创业者认为投资方不应该再有权行使回购权。双方为此产生纠纷,投资方就到仲裁机构去提请仲裁。

仲裁机构认同创业者的抗辩,裁定投资方败诉。

点评: 多数情况下,投资人不会给创业者宽限期;如果给了,就应当及时按照约定去书面确认(宽限期的长短往往会在协议中约定)。

投资方在对赌条款纠纷中胜诉率虽高,但也有一些败诉案例,其败诉的原因主要有:

一是投资方没有认真进行尽调或没有及时行使权利,法院认为投资方自身有一定的过错。

二是投资协议文本随意采用模板。这些模板是从英文翻译过来的,晦涩难懂,投资人自己都不清楚相关条款的含义,导致投资人对协议条款的理解和执行不到位。

实务操作

投资方的应对方式:

1. 避免只约定由目标公司承担对赌失败的后果,而应要求大股东、实控人承担相关责任,或者要求创始股东及其高管承担连带责任。

2. 避免对目标公司过度干预,避免目标公司以此作为对赌目标未达成的抗辩理由。

3. 如约定对赌上市,避免约定只要"实现 IPO 申报"即视为满足条件(有的企业为了满足对赌条件而强行申报,其实上市成功概率很低)。

4. 如约定由目标公司回购,应明确约定相关程序,例如,约定投资方提出回购要求后一定期限内目标公司必须召开股东会作出减资决议。

原股东及融资方的应对方式(从条款内容看):

1. 尽量避免"赌上市",因为上市时间很难控制。

2. 不要承诺过高的业绩或其他指标,量力而行。

3. 多运用柔性指标,比如用利润区间去替代单一的硬性利润指标,或通过设置多种指标的综合目标权重(如营业额、净利润、市场占有率)来分散单一指标的风险。

4. 避免设置"全赢全输"的对赌指标。按惯例,约定按净利润未达标比例相应调整估值更合理,例如,承诺净利润 1000 万元估值 1 亿元(10 倍 PE 值),如果只实现了 500 万元净利润,估值相应减半(5000 万元)。但有时候投资人比较强势,要求约定净利润每相差100万元PE(市盈率)倍数下降1倍。这时,如果净利润只有500万元,估值就为0了。这种情况比较极端,但实践中确有发生。这时候就需要设置一个最低PE倍数,保证公司估值不低于一定金额。

5.设置免责条款,如不可抗力、投资者承诺的扶持和资源未到位等。

6.尽可能明确约定业绩补偿和股权回购只能择一适用。

从总体策略看,创业者可就对赌问题为自己设定六道防线:

第一道防线,尽量不接受对赌条款。

第二道防线,如果要赌,尽量确保能够完成对赌设定的财务或非财务指标。

第三道防线,要尽量提出反要求,要求投资方提供相应的资源和支持,或者要求投资方尊重创业者团队的经营自主权。

第四道防线,控制对赌后果,尽量采用估值调整或业绩补差方式,尽量避免采用"回购型对赌"的方式。

第五道防线,尽量要求设置宽限期,允许在宽限期内去满足对赌的指标要求。

第六道防线,考虑为家庭财产做隔离,不要因为履行对赌义务而导致家人生活无着。

八、关于对赌条款的五大引申问题

(一)对赌条款是否可适用公平原则干预?是否可适用违约金调整规定?

对赌条款是否应适用公平原则?若融资协议中约定目标公司未达到业绩目标应由创业者支付补偿款,该补偿款是否可视为违约金?

- 案例链接

翟红伟、青海国科创业投资基金合同纠纷案,(2022)最高法民申418号。

国科基金系华信公司引入的投资人,翟红伟系华信公司的大股东也是实际控制人。

在国科基金完成向华信公司投资1600万元后,2016年9月30日,国科基金、周时民、翟作栋(甲方)与翟红伟(乙方)签订《补充协议》,其中第6条约定:"业绩承诺及估值调整:第6.1.1条2016年度业绩承诺及估值调整,若公司经具有证券期货从业资格会计师事务所审计的2016年度实际净利润未达到最低承诺业绩20000000元的90%,则甲方有权要求乙方对甲方以其自有资金、现金分红或自筹资金进行补偿现金或股权方式补偿(择其一)。现金补偿公式为现金补偿金额=甲方各自的投资额×[1−2016年度实际净利润/20000000]。"与上述内容同理,第6.1.2条、第6.1.3条分别约定了2017年度、2018年度的业绩承诺及估值调整。第6.1.4条还约定,乙方应在公司聘请的具有证券期货从业资格的审计机构审计的年度审计报告出具日后,且甲方向乙方发出要求支付现金补偿款的书面通知后的3个月内向甲方支付该年度补偿金额等。

后华信公司未完成合同约定的利润值,国科基金要求翟红伟按照《补充协议》中约定的补偿金计算方式,支付补偿款。

裁判要点:

1. 关于本案应否适用公平原则

《补充协议》本质上是投资方与融资方达成的股权性融资协议,是为了解决交易双方对目标公司未来发展的不确定性、信息不对称以及代理成本等问题而设计的包含股权回购、金钱补偿等对未来目标公司的估值进行调整的协议,系资本市场正常的激励竞争行为,双方约定的补偿金计算方式是以年度净利润在预定的利润目标中的占比作为计算系数,体现了该种投资模式对实际控制人经营的激励功能,符合股权投资中股东之间对赌的一般商业惯例,不构成"明股实债"或显失公平的情形,依法不应适用公平原则对当事人约定的权利义务进行干预调整。

二审法院认定上述约定有效,双方均应按照约定全面履行。国科基金在业绩补偿款支付条件已经成就的情况下,其要求翟红伟支付补偿款的请求,并无不当。虽然依据《补充协议》约定计算的3年业绩补偿款总额高出投资本金,但因该约定是双方自由协商的结果,翟红伟应承担该商业风险,且该利润补偿款平均至各年度,增幅占比为61.75%,在该类商业投、融资业务中,并不构成显失公平的情形,翟红伟也未就案涉合同在法定期间内主张撤销,二审法院不予支持其调整业绩补偿款的请求,并无不当。翟红伟以2016年、2017年、2018年共3年的业绩补偿款累计已经高出汇富基金投资款本金1600万元为由,主张依据原《合同法》第5条即公平原则调整业绩补偿款,依据不足,依法不能成立。

2.关于本案应否适用原《合同法》第114条违约金调整规定对本案合同约定的业绩补偿款进行调整的问题

如前所述,国科基金与翟红伟签订的《补充协议》中约定的业绩补偿款系针对华信公司在2016年、2017年、2018年经营的不确定性,对华信公司利润进行估值,给实际控制人翟红伟设定实现净利润目标的合同义务,该义务具有不确定性。因此,协议约定如果华信公司未达到既定业绩目标由翟红伟对国科基金支付业绩补偿款本质上是合同义务所附条件,而不是一方不履行合同义务的违约责任,依法不应适用原《合同法》第114条有关违约金调整的规定。

结论:

1.对赌条款符合商业惯例,不构成显失公平的情形,依法不应适用公平原则。

2.融资协议中约定如果目标公司未达到既定业绩目标,由创业者对投资方支付业绩补偿款,本质上是合同义务所附条件,而不是一方不履行合同义务的违约责任,依法不应适用有关违约金调整的规定。

(二)对赌条款下股权回购的回购权的行使是否有时效限制?

有些对赌条款没有约定投资人要求回购义务人回购股权的权利应在何时行使,实践中引发了较大的争议。

大致有如下四种观点:

1. 系形成权故应适用 1 年的除斥期间

如果将回购权认定为形成权,则回购权人应在当事人约定或法律规定的除斥期间内行使回购权,否则回购权将直接消灭。

● 案例链接

安徽省蚌埠市淮上区人民法院在(2016)皖 0311 民初 2382 号判决书中的观点为:"条款约定:只要乙方(第三人)在 2014 年 6 月 30 日前没有向证监会申报发行申请材料并被受理,被告即可提出股权回购的申请,本案原告及第三人就应在被告提出申请的 180 天内回购被告所持有的第三人的股份,即权利人仅凭单方的意思表示就可以使法律关系产生、变更、消灭,而不需要对方的协助。因而,被告与原告及第三人约定的回购请求权是一种形成权。"

2. 推定可在任意时间内行使

● 案例链接

北京市第三中级人民法院在(2016)京 03 民终 9162 号判决书中的观点为:当事人未约定履行期限,且依据合同法的相关规定不能确定履行期限的,诉讼时效期间从债权人要求债务人履行义务的宽限期届满之日起计算,但债务人在债权人第一次向其主张权利之时明确表示不履行义务的,诉讼时效期间从债务人明确表示不履行义务之日起计算。本案投资人的股权回购请求权的诉讼时效,应当从回购义务人履行股权回购义务的期限届满之日起开始计算,但案涉协议中仅约定了股权回购请求权的成立条件,未对回购义务人履行股权回购义务的期限作出约定,故若目标公司未能如期获准上市,则自 2008 年 6 月 30 日以后,投资人可随时向回购义务人要求回购股权。因并无证据表明双方合同中曾为回购义务人设定过履行股权回购义务的宽限期,亦无证据显示回购义务人曾明确拒绝履行股权回购义务,故投资人通过本案诉讼要求回购义务人回购股权,并未超过诉讼时效。回购义务人主张投资人的诉讼请求已超过诉讼时效,没有事实及法律依据,本院不予采纳。

3. 在回购条件触发时起算

● **案例链接**

湖南省高级人民法院在(2019)湘民申 3778 号民事裁定书中的观点为:回购条件已成就,意味着回购权人对是否要求回购"享有选择权",即"2015 年 5 月 31 日投资人应当知道自己有权要求电讯公司回购其持有的部分或全部目标公司股权也意味着回购权人知道自身权利已经受到了损害,诉讼时效应当从该时点起算"。这份再审裁定书明确指出,投资人知道自己拥有回购请求权的时点和知道自身权利受到侵害的时点就是同一个时点,故诉讼时效应当从该时点起算,维持了本案一审、二审的判决。

4. 在回购条件触发后合理期限内起算

● **案例链接**

北京市第三中级人民法院在(2019)京 03 民终 9876 号判决书中的观点为:"……结合本院前述关于本案股份退出对赌条款应作何理解以及回购条件是否成就并可行使的论述,本案回购请求权已经于 2015 年 8 月 13 日具备行使条件。而九江九鼎中心于 2018 年 5 月 23 日向丰台法院提起诉讼,其可行使回购请求权的起始时间与其以起诉方式向谢锋作出通知的时间在客观上间隔近三年,故本案应对九江九鼎中心的通知期限合理性问题进行实质审查。对此,本院认为,通知期限的合理性应当结合资本市场投融资领域的应然状态以及本案查明事实的实然情况予以综合认定。"

该案收录于最高人民法院创办的刊物《人民司法·案例》2020 年第 11 期。该案虽被判定投资人仍有权要求回购,但原因是投资人在回购条款签订前曾经发邮件要求明确约定回购期限但回购义务人未同意,并在回购条款中有意不写明回购行权期限,推定投资人可随时行权。

上述四种观点在司法裁判中均出现过,到底哪一种观点才是权威司法观点有待进一步考量。

- 案例链接

(一)案件基本事实

1. 2007年11月12日,东华工程科技股份有限公司(以下简称东华科技)作为投资方与安徽淮化集团有限公司(以下简称淮化集团)签订一份《股份回购协议》,协议载明:(1)东华科技承诺按照股份公司组建工作进程,以货币方式投入资本金4500万元,并配合淮化集团完成股份公司的注册、验资等设立工作。(2)淮化集团承诺股份公司若在成立4年内不能成功上市,则东华科技有权视其上市前景及经营状况自主选择股份退出时机。(3)在不改变股份公司组织形式的前提下,若东华科技要求退出股份公司,则由淮化集团以现金方式回购东华科技全部股份或负责推荐其他公司购买……

2. 2007年12月20日,东华科技出资4500万元配合设立安徽淮化股份有限公司(以下简称淮化股份),2007年12月26日,淮化股份在淮南市工商行政管理局登记注册成立,东华科技持有淮化股份股权比例为4.99%。

3. 2018年6月26日,东华科技向淮化集团发出《关于要求回购东华工程科技股份有限公司所持安徽淮化股份有限公司全部股权的函》,要求淮化集团回购东华科技持有的淮化股份全部股权。

因淮化股份未能于2011年12月26日(淮化股份成立届满4年)之前实现成功上市,东华科技在时隔6年之后(2018年6月)向淮化集团提出回购要求,但双方未能就回购事宜达成一致,东华科技诉至法院。

(二)最高人民法院指令再审案件历经的审判程序

东华科技与淮化集团合同纠纷案,由合肥市中级人民法院作出的一审判决和由安徽省高级人民法院作出的二审判决均驳回了东华科技的诉请。但是,本案后由最高人民法院指令安徽省高级人民法院再审。在这种情况下,安徽省高级人民法院在再审判决中改判支持东华科技的诉请。

(三)最高人民法院指令再审前后的相反裁判观点

案件双方对《股份回购协议》的真实性予以确认,本案的核心争议焦点即东华科技能否依据对赌条款要求淮化集团履行回购义务。换言之,对赌条件成就且时隔6年后,东华科技的回购主张能否被支持。针对本案争议焦点,安徽省高级人民法院与最高人民法院的观点迥异,具体而言:

1. 最高人民法院指令再审前:安徽省高级人民法院认为对赌权未在合理时间内行使,因时效经过而消灭

安徽省高级人民法院二审裁判观点认为:本案中,淮化股份于2007年12月26日经工商部门登记设立,至2011年12月26日并未实现成功上市。依据协议约定,此时,东华科技退出淮化股份,要求淮化集团购买其所持股权的条件已经成就,其可以依约要求淮化集团兑现承诺。然而,直到2018年6月26日,东华科技才向淮化集团发出《回购函》,提出由淮化集团收购其所持淮化股份股权的主张。至此,距案涉协议约定收购股权条件成就已逾6年。结合上述事实,对东华科技要求淮化集团回购淮化股份股权的主张,不应支持。理由如下:(1)从东华科技主张的权利性质看。东华科技向淮化集团主张的权利,系双方当事人因合同约定产生的权利义务,对于淮化集团而言,是基于案涉协议形成的合同之债,也即,东华科技主张的权利为债权。该权利在特定相对人间产生,具有相对性,是一种请求权。(2)从债权的时效性看。因债权为一种请求权,作为权利人,若对其权利行使时间不加以限制,任由权利无期间地搁置,则会导致民事法律关系长期处于不确定状态,因此,债权的行使应在合理时间内完成,否则,将因时效经过而消灭。

2. 最高人民法院指令再审后:安徽省高级人民法院认为对赌权利并不因股权回购条件成就6年内未行使而归于消灭

安徽省高级人民法院再审观点认为:对赌条款以"公司成立4年内不能成功上市"的事实为生效条件,属附生效条件的条款。淮化股份于2007年12月26日设立,至2011年12月26日期满4年内未成功上市,该事实触发了上述股权回购协议。由于该股权回购协议系当事人的真实、自愿的意思表示,不违反公司法的规定,也不具有法定无效的其他情形,故应自2011年12月26日产生法律效力,东华科技自此即享有协议约定的权利;案涉股权回购协议对东华科技要求淮化集团回购目标公司股权并未约定履行期限,根据《合同法》第62条第4项"履行期限不明确的,债务人可以随时履行,债权人也可随时履行,但应当给对方必要的准备时间"的规定,东华科技在给淮化集团留有必要准备时间的情况下,可以随时要求履行。本案不存在东华科技对淮化集团所享有的股权回购请求权超过期限或时效的法律问题,因此,其该项权利并不因股权回购条件成就6年内未行使而归于消灭。此外,民事权利的放弃须明示,默示只可在法律有明确规定及当事人有特别约定的情况下才能发生法律效力。在既无明确约定又无法律特别规定的情况下,不宜推定当事人对权利的放弃。东华科技对淮化集团所享有的股权回购请求权既未消灭,也未放弃,其在本案中的诉讼请求应予支持。淮化集团在原审诉讼中认为东华科技放弃了股权回购协议中的权利,及在本案再审诉讼中认为东华科技行使权利超过合理期限,无事实和法律依据,法院不予采信。

点评: 由本案再审前后的判决可见,安徽省高级人民法院原审观点认为,虽然对赌条款未约定行权期限,回购请求权诉讼时效应自"回购条件成就"(约定时间届满未能上市)之日起计算,如回购主张与主张权利之间间隔过长,应认定超出合理期限;投资方对赌回购权因时效经过而消灭。但最高人民法院观点及安徽省高级人民法院再审观点从条款本身的意思表示出发认为,对赌条款约定了回购条件成就时点(约定时间届满未能上市),但未约定行使回购权的期限;该情况应属合同法规定的"履行期限不明",债权人可随时主张;债权人未明示或默示放弃债权的情况下,即使回购条件成就至债权人主张权利期间间隔时间较长,仍应支持债权人的诉请。再审观点关于时效的认定与最高人民法院《关于审理民事案件适用诉讼时效制度若干问题的规定》保持一致,即"不能确定履行期限的,诉讼时效期间从债权人要求债务人履行义务的宽限期届满之日起计算,但债务人在债权人第一次向其主张权利之时明确表示不履行义务的,诉讼时效期间从债务人明确表示不履行义务之日起计算"。

从东华科技案中,仍无法看出最高人民法院关于行使回购权时限的相对主流的司法裁判观点。对于安徽省高级人民法院对于此案的再审判决,也有业内人士认为略显牵强,因对赌条件触发之日回购权利人已经知道其可以行使回购请求权,不宜直接按"履行期限约定不明"予以认定,尤其是没有考虑到股权这种特殊标的价值高度不稳定的特点以及维护公司平稳运行的需要;反之,安徽省高级人民法院对此案的二审判决较好地兼顾了法律规定与商业伦理,更为合理。笔者也希望听到读者对本案的意见。

由于司法实践中对于回购权行使时限的认识不一,为规避风险,建议如下:

(1)针对投资方的建议

为了减少权利灭失的风险,投资方应当尽量让回购条款向"请求权"靠拢,尽量从投资方有权要求回购方支付股权转让对价的角度描述条款内容,并在条款中明确约定投资方有权在任何时候行使该项回购权,投资方不因在回购条件满足后未立即行使回购权或继续行使股东权利而丧失回购权。在回购方不同意回购权无行使期限的情况下,投资方也可考虑直接明确约定投资方有权在诉讼时效内(或者明确期间内)的任何时候主张权利。

就权利的行使角度而言,投资方在回购条件触发后,应当尽量将回购权作为"形成权"来看待,尽快联系律师,并且向公司方发出适当的通知或者直接行使权利,以确保回购权的行使不会因迟延而灭失。

(2)针对回购义务人(创业者及目标公司)的建议

为了减少投资方长时间不行使回购权而给交易以及公司的发展带来的不稳定性,回购方应尽可能对回购权行使的期限予以限制,并明确约定投资方应当在回购条件期满后的某段比较短的时间内行使权利,否则将不再享有该项回购权。

如未约定明确的投资人行使回购权的期限,且回购条件触发时被投企业的经营状况良好,则建议回购方在投资方长时间不行使回购权的情况下,及时向投资方发出催告,要求投资方在合理期限内决定是否行权,减少其给企业未来发展带来的不确定性。

(三)业绩补差请求和回购请求可否同时主张?

这个问题在司法裁判中也有如下不同观点:

1.若交易文件中并列约定了业绩补偿与股权回购,且并无排他性适用(或择一适用)约定的,业绩补偿与股权回购能够同时主张。

有法院认为,业绩补偿与股权回购属于两个不同的法律关系。业绩补偿是因融资方业绩不达标而由创始人及目标公司给予投资方的金钱补偿,而股权回购是一种预约性质的股权转让约定。二者并不矛盾。

2.若交易文件体现的意思表示为业绩补偿与股权回购择一适用,或业绩补偿与股权回购为因果关系而非并列关系的,两者不可同时主张。

有法院认为,若交易文件中明确约定业绩补偿与股权回购为择一关系,或者即使交易文件未明确约定两者的适用关系,但可以结合相关合同条款理解出两者并非并列关系的,则不可同时主张业绩补偿与股权回购。

支持二者不可同时主张的理由是:

第一,业绩补偿款和股权回购款均具有因违约行为承担损害赔偿责任的性质,而我国法律体系下的违约责任具有补偿性而非惩罚性,如果同时适用业绩补偿和股权回购,投资方可能会超额受益,这与违约责任的补偿性相矛盾,也对创业者及目标公司不公平。

第二,业绩补偿的前提是投资方仍拥有目标公司的股东身份,而股权回购的实质是投资方要退出目标公司,不再拥有股东身份,两者亦存在一定矛盾。

鉴于司法实践中对此问题认识不一致,故建议融资方尽量只接受二者之一。

(四)在对赌条款纠纷中,创始股东应承担"连带责任"还是"按份责任"?

● **案例链接**

某广告公司引入一家国有基金作为股权投资方,金额为2亿元,其中约定,某广告公司必须在2018年年底实现资本市场直接上市或被上市公司收购,否则全体股东要承担回购的连带责任,即有义务按照投资方投入资金加上年利率10%回购国有基金的股权,在2018年9月该国有基金认为该广告公司无法实现预期上市,要求全体股东回购股权。其中该广告公司的一位仅持股1.5%股权的小股东,对此提出异议,认为自己仅应按照自身投资比例承担相应责任。

点评: 一般投资方在草拟投资协议时会把所有原股东(有时会包含董事、高管)不管持股比例高低均作为协议的一方,并且让所有原股东承担连带回购或补偿的责任,这样可以实现其利益的最大化。如果融资方小股东及高管在签署时没有仔细查阅,一旦未来触发回购,则需要为此承担较为严重的连带责任。前文提到的一个案件中,有18位股东及董事、高管被要求承担回购义务案例就很典型。

《民法典》第178条第3款规定,"连带责任由法律规定或者当事人约定"。《民法典》第177条规定,"二人以上依法承担按份责任,能够确定责任大小的,各自承担相应的责任;难以确定责任大小的,平均承担责任"。连带责任和按份责任二者的含义和边界是清晰的。如果投资协议明确了小股东和/或董事、高管要承担连带责任,他们很难抗辩。

这里特别提醒融资方公司的小股东或董事、高管：

第一，不要认为看协议文本是大股东和律师的事。凡是需要自己签字的文件，都要逐条认真阅读、理解，并尽可能找律师咨询（这时候还不能找公司的律师，而要找自己认识的律师）。另外，不要相信大股东的感情绑架或道德绑架。

第二，融资方要尽量缩小回购义务人的范围，持股比例较小（如10%以下）的股东以及董事、高管可以主动要求将自己排除在回购义务人之外（这句话大股东不好对投资人讲，小股东和董事、高管自己讲更好）。特别是不是股东的董事、高管，从商业惯例上讲更有理由拒绝承担回购义务。

第三，如果不得不同意承担回购义务，则应主张自己只能承担按份责任（事实上，小股东和董事、高管往往也没有能力承担全部的回购义务）。

（五）对赌条款在目标公司申请上市时是否需要清理？

在被投企业上市过程中，监管部门对拟上市企业与投资机构签署的对赌条款态度强硬，一般要求拟上市企业在上市前予以清理。

拟上市企业通常会采取与投资机构签署补充协议的方式，终止特殊股东权利条款的效力。但是，为防范风险，尤其是被投资企业上市不成功的风险，投资机构往往会要求在补充协议中同时约定"复效条款"（往往以"抽屉协议"的形式存在），即某些情形发生时，如上市不成功、被投企业撤回上市申请等，则投资机构的全部或部分特殊股东权利条款，包括对赌条款应当恢复效力，且应当视为自相应投资协议签署之日起持续有效。

对于是否应当清理，中国证券监督管理委员会在《首发业务若干问题解答》（2020年修订）中进行了明确：投资机构在投资发行人时约定对赌协议等类似安排的，原则上要求发行人在申报前清理，但同时满足以下要求的可以不清理：一是发行人不作为对赌协议当事人；二是对赌协议不存在可能导致公司控制权变化的约定；三是对赌协议不与市值挂钩；四是对赌协议不存在严重影响发行人持续经营能力或者其他严重影响投资者权益的情形。

因此,监管部门对于投资方与拟上市企业签署的投资协议中存在的对赌条款的处理持有的审核态度较为严格。实践中,签署彻底终止协议的企业比例较高,其原因一是为了满足监管部门要求,二是采用彻底终止特殊股东权利条款这种方式的工作效率较高。采用签署复效条款的企业在问询回复中也着重于从"不影响拟上市企业股权稳定、不影响拟上市企业的持续经营能力"的角度进行论证,并对拟上市企业符合法规规定的无须终止特殊股东权利条款的四个条件进行充分论述。从查询到的部分案例看,该等拟上市企业对于特殊股东权利保留的做法也得到了监管机构的认可,并成功过会。

对于融资方而言,这时可尽量要求一次性终止该类对赌条款且拒绝签署"复效条款"。

第五章 股权融资的五大误区

本章导读

本章总结了融资方比较容易犯的五种错误(误区)分别为：临渴掘井、非法集资、卖国条约、遇人不淑、后院起火。鉴于这五大误区性质相同,连续阅读体验更好,故本章不再分节。

以下分述这五大误区。

一、临渴掘井

📄 知识简介

本书第二章讲股权融资工作计划时,强调股权融资要把握时间窗口,尽量不要到了"弹尽粮绝"才想起做股权融资。

以下我们进一步说明预留足够时间来做股权融资的必要性:

第一,公司业务可能遭遇困难。自己的企业可能现阶段现金流不错,但是业务可能出现波动,一旦出现业绩下滑等情况,这个时候急急忙忙去找投资,难度会大幅增加。

第二,融资流程比较耗时。股权融资耗时较长,而且还可能因各种意外因素被拖延。如果是找专业投资机构或上市公司融资,内部的决策程序通常比较复杂,时间更不可控。

第三,融资谈判需要筹码。企业在进行股权融资谈判时需要与投资方进行多方博弈才可能获取到好的商业条件。如果企业非常需要钱,甚至要靠融资"续命",议价能力会被严重削弱。

第四,融资方案需要不断检验。与投资方接触、洽谈,能够帮助融资方加深对自己项目的优势和劣势的认识,不断优化融资方案。

- 案例链接:好的 BP 需要不断打磨

  某工业互联网初创企业的创始人,技术出身,在找融资的时候给了笔者一份 BP,写得非常漂亮。笔者就问他怎么能写出这么漂亮的 BP,他说最近两三年参加了很多次创业大赛,最近的一次创业大赛得了第三,获得了一笔天使轮融资。他说他最开始的 BP 写得很不好,要素都不具备,也不知道怎么跟投资人打交道,怎么讲自己的商业模式。开始参加比赛什么名次都没有,因为说不清楚,然后嘉宾就会提出意见。他吸收其中合理的部分,不断优化商业模式,同时不断修改 BP,最终取得了成效。

点评:融资的过程,也是创业者成长的过程和打磨商业模式的过程。

实务操作

1.参加创业大赛也好,不断会见投资人也好,不能影响项目正常经营。

2."产业+资本"双轮驱动,日益成为企业发展的新常态。条件允许的情况下,最好有专人负责融资工作。

● **案例链接**:股权融资成为日常工作

笔者有一位做医疗器械的客户,联合创始人(第二大股东)是一位有法律教育背景的"80后",在公司主要负责融资(也分管一些其他的运营工作)。这家企业将融资工作日常化,不断跟不同的投资机构打交道,目前已经完成了三轮融资,赛道好,投资人背景强,上市可期。

点评:如果是对资本依赖较大的项目,建议学习这个模式。如果请不起专业的人或者找不到合适的人来全职工作,也可以在外部聘请融资顾问,例如找FA。如果请不起或找不到正规、合适的FA机构,也可以跟熟悉的律师、会计师等外部顾问合作,请他们帮忙关注、寻找投资人。在合作条件上如果觉得外部顾问人品靠谱且确有资源,可以先支付少量费用并承诺一定的奖励。

二、非法集资

知识简介

非法集资,是指未经国务院金融管理部门依法许可或者违反国家金融管理规定,以许诺还本付息或者给予其他投资回报等方式,向不特定对象吸收资金的行为。

1.认定非法集资"三要件"(需同时具备):

一是非法性,即"未经国务院金融管理部门依法许可或者违反国家金融管理

规定";

二是利诱性,即"许诺还本付息或者给予其他投资回报";

三是社会性,即"向不特定对象吸收资金"。

现分述如下:

(1)非法性

国务院金融管理部门原来主要是"一行两会一局"。"一行"是中国人民银行,"两会"是中国银行保险监督管理委员会、中国证券监督管理委员会,"一局"是国家外汇管理局。凡是向不特定对象吸收资金的行为(如吸收存款、公开发行证券、公开募集基金、销售保险等),都需经这些部门依法许可。

2023年3月,中共中央、国务院印发了《党和国家机构改革方案》,决定在中国银行保险监督管理委员会基础上组建国家金融监督管理总局,将中国人民银行对金融控股公司等金融集团的日常监管职责、有关金融消费者保护职责,中国证券监督管理委员会的投资者保护职责划入国家金融监督管理总局;不再保留中国银行保险监督管理委员会。

不论监管体系如何变化,向不特定对象吸收资金的行为都将是监管的重点。

(2)利诱性

非法集资一般都许诺还本付息,正规金融机构的理财产品均不承诺保本保收益。

(3)社会性

"不特定对象"即社会公众。根据有关司法解释,未向社会公开宣传,在亲友或者单位内部针对特定对象吸收资金的,不属于非法集资。

2.非法集资的常见表现是:编造虚假项目→以虚假宣传造势→承诺高额回报,并经常"杀熟",借助亲情、友情关系进行诱骗。

- 案例链接:未经批准擅自发行"原始股"

2016年1月20日,佛山警方抓获佛山某公司法人代表、犯罪嫌疑人李某某。经查,李某某对外宣称其公司于2015年5月12日在深圳前海股权交易中心申请"新四板"挂牌,并准备申请"新三板"挂牌。在未经国家有关主管部门批准,也未向有关部门提出申请的情况下,擅自以现金认购的方式,公开向社会不特定对象以每股1元发行"原始股"。据初步统计,购买该公司"原始股"的人员有40多名,涉案金额达1300万余元。

点评:利用"新四板"伪上市的噱头卖"原始股"的现象一度很泛滥,一般还会配上敲钟(敲锣)的照片。照片是真的,上市是假的。

- **案例链接:擅自发行股票案**

2022年5月,重庆警方侦破重庆市首例擅自发行股票案。重庆开州某水电公司宣称自己准备收购一家外地水电公司,为此需要募集一笔资金,于是其法定代表人连某某竟然擅自违规发行股票,并以公司名义与不具备证券经营资质的中介机构达成协议,出具委托书,约定由中介机构直接向社会代为销售"股票",几年时间累计与全国400余名投资者签订了股票认购类协议和股票转让类协议,涉及金额1亿余元。

点评:发行股票是需要批准的,不可随意发行。

- **案例链接:培训公司的融资服务**

某互联网企业创始人因听股权课认识了一位王老师,王老师说这位创始人的项目不错,公司可利用其庞大的学员群体,给该企业搞股权融资,具体做法是开几场每次有几百位企业主参加的股权融资会,现场募资。该创始人问一次几百人会不会有问题？王老师说现场不允许录音录像,不会给参会者任何书面资料。

笔者劝客户不要跟王老师合作,一是这种开大会募资的方式涉嫌非法集资,二是不现场不允许录音录像这种做法说明王老师的公司不正规。但创始人还是没抵挡住诱惑,就付了一笔不大的前期费用,请王老师搞了一次募资。结果效果不好。

点评:还好效果不好!这家企业只是损失了一点前期费用以及留下了一些负面口碑,要不然可能真的会因为非法集资而收到处罚。也许这位王老师确有成功的先例,尤其是在2016年前后资本市场比较疯狂的时候,但风险真的很大。

实务操作

1.根据《防范和处置非法集资条例》,企业、个体工商户名称和经营范围中不得包含"金融""交易所""交易中心""理财""财富管理""股权众筹"等字样或者内容。融资方看到一般的企业和个人打着这些牌子提供融资服务,要敬而远之。

2.不要为股权融资打广告,在微信群里发都不行。

3.做股权融资,还是要咨询熟悉股权融资的律师,对融资的对象、方式进行把控,防止踩红线。

三、卖国条约

"卖国条约"是指协议没签好,常见的情况有:

1.释放过多股权

有些融资方认为融资越多越好,但融资金额过高也意味着创始股东的股权比例会被稀释得更多,一旦创始股东无法保持控股地位,则可能丧失对自己所创立企业的控制权。此外,早期公司估值低,释放的股权越多,意味着创始股东的融资成本越高。总之,创始股东应珍惜自己的股权,在融资额与稀释股权之间找到平衡。

2.为高估值盲目对赌

有些融资方认为估值越高越好,为此不惜接受苛刻的对赌条件。一旦触发对赌(尤其是回购型对赌),就会面临企业及创始人遭受重大损失、创始人出局、企业"垮掉"等恶劣局面。

估值过高还会影响后续融资。估值后一轮的估值通常要高于前一轮,否则会触发反稀释条款。过高的估值使得水涨船高,导致后一轮估值无法进入,打断企业的融资进程。所以,高估值融资就算侥幸完成了对赌业绩指标,对公司也不见得是好事。

对赌有时候是必要的,但要理性对赌,即应合理设定对赌指标而且对赌指标要有灵活性。具体相关分析以及建议可参考本书关于对赌条款的章节。

3.忽视公司治理结构安排失去控制权

跟释放过多股权可能导致失去控制权一样,公司治理结构设置不当也会导致创始人失去公司控制权。换言之,即便持有2/3以上的股权,也有可能失去公司控制权。

- **案例链接**:海底捞股权结构的拨乱反正

  火锅连锁店海底捞曾经是由张勇夫妇和施永宏夫妇占股各50%,引进一轮融资后两方各占股47%左右。之后,张勇让施永宏让出了18%的股权,获得了控股权,从而为公司的稳定发展和后续资本的进入创造了条件。2018年9月,海底捞成功在香港上市,市值一度超千亿港元。张勇如愿建立了火锅帝国,施永宏实现了"躺赚",两人实现了"双赢"。

  点评:举这个旧案例,一方面是强调未雨绸缪安排好控制权的重要性,另一方面是因为张勇的眼光和魄力值得学习。多数创业者遇到这种情况,都会顾及兄弟感情而不好开口,最终反而导致合作伙伴反目。

从融资角度看,设计对融资方有利的公司治理结构应注意以下几点:

(1)创始团队应当尽可能在董事会中保证多数席位,并适当控制投资人委派的董事及观察员人数。

(2)限制投资人一票否决权的范围。

(3)设置创始人对特殊事项的决定权。

(4)适当提高股权激励的比例,通过持股平台的结构设计间接提高创始团队的表决权。

(5)适当运用表决权委托或一致行动人协议。在公司创始股东股权较为分散情况下，可要求创始股东中的较小股东将表决权委托给创始人，或跟创始人达成一致行动人协议以帮助创始人获得公司控制权。

（6）适当运用同股不同权结构。说到同股不同权，京东和谷歌的AB股安排、阿里的湖畔合伙人制度都广为人知，此不赘述。由于《公司法》对股份有限公司采用"同股不同权"结构的限制，境内股份公司之前无法采取这个结构。在前文"投资人特权条款"部分介绍"同股不同权"的法律依据的基础上，这里再次介绍一下具有历史意义的科创板首家采用"同股不同权"结构的公司。

- **案例链接：科创板首家"同股不同权"公司**

    2019年9月，优刻得科技股份有限公司成为A股（上海证券交易所科创板）首家具有特别表决权安排的企业；在发行完成后，拥有特别表决权的三位股东持有的股份为19.40%，但表决权将达到54.61%。

    点评：虽然监管予以放行，但就"同股不同权"的制度安排，招股书仍需做出大量的风险提示。在优刻得的招股书中，"设置特别表决权的发行人特殊公司治理结构"一节被列在重大事项提示中，且其存在的风险同样被明确指出。在特别表决权机制下，共同控股股东及实际控制人能够决定发行人股东大会决议。基于此，如中小股东因对于发行人作出的重大决策与控股股东持有不同意见而在股东大会表决时反对，受限于表决权差异，将难以对股东大会的表决结果产生实质影响。如果拥有特殊表决权的三人的利益与优刻得其他股东，特别是中小股东利益不一致时，将存在损害其他股东，特别是中小股东利益的可能。

在上海证券交易所的问询中，关于"同股不同权"涉及的问题及相关安排也屡次被提及。上海证券交易所要求优刻得充分披露表决权安排的主要内容及对公司治理和其他投资者股东权利的影响，并要求优刻得说明该特殊治理结构是否稳定有效、持有特别表决权的必要性与合理性等。

"同股不同权"的制度设计在互联网企业境外IPO项目中较为常见。在科创板开A股先河之后，优刻得的成功通关具有更强的示范意义。

四、遇人不淑

📄 知识简介

遇人不淑是指融资方遇到的投资人故意诈骗,或虽然并非真正意义上的"诈骗犯",但由于其不专业、不可靠或动机不纯而给融资方造成了损害。

以下列举几种常见的投资人不可靠行为以及投资陷阱:

1. 以投资为名获取商业秘密

例如,创业者打算创办一个项目,为了进一步获取信息,伪装成投资人,对其同行业创业项目进行了全面调查,摸清了其商业模式及原理,更清楚了该创业项目的硬伤,然后创立新的企业与该创业项目进行直接竞争。

又如,某投资方曾经投资了某产业链上的企业 A,由于企业 A 与企业 B 之间存在直接竞争关系,为了获得企业 B 现有销售渠道、技术秘密等信息,该投资方以投资的名义对企业 B 进行了尽调,所获信息全部转告给企业 A。

融资方在面对此类情况时往往较为被动。按照中国的司法审判实践,侵犯商业秘密的司法认定较为困难;即使司法认定构成侵权,判定赔偿的数额往往也不高。

为了尽可能预防此类情况,一般可采取如下手段:

第一,一开始接触时对于核心商业秘密需要有所"保留"。

第二,对投资方调查时重点对其过往投资组合中是否存在同类型直接竞争关系企业进行了解。

第三,在投资意向书中加入保密条款或单独签署 NDA。

第四,保留好沟通的记录,一旦发现商业秘密被侵犯,则应及时起诉维护合法权益。

第五,如认为对方行为涉嫌构成犯罪的,应及时报警维护权益。

2. 主动"弃投"或"诈投"

投资人"弃投"是指投资人突然"变卦"不再继续投资,主要有以下几种情况:

(1)签署完 TS，但在尽调中发现重大瑕疵，所以投资人放弃投资。

(2)签署完 TS，尽调中也未发现重大瑕疵，但投资人因自身资金问题或发现了更好的项目等原因主动放弃投资，不签署投资协议。

(3)签署完 TS，尽调完成并达成和签署了投资协议，但投资人因自身资金问题或其他原因拒绝支付投资款。

从法律角度分析：

(1)第一种情况不能归责于投资方。

(2)第二种情况应归责于投资方，但由于 TS 与投资协议相比往往并不具备必然的法律约束力，且往往也不会包含完备的违约责任条款，融资方理论上只能按照"缔约过失责任"尝试追究投资方责任。此类情况下，由于锁定期的存在，对于融资方来讲比较不利：一方面，正在洽谈的投资方迟迟不签署正式协议，甚至对于是否投资不正式表态，有的投资方可能对项目的投资也感兴趣但因自身募资问题导致无法实施；另一方面，如果设置有"锁定期"，融资方在该期限内无法接触和接受其他投资方的投资，这样就可能导致融资时机延误。

(3)第三种情况应归责于投资方，属于"诈投"，又分几种具体情况：

①有意"诈投"。

②不负责任。因股权投资协议对投资方未能按期支付投资款的违约责任没有约定或约定得太轻，导致投资方随意毁约，例如把本来准备好的资金临时投向其他项目。

③先投后募。有些投资机构先跟融资方签订投资协议，然后打着融资方的名义临时募集资金，募到了就履行支付投资款的义务；反之，则不履行（也无力履行）。

④LP 违约。有些基金跟 LP 谈好了投资额度并签署了募资协议，但为了避免资金闲置，允许 LP 在具体投资项目落实后再到位或分期到位投资资金。这种安排本有一定的合理性，但有时候会遇到 LP 违约（可能是善意也有可能是确实遇到困难），导致投资方无法履行支付投资方的义务。

融资方如何控制投资款不能到位的风险?有人说应该对投资方约定严格的违约责任,但问题在于:

第一,融资方的谈判地位在多数情况下较弱,很难对投资方约定严厉的违约责任;

第二,有些投资机构未必有承担违约责任的能力;

第三,通过法律手段维权费时费力费钱,而且可能损害融资方在股权投资圈的形象(起诉投资人会吓退潜在的投资人)。

关于防止"弃投"或"诈投",我们给融资方的建议是:

(1)尽可能对投资方约定较严厉的违约责任且确认投资方有承担责任的能力。

(2)尽可能选择知名的、爱惜自身信誉的投资方。

(3)不见兔子不撒鹰,投资款不到位就不要办理股权变更登记手续(可通过第三方资金托管等方式打消投资方顾虑)。

(4)投资款不到位,融资方在对外宣传、对内工作安排上应稳健行事;不要因为签了投资协议就以为大功告成。

(5)相关法律文件应由专业律师把关方可签署。

3.要求不切实际的对赌。一些企业因资金链濒临断裂而急需融资,有些投资人会趁火打劫,要求创业者承诺苛刻的投资条件,如承诺不切实际的业绩指标。

4.投资人对融资方业务并不专业,随意干预。

5.投资经理或个人投资人骗吃骗喝甚至索要利益。

6.控制欲强,不尊重创始人团队。

7.资金来源不合法。投资款来源不合法不但企业经营会受到影响,企业名声也会受到影响,未来的融资、上市更会受到影响。

实务操作

1.要识别不可靠的投资人,除了按照上述表现去观察之外,重点是要对投资人进

行背景调查,看看是否正规,是否有业绩。假定投资人是专业投资机构,对其进行背景调查的步骤及渠道如下:

在初步接触一家潜在投资方以后,一般情况下会第一时间获得对方的基本信息,包括公司名称、投资经理姓名、公司联系方式等。拿到这些基本信息后就可以进行简单的资信调查,具体方式主要包括:

(1)查询投资方公司网站或官方公众号

如果投资方是一家正规的具有一定规模的投资机构,通常来讲应该有一个官方网站或公众号,从中可以查阅到企业的很多信息,如注册地址、联系方式、投资团队介绍、投资业绩展示等。

(2)查询国家企业信用信息公示系统(http://www.gsxt.gov.cn)及其他信用平台

该系统由国家市场监督管理总局主办。融资方可以通过该网站查阅投资机构的名称、注册地址、注册资本、主营业务等基础信息。

其他信用平台主要有启信宝、企查查、天眼查等。

(3)查询中国裁判文书网(https://wenshu.court.gov.cn)

该网站由最高人民法院主办,其中收录了中国各级法院大部分的裁判文书,可以通过关键字检索(案由、关键词、法院、当事人、律师)查询到投资方、投资方股东、投资经理是否牵涉巨额的诉讼,如果牵涉诉讼则需要区分该诉讼中投资方及相关方属于原告还是被告、具体案由、争议标的等,综合判断该投资方是否存在履约诚信度问题。

(4)查询中国执行信息公开网(https://zxgk.court.gov.cn)

该网站由最高人民法院主办,其中收录了失信人名单、限制消费人员名单等。融资方可以通过该网站查询投资方、投资方股东、投资经理是否因诉讼等情况被列入失信人名单。

(5)查询中国证券投资基金业协会网站(https://www.amac.org.cn)

如果投资方属于私募基金管理公司以及私募基金管理公司发起设立的某一只基

金,按照中国证券投资基金业协会的自律规则,该基金管理公司以及发起设立的基金必须到中国证券投资基金业协会进行登记备案。因此,融资方可以通过中国证券投资基金业协会的网站查询投资方是否备案登记、具体的备案登记信息是什么、是否存在其他关联方基金管理公司或关联方基金等。

(6)通过搜索引擎查询

通过该类搜索也可以看到媒体对该投资方的新闻报道,包括负面信息的爆料(如有)。因为各搜索引擎信息来源、更新频率的不同,融资方需要对这些信息加以对比判断。

通过上述调查,融资方可以获得关于投资机构的基本信息。融资方如果怕麻烦或者想了解更详细的情况,可以寻求律师或其他调查机构的帮助。

● **案例链接**:某投资公司资信调查

某高科技公司通过朋友联系到一家深圳的投资公司,该投资公司有意向对该高科技公司进行投资,数额达上千万元;该高科技公司安排法务人员对该投资公司的网站进行了查阅,根据该网站介绍,投资公司资金实力雄厚,具备丰富的投资经验。

在签署投资意向书之前,高科技公司请律师对该投资公司进行了背景调查,律师经调查发现该投资公司虽有一些投资活动,但尚未在中国证券投资基金业协会登记备案,且有不少涉诉案件,多为民间借贷纠纷,由此推测该投资公司的资金来源可能存在一定问题。

该高科技公司在听取律师建议后决定不接受该投资公司的投资。

点评:这次调查,律师只是在线上花了10分钟左右,看了中国证券投资基金业协会网站和天眼查两个地方,就发现了投资人存在的问题。做基础的背景调查并不难,关键是融资方要有起码的警惕性。

● **案例链接**:某公司向"香港瑞银"融资案

某小额贷款公司通过朋友的介绍联系上了香港瑞银投资公司(以下简称香

港瑞银)。香港瑞银宣称有数亿元资金可以投资。

该小额贷款公司与香港瑞银初步谈成了如下条件:首先,香港瑞银需要对小额贷款公司现有资产进行核查及评估,产生的100万元评估费由小额贷款公司承担;其次,中间人因为牵线搭桥需要收取的居间服务费500万元由小额贷款公司承担;最后,香港瑞银需要为此次投资搭建一只基金来募集资金,由此产生的管理成本1000万元也由小额贷款公司承担。前述款项支付后,该小额贷款公司可以融资数亿元。另外,香港瑞银称因为香港融资成本极低,该数亿元投资只需要按照年利率3%支付资金成本即可,未来香港瑞银将在仅收取该笔成本后退出小额贷款公司。

有了如此诱人的条件,该小额贷款公司的老板就准备开始着手启动该项目。香港瑞银就双方的合作起草了中英文协议版本。该小额贷款公司将协议文本发给律师,表示公司领导已经确定了要做这件事,请律师简单看看走个流程,以便该协议马上签署、执行。

律师发现该协议文本比较粗糙,排版、翻译都有低级错误,遂向该小额贷款公司进行了郑重告知。该小额贷款公司老板认为不排除是律师多虑了,遂与律师一道去往香港一探究竟。在香港的一幢破旧写字楼里,双方进行了商谈,律师提出前面三笔款项可以支付到律师事务所账户共同监管,一旦后续融资到位可以立即支付给香港瑞银,但最终香港瑞银拒绝了此项提议,并且不再接听来自该小额贷款公司的电话。该小额贷款公司为此还有些失落。

几个月以后,公安部网站公布了涉及诈骗的境外公司名单,香港瑞银就赫然在列。这个时候,该小额贷款公司才最终认为自己"幸运"躲过了一场骗局,避免了巨额损失。

点评:这次香港之行是客户在笔者的强烈建议下进行的。这再次证明融资方找一个可靠的股权顾问有多重要。

2.融资方不能仅仅依靠投资方的名气来判断投资方的好坏。知名的投资方也完全可能"仗势欺人",只顾自身利益不顾融资方原创业者的想法,因此背景及名气仅仅是一个方面的考虑因素而已。

- **案例链接**:某创业企业股权融资被骗居间费

　　某创业企业之前从未进行过股权融资,因资金链快要断裂想到了引进外部投资,通过据说神通广大的中间人A的介绍认识了投资人B,中间人A称其实力雄厚。

　　创业团队与投资人B进行了初步接触,第一次见面双方谈得很愉快,投资人B当即表示投资3000万元占股20%,并且马上签署了仅两页纸的简单的投资协议;但是中间人A需要一次性收取居间费3%,也就是90万元,而且必须马上支付。创业团队募资心切,东拼西凑支付了90万元居间费,但支付后中间人A以及投资人B均"人间蒸发"了。这个时候创业团队才发现被欺骗,损失了90万元,而且由于掌握信息有限,报警后警察表示很难追讨回赃款。

　　点评:该投资人的骗术可拆解如下:

（1）先安排一个到处找项目的中间人以物色诈骗对象;

（2）以各种名义收取各种费用,这些费用相比整个融资总额来讲并不大;

（3）先收取各种名目的费用再谈融资到位;

（4）给予优厚的投资条件,如资金成本极低。

　　这些骗术看起来很简单,但融资方作为"局中人"仍有可能上当,特别是在融资方资金困难的时候。

　　要防范这类骗术,最重要的是融资方不要轻易支付任何名目的费用,如考察费、招待费、公关费、中介费、评估费、保证金,等等。凡是一家投资机构在没有确定投资之前要求先行支付这些费用的,往往动机不纯。

3.要重点看投资人对融资方所属行业的理解。如果不是仅仅需要投资人的钱而是需要其他支持,就要特别注意这一点。

融资方应积极跟投资人讨论项目所属行业相关问题,探投资人的底。如果投方对融资方所属行业不了解,则有可能造成后续沟通的障碍。

成熟的基金在投资方向上通常有所选择。如果某一只基金无任何投向偏好融资方反而应该质疑该投资机构的专业度。

即便是在投资方向较为分散的综合性基金里,不同行业的投资团队一般是分开的。投资人要对所投的细分行业有深入了解,才能更大概率地判断融资方有没有可能成为细分行业的领跑者。创业公司应该优先选择懂自己行业并且能给公司带来行业资源的投资人。

有时候,融资方也可以通过对投资人团队成员的学历、工作背景的了解来判断其专业性。例如,某投资人团队中无人具有医学或医疗工作背景,却在看医疗项目,就不值得信任。

- 案例链接:物联网基金的搭建选择物联网类别的企业

  某基金属于中国科学院旗下企业主导的基金,凭借整个中国科学院系统在技术方面的优势,该基金的核心方向定位为:物联网相关高新科技企业。对于其他类别的公司,由于并不具备专业判断的人才储备,一般而言不会轻易参与投资。

  点评:不做物联网,就不要去联系这家基金。

4. "骗子投资人"的常见表现。

(1)投资经理并不具备专业素质,夸夸其谈。

(2)多人联合共同行骗,包括中间方以及一些中介机构。大约11年前,笔者曾经遇到过一个从香港带着会计师来内地考察项目的投资人,会计师是真的,笔者是经过某协会会长介绍参加陪同看项目的。笔者陪着这个所谓的投资人去了一趟四川,看了煤矿、植物油厂等,都是资金链吃紧的项目。谈着谈着笔者发现这投资人不对劲,就退出了,笔者无意中也许成了这个所谓投资人的道具。

(3)往往喜欢跨地区甚至跨司法领域作案,这样不容易被调查到背景信息;尤其对于境外注册的公司可以注册一些名气看起来很大的企业,例如"香港国际投资公司",其实是个空壳。

(4)制作的法律文件不专业、不规范。正规投资机构通常会有自己的法务部以及经验丰富的律师团队,其所制作出来的法律文件通常内容合法、表达严谨(当然也有例外)。如果一个投资机构拿出来的法律文件不规范,也应该打一个问号。

五、后院起火

知识简介

融资方实施股权融资时主要考虑如何得到投资人认可,容易忽略内部可能产生的矛盾,有时会导致"后院起火"。

后院起火的主要原因,往往是创始人老大思想严重,从心态上忽略了对小股东和核心团队的尊重;私心重,忽略了对小股东及核心团队利益和地位的保障。

1. 小股东层面,试举一例说明:

- 案例链接:股权融资导致创始人兄弟反目

  某高科技企业注册资本500万元,两位股东持股比例65%:35%,大股东担任执行董事,小股东担任总经理。

  两位股东在创业初期团结奋进,公司业绩增长迅速,有投资人表示愿意以5000万的投后估值向公司投资1000万元,大股东很高兴,小股东却在与投资人首次开会洽谈时故意说风凉话,并在会后提出要求大股东向其以原价转让10%的股权,否则就不配合此次股权融资。

  大股东很愤怒,双方不欢而散。

  小股东认为:

  首先,公司现在值钱了,自己对公司的贡献并不比大股东少(甚至还多一些),所以先将股权比例调整为55%:45%是合理的,已经考虑到兄弟感情了。

  其次,小股东原来是有对重大事项的否决权的,这次融资之后,小股东的持股比例将低于1/3(28%),将失去对"增减合分"等重大事项的否决权。

大股东认为,小股东这是借机要挟,而且按小股东的要求调整股权比例后,再通过股权融资引进一个持股20%的股东,将导致大股东失去控股权(只能持股44%)。

　　友谊的小船说翻就翻。结果公司不但没拿到融资,而且由于大小股东矛盾的爆发,导致经营受到重大影响。

　　点评:大小股东都感叹,早知道还不如没有这次股权融资机会!

　　双方都是没见过大钱的人,看到500万元的投资值5000万元了,眼红了,心乱了,最后"鸡飞蛋打"。从"道"的高度看,这两个人可能根本就"不配"成功,这两个人的兄弟情也很假。

　　从"术"的角度看,如果这家公司的股权融资这样做,可能效果会好一些:

　　第一,在启动股权融资之前,聘请一位专业顾问。

　　第二,在首次见投资人之前,大股东要敏锐感知小股东的情绪变化,主动找小股东交心,双方谈妥了再跟投资人见面。——有经验的股权顾问通常都会建议大股东这样做。

　　第三,假定小股东的贡献确实不比大股东小,则双方其实有妥协空间的。例如,大股东可以转让5%—10%的股权给小股东,但要求小股东签署一致行动人协议(以大股东意见为准),以保证大股东对公司的控制权;又如,大股东承诺对小股东的分红金额给予一定保障,或承诺重大事项仍然会尊重小股东的意见。

　　可惜,当时双方都红了眼,又没有专业顾问出主意、做和事佬,导致双方友尽。

2. 核心团队层面,试举一例说明:

- **案例链接:股权融资中总经理拖后腿**

　　某公司与一重要投资人洽谈股权融资过程中,公司总经理显得过于"诚实"，总是说公司这里有问题、那里有问题，引起了投资人的疑虑，最终把这次股权融资搅黄了。

大股东责备该总经理，总经理说问题确实存在，诚信没有错。

点评：总经理诚信的原因很简单：新投资人进来，总经理可能地位不保。

这种情况在并购项目中表现更为明显，因为在并购项目中，原总经理及其他高管大概率是地位不保。当然，对于一些对团队特别依赖的项目，收购方也有保留原团队的做法，但通常都会"掺沙子"或仅将原团队作为过渡。

大股东在引进投资人之前，应该先跟核心团队好好沟通，要么承诺保证其地位，要么"杯酒释兵权"，承诺即使强势的投资人要求调整经营团队，公司或大股东也会给出合理的补偿。

无论是对小股东还是核心团队，大股东的态度很关键，在见投资人之前主动说，不但可以避免小股东或核心团队"使坏"，更可以让他们感受到大股东的尊重。

说得再重一点：一个大股东，看到有人来投资，就不管不顾地扑上去，不先问问小股东和核心团队的意见，不考虑他们的情绪变化，说明这个大股东心里没有伙伴。这样做导致"赔了夫人又折兵"，融资没拿到，后院还起火了，不值得同情。

📄 实务操作

作为公司的创始人，应该让团队齐心，避免因为进行股权融资使一起打江山的团队"军心涣散"。

在进行股权融资时，在利益层面，需要考虑如何给予激励，包括股权激励、现金激励以及其他激励方式，让团队的整体利益跟创始人的利益以及公司的利益绑定在一起；在团队架构层面，需要考虑新的投资方进来后原有的管理架构是否会有不同安排，原团队成员的地位是否会受到影响及如何平衡等。

一些创始人之所以不能处理好后院起火的问题，原因是格局不够大，一看公司估值几千万几个亿，哪怕放弃1%的股权都觉得是很大一笔钱，都不愿意。

回过头来想，无论创始人是因为融资而释放股权，还是因为股权激励而释放股权，最终的目的是让公司更大更值钱。如果是只值100万元的公司，持股100%其价值也最多100万元；但如果是值1亿元的公司，哪怕持股比例降低为60%，其价值也达到了6000万元。简言之，做股权融资时想要内部安稳，创始人就要"舍得"，而"舍得"的前提是要有做大蛋糕的气魄。

做股权融资时，主要有如下三点"内部问题"需要同步考虑：

（1）同步考虑股权激励

实施股权融资的时候考虑如何激励团队核心成员。激励最主要采取的方式就是股权激励，通过释放一部分股权给员工来实现员工跟公司利益的长期绑定。还要注意，股权激励通常要在股权融资之前做，因为如果引进了外部投资人，投资人通常会在股权激励这种重大事项上要求一票否决权。换言之，做了股权融资，今后再想做股权激励，难度就增大了。另外，如果是在股权融资之前做股权激励，要特别加入公司可因上市或引进股权投资随时中止或终止股权激励计划的条款。

（2）考虑小股东利益，打消其顾虑

除前述案例提到的小股东对更多股权的要求之外，还要考虑在股权融资时往往是大股东出面去跟投资人进行对接，小股东往往很难有发言权，包括融资的估值等也往往没有决定权。这个时候大股东需要更多照顾小股东的利益以及顾虑，在公司治理结构安排上尽量不因引入外来投资人而影响小股东的现有各项权益安排。

（3）打消核心团队的顾虑

对核心团队要通过股权激励等方式保证其利益，要就其股权融资后的"地位"问题有妥善安排，并且要尽量让核心团队参与股权融资进程，或至少尽可能地向核心团队通报该进程。如果核心团队觉得自己对股权融资完全没有参与感，既不利于股权融资工作的推进，也不利于新的投资方未来与核心团队的磨合。

后　　记

这本书得以完成，要感谢很多人。

感谢国内领先的法律培训平台、智合旗下智拾网团队为我们发布作为本书内容基础的股权融资网课，并感谢智合创始人洪祖运先生为本书作序。

感谢知名公司法专家刘晓明博士为本书作序。

感谢邱琳律师通过与贾锐博士连线直播分享她关于对赌的调研数据与真知灼见。

感谢杨青仙律师通过与贾锐博士连线直播就投资人的部分特权条款的解读提出宝贵意见。

感谢戴知毅律师、王柳律师协助查找资料、制作图表，感谢郑旭律师协助校对书稿。

特别感谢法律出版社的赵明霞老师，在我因种种原因导致写作进度缓慢、感到沮丧情况下，给了我耐心、温暖的鼓励，并对本书的出版提出了专业的指导意见。

还要感谢我的家人，感谢小时候父亲的书柜与敬业教书给我的熏陶，感谢母亲无限的爱的温暖和总是帮助他人给我的感召；感谢我的妻子，她以发自内心的爱照顾家人，而且天性乐观、活得真实，常常让我更能够"活在当下"。

在本书即将付印之际，我们幸运地等到了新《公司法》并根据新法更新了书稿。2024年我们还将出两本有关新《公司法》的书：一是《投资并购法律实务》第三版，二是新《公司法》及相关司法解释逐条打油诗解读，敬请关注。

由于作者水平所限，本书必然存在疏漏和不足之处。在此，我们诚挚邀请大家批评指正。

贾　锐

2024年1月23日